VADIM TSCHENZE

DAS
SPIRITUELLE BUCH
VON DER
SELBST
LIEBE

Rituale, Übungen, Meditationen
für jeden Tag

INHALT

VORWORT

Liebe Leserin, lieber Leser,

das Buch, das Sie gerade in der Hand halten, ist Ausdruck und Ergebnis meiner persönlichen, einzigartigen Erfahrungen auf Mutter Erde. Es ist ein Leitfaden für jeden, der sein Leben positiv verändern und die Selbstliebe erlernen, entdecken und vermehren möchte. So werden wir zu Magiern und Heilern unseres Lebens.

Ich wurde 1973 in Usbekistan in eine russisch-deutsche spirituelle Familie geboren. Als Schamane der alten russischen Tradition verspreche ich Ihnen, dass Sie mit diesem Buch interessante, faszinierende und spannende Momente erleben werden. Ich werde Sie in meine bewährten Rituale, Übungen und Rezepte sowie in alte russische Weisheiten einweihen. Denn es geht in diesem Buch um das Wichtigste in Ihrem Leben: Ihre Selbstliebe, Selbstachtung und Selbstentwicklung. Ohne sie können Sie nicht glücklich werden – die wichtigste Lernaufgabe für jeden Menschen.

Jeder von uns hat sein eigenes Schicksal, seine Realität und seine Aufgaben. Unser Weg wird uns gegeben, um uns entwickeln zu können sowie Mut und Stärke zu erlangen. Das Leben ist nie langweilig, es gleicht einem Zebrastreifen von Geschehnissen. Jeder Mensch lernt daher zu verzeihen, los- oder zuzulassen und sich als Individuum zu akzeptieren. Dies alles gehört zur Reifung unserer Seele.

Zu meiner Reifung hat meine Großmutter Baba Walja beigetragen. Sie war die älteste Schamanin in der Gegend, in der ich aufgewachsen bin, und weithin bekannt für ihre Fähigkeiten als Heilerin. Etwas Geheimnisvolles ging von ihr aus, das mich einschüchterte. Je älter ich wurde, desto mehr verlangte sie meine Anwesenheit. Ich sollte ihr im Haushalt helfen, Kräuter bringen und sie bei ihren Heilsitzungen unterstützen. Ich durfte vieles miterleben und saugte das Gesehene buchstäblich in meine Seele auf.

Als kleiner Junge wusste ich damals noch nicht, dass das der Beginn meiner langjährigen Ausbildung war. Sie hatte mich ausgesucht, die schamanischen Geheimnisse unserer Familie weiterzutragen – weiter, als sie jemals jemand vor mir getragen hatte, wie sie mir später wiederholt prophezeite. Meine Ausbildung dauerte noch viele Jahre, in denen ich mir das gesamte schamanische Wissen vieler Generationen meiner Familie einverleibte. Baba Walja war gründlich darin, dafür zu sorgen, dass ich alles verstand.

Ich habe in den Jahren, in denen ich im Westen lebe, zahlreichen Menschen mit dem Wissen meiner Familie helfen können. Doch ich spüre zunehmend eine Veränderung: Immer mehr Menschen wollen nicht einfach Weisheiten und Ratschläge von mir erhalten. Sie wollen vielmehr verstehen, woher mein Wissen stammt, um es selbst anzuwenden und anderen damit helfen zu können. Die wichtigste Voraussetzung hierfür ist die Selbstliebe. Sie wandelt unser Leben zum Positiven und bereichert uns mit neuen Erfahrungen.

Als mich Baba Walja mehr und mehr in ihr Heilwissen einweihte, begriff ich, dass alles miteinander verbunden ist und wir in einem ständigen energetischen Kreislauf leben.

Ich möchte auch Ihnen die Möglichkeit geben, die Selbstliebe zu verstehen und zu entfalten. Glauben Sie nicht nur an das, was Sie mit den Händen anfassen und mit den Augen sehen können. Arbeiten Sie an Ihrer Selbstliebe, und das Universum wird Sie reich beschenken.

Ihr Vadim Tschenze

DIE ENERGIE DES HERZENS

Selbstliebe fühlen

WAS IST SELBSTLIEBE?

Man kann die Selbstliebe als eine Energie verstehen. Sie lebt in unserem Herzen und nährt unsere Seele. Wir leben in einer sehr bewegten Zeit, und jeder Mensch hat seine eigene Realität, die auf seiner Vorstellung basiert. Doch diese Vorstellung ist von der Selbstliebe abhängig.

Die Energie der Selbstliebe beflügelt unsere Seele und wohnt jedem Menschen inne. Nur derjenige, der das versteht und sich selbst mit Liebe begegnet, kann wahrhaft glücklich sein und auch andere glücklich stimmen. Sie macht uns zu Engeln auf Erden.

In meinen Augen ist die Selbstliebe wie Benzin für ein Auto. Ihre Energie ist in der Lage, unsere Seele »boomen« zu lassen, sodass sie in Schönheit und Freude erblüht. Sie ist der Treibstoff, der unsere Seele auf ihrer Reise zu neuen Gefühlen und Horizonten trägt. Wie ein Auto muss sie daher immer mit der Kraft der Selbstliebe aufgetankt sein. Man könnte sie auch mit einer Batterie vergleichen, die uns ständig mit Energie versorgt, sodass wir uns nach vorn bewegen und Neuland entdecken können.

Haben Sie sich schon einmal gefragt, wie sehr Sie sich selbst lieben? Oder in welchem Ausmaß Sie andere Menschen lieben können? Häufig stellen wir uns solche Fragen überhaupt nicht, denn es geht im Alltag eher darum, von anderen geliebt werden zu wollen. Doch für die Liebe von außen benötigen wir immer die Selbstliebe von innen. Sie ermöglicht es uns, von anderen Menschen angenommen und geliebt zu werden.

Um sich selbst lieben zu lernen, ist es zunächst wichtig, im Leben aufzuräumen. Fragen Sie sich, was Ihnen guttut und was Sie kränkt. Dinge, die Ihnen Freude machen, geben Ihnen viel Energie und Lebenskraft. Dinge, die Sie nerven, ziehen Ihnen dagegen Energie ab und schwächen Sie. Dazu gehören Tätigkeiten, Ereignisse, Erlebnisse, Erfahrungen aber auch Ihre Mitmenschen. Wir stehen immer im energetischen Austausch mit ihnen.

Alles, was uns Energie raubt und stresst –
Dinge, Menschen, Tätigkeiten –, sollten wir aus unserem
Leben verbannen und loszulassen lernen.

Dies ist nicht immer leicht zu erreichen und kann durchaus schmerzen. Denn wir haften oftmals sehr stark an alten, vertrauten Dingen. Um Ihnen das Loslassen zu erleichtern, habe ich hier eine Übung für Sie.

Sich von alten Mustern befreien

- Machen Sie sich eine Liste all dessen, was Sie loslassen möchten. Notieren Sie die Begriffe untereinander und schreiben Sie auch die jeweiligen Vor- und Nachteile auf.
- Wenn Sie all die Dinge, die Sie loslassen wollen, schwarz auf weiß auf dem Papier sehen, wird Ihnen klar werden, dass Sie sie gar nicht mehr brauchen. Denn Sie haben aus ihnen lernen dürfen und sind durch sie weiser geworden. Dadurch ist das Maß Ihrer Selbstliebe gestiegen, sie hat nun genug

Platz in Ihrer Seele. Man könnte auch sagen, dass Ihre Seele durch die Selbstliebe immer größer wird und dadurch auch mehr Liebe nach außen abgeben kann.

- Verbrennen Sie anschließend das Blatt und sagen Sie sich dabei innerlich: »Ich lasse alles los, was ich nicht mehr brauche, weil ich mich liebe.«

Die Selbstliebe ist die Energie Ihres Herzens. Sie ist angeboren und bedarf viel Pflege. Wann haben Sie sich zum letzten Mal etwas gegönnt? Was war das genau? Beschenken Sie sich täglich mit Kleinigkeiten? Um die Energie der Selbstliebe zu steigern, sollten Sie lernen, sich zu beschenken. Jedes Geschenk, sei es ein Gegenstand oder eine freie Minute, die man genießt, bringt Ihrer Seele neue Energie. Ich persönlich musste das auch lernen. Als ein im Sternzeichen Löwe Geborener beschenke ich lieber andere Menschen. Es fiel mir äußerst schwer, Geschenke von anderen und auch von mir selbst anzunehmen. Das war ein wirkliches Problem für mich. Doch ich habe mit der Zeit lernen dürfen, wie man Geschenke mit Freude annimmt. Ich begann auch, mich selbst zu beschenken. Seitdem fühle ich mich glücklicher als jemals zuvor und schätze mich selbst auch viel mehr. Ich merke auch, dass ich dankbare, hilfreiche Menschen in mein Leben anziehe. Hier geht es um die Resonanzgesetze – wir werden später noch ausführlicher auf sie zu sprechen kommen –, die durch die Selbstliebe aktiviert werden: Wir ziehen das an, was wir ausstrahlen. Mit der Selbstliebe verändert sich unsere Ausstrahlung enorm. Wir leuchten regelrecht vor positiver Energie und ziehen deswegen dieselbe an. Gesunde Selbstliebe fördert, dass vermehrt glückliche, fröhliche Menschen im eigenen Leben auftreten, die sich selbst und Sie schätzen und respektieren. Personen, die ständig jammern, negativ sind oder andere kritisieren, werden stattdessen von uns abgestoßen.

Ein weiterer wichtiger Aspekt ist folgender: Wenn Ihre Selbstliebe stark und gesund ist, sind auch Sie heil und munter. Sie werden buchstäblich vom Universum erneuert und beschenkt, und zwar in Form von Vitalität, guter Laune und echten Freunden, aber auch genügend Geld. Denn auch das Geld liebt glückliche Menschen.

Aus energetischer Sicht ist die Selbstliebe eine wachsende Materie. Heute denken Sie, dass Sie nur ein paar Menschen in Ihr Herz hineinlassen können. Durch die wachsende Selbstliebe stellen Sie jedoch bald fest, dass Sie in Ihrem Herzen viel mehr Platz haben und können die ganze Welt darin aufnehmen. Die Selbstliebe aktiviert automatisch andere Aspekte von Liebe. Dazu gehören Partner-, Kinder- und Elternliebe sowie allumfassende Liebe und Heilung.

Da unsere ganze Welt aus einem Energieaustausch besteht, geht es immer um ein Geben und Nehmen. Durch gesunde Selbstliebe ist man in der Lage, mehr zu geben und zu erhalten. Als Schamane nenne ich diesen Prozess »Reifung der Seele durch die goldene Mitte«. Sie ist sehr wichtig für Ihr seelisches Wachstum. Die Selbstliebe ist schließlich ein dynamischer Prozess, bei dem Ihr Geist reift. Dadurch begreifen Sie immer mehr von sich selbst und der Welt, in der Sie leben. Je reifer Ihre Seele wird, desto mehr wird sie vom Universum beschenkt. Denn sie hat gelernt, wozu sie auf die Erde kam und was sie braucht.

Das Ziel der Seele ist, Glück auf Erden zu finden
und es zu vermehren.

Schätzen Sie sich glücklich? Wenn nicht, ist dieses Buch genau das richtige für Sie. Hier werden Sie lernen, das Glück zu finden und zu halten. Wenn Sie Ihr Herz erkennen und Ihre Selbstliebe vermehren, werden Sie tiefe Lebensfreude empfinden. Denn Ihr Leben wird von der Magie des Herzens bestimmt. Dazu habe ich einige Tipps und Tricks aus dem schamanischen Bereich, die ich Ihnen zeigen werde. Denken Sie immer daran: Sie sind Ihr eigener Heiler! Nur Sie selbst können sich glücklich machen.

Heilung geschieht immer durch die Liebe.

In diesem Buch geht es um spezielle Methoden der Selbstliebe, um praktische Magie und seelische Heilung. Diese Themen sind untrennbar miteinander verbunden.

Die Kunst der praktischen Magie ist vor Tausenden von Jahren entstanden. Die Magier, Hüter der fünf Elemente, bioenergetischen Meister, Schamanen und Wahrsager konnten schon damals durch ihre Macht vieles bewegen. Das Mittelalter war eine besondere Zeit für den Okkultismus und die Magie. Beides entwickelte sich damals prächtig. Die alten Magier widmeten sich ganz ihrer Kunst und arbeiteten im Einklang mit Mutter Natur. Sie fanden die Antwort auf die Frage »Was ist das wichtigste Gesetz des Universums?«. Die Antwort lautet: die eigene Einzigartigkeit und die Unendlichkeit der Prozesse im Universum zu erkennen. Und vor allem: das Leben auf Erden zu genießen.

Um dieses Gesetz zu verstehen, ist es notwendig, sich mit der Selbstliebe zu beschäftigen. Je öfter Sie sich Zeit für sich selbst nehmen, desto schneller wächst sie. Jedes Ritual und jede Meditation ermöglicht es Ihnen, sich diese Zeit für sich selbst einzuräumen. Sie praktizieren sie allein für sich selbst, aus purer Selbstliebe. Das ist wie ein Geschenk, das Sie sich selbst machen.

Ich persönlich nehme mir seit Jahren eine Stunde pro Tag Zeit für Meditationen, Handarbeit und Rituale. Ab und zu gönne ich mir sogar einen ganzen Tag für mich allein. Dann meditiere ich im Sitzen,

Liegen oder beim Laufen, male Bilder oder stelle schamanische Werkzeuge wie Traumfänger, Mandalas, Chakrauhren – dazu später mehr – und Räucherungen her. Dies sind Beschäftigungen, die mich entspannen und eine Wohltat für mich sind. Ich beschenke mich also sozusagen jeden Tag eine Stunde selbst.

Wichtig dabei ist, dass es in dieser Zeit für mich kein Telefon, keinen Computer und keine anderen ablenkenden Dinge gibt. Ich widme diese Zeit meiner Seele, meiner eigenen Entwicklung und goldenen Mitte. Mein Vorschlag: Folgen Sie meinem Beispiel. Räumen Sie der Magie ein wenig Platz in Ihrem Leben ein, und Sie werden mehr Freude und Vergnügen im Alltag spüren.

Heutzutage ist die praktische Magie relativ weit verbreitet; Techniken wie Wahrsagen, Kartenlegen oder Channeling sind keine Seltenheit mehr. Doch nicht jeder Mensch kann die Magie beherrschen. Denn dafür braucht man göttliche Liebe, Selbstliebe und Gerechtigkeit. Um sie auszuüben, ist es notwendig, sich mit dem Kosmos und seiner Unendlichkeit zu verbinden. Höhere Geister geben uns viele Informationen, wenn wir uns mit himmlischer Kraft beschäftigen. Wenn man die Ewigkeit versteht, kann man in die Magie initiiert werden. Diese Möglichkeit bietet Ihnen dieses Buch.

Jeder Mensch kann heilen – auch Sie können es erlernen. Heiler arbeiten mit Magie, mit Elementen, mit ihrem hohen Geist sowie mit der Selbstliebe. Als Heiler können Sie alle Lebensthemen lenken, sowohl Ihre eigenen als auch jene Ihrer Mitmenschen. Selbstheilungskonzepte sind in jedem von uns von Geburt an angelegt und funktionieren unabhängig davon, ob Sie sie bereits verstanden haben oder nicht. Auch alte Muster können korrigiert werden. So können Sie endlich allen Ballast loslassen und zulassen, glücklich zu sein. Meine Großmutter sagte immer, dass die Unliebe die schlimmste Krankheit der Welt sei. Unliebe sich selbst und der Umwelt gegenüber bringt Leiden. Diese »Krankheit« hat bereits viele Menschen befallen. Sie ist jedoch heilbar.

Denken Sie immer daran, dass ein Heiler nur ein Mittler zwischen den Welten und Mutter Natur diejenige ist, die Sie heilt. Sie sind ein Teil von ihr, und sie sorgt sich ständig um Sie. Mutter Natur liebt Sie und erwartet dasselbe von Ihnen. Sie wünscht sich, dass Sie sich selbst lieben.

Durch die Lektüre dieses Buches können Sie Ihre göttlichen Wurzeln erkennen, Ihre Talente nutzen und Potentiale verwirklichen. Ich werde Sie in einigen Meditationsmethoden sowie der Chakren- und Auraarbeit gemäß meiner schamanischen Tradition schulen. Sie werden erfahren, wie Magie und Rituale funktionieren und wie Sie sie erfolgreich anwenden können. Dadurch wird sich Ihre Selbstliebe rasch vermehren.

Ich bin zutiefst dankbar dafür – meiner Familie, dem lieben Gott, der geistigen Welt und meinen kosmischen Helfern –, das Wissen über die Magie und Heilung erhalten zu haben. Diese Dankbarkeit kommt aus meinem Herzen. Sie ist eine gewaltige Kraft. Ich bin auch dem Universum und mir selbst dankbar, dass ich lernen durfte, für mich selbst Liebe zu empfinden.

Um sich mit Liebe begegnen zu können, ist es wichtig, dass Sie sich, Ihren Körper und Ihre Seele analysieren und sie annehmen. Alles, was geschieht, ist ein Zeichen. Leider verstehen wir diese Zeichen nicht immer sofort, manchmal gar nicht. Doch durch die Analyse dessen, was geschieht, können Sie stets die passende Antwort zu jeder Lebenssituation finden.

Sie müssen zudem lernen, das Leben zu genießen. Denn Selbstliebe heißt für mich: fröhliches Dasein einhergehend mit einem gesunden Energieaustausch mit der Umwelt. Wir Schamanen sprechen an dieser Stelle von Harmonie sowie der goldenen Mitte. Diese Begriffe sind austauschbar. Sie ermöglichen Ihnen, sich selbst zu verstehen und zu heilen sowie Ihre Mitmenschen zu unterstützen.

Das Universum ist von Sinn erfüllt. Wir bekommen genau die Seele, die wir brauchen, und exakt den Körper, der zu dieser Seele passt, um gewisse Erfahrungen auf der Erde zu sammeln. Daher: Lieben Sie Ihre Seele und nehmen Sie Ihren Körper so an, wie er ist, denn das ist der Wille Gottes.

Öffnen Sie sich dem Universum und lassen Sie zu, dass sich Ihre Potenziale entfalten. Vereinigen Sie dabei Ihre Wünsche, Ihre Freude und Einzigartigkeit. So können Sie eine echte Transformation erleben, denn um diese geht es in diesem Buch.

Wir werden mit kosmischem Wissen arbeiten. Es ist uralt und zugleich neu. Wenn Sie mit der kosmischen Kraft der Güte arbeiten, werden Sie sofort Erfolge erzielen. Jeder ist ein Heiler, der sein Leben nicht nur lebt, sondern auch bestimmt und genießt.

Wir tragen Verantwortung dafür,
wie wir leben und was wir erleben.

Wir analysieren, fühlen und erfüllen. Dabei ist die Wirklichkeit, die wir erleben, nicht in Stein gemeißelt.

Wir vertrauen unserer Intuition und erschaffen eine neue Welt
in uns und um uns herum.

Auch Sie können Ihre neue Realität erschaffen, wenn Sie Ihre Gaben, Ihre Intuition und Ihren Willen sowie die Energie des Herzens nutzen. So können Sie mit kosmischen Energien, mit Mutter Erde und der Energie, die durch Sie fließt, arbeiten. Sie sind ein Teil dieser Energie und dieser Welt. Geistheilung bedeutet ein Leben ohne Groll, in Liebe und Zuversicht. Ihre Bereitschaft und Ihr Können, die richtigen Entscheidungen zu treffen, sind dabei wichtig.

Wenn Sie als Heiler und Magier tätig sind, verwandeln Sie Ihr Leben in ein helles und gütiges. Es wird voller Liebe und sinnhafter Logik sein. Sie werden Ziele vor Augen haben und auch höhere Ziele in Ihrem Herzen tragen. Sie werden nach und nach weiser und verspüren aus dem Herzen heraus das Bedürfnis, Ihren Mitmenschen zu helfen. Dadurch können auch diese die Welt besser verstehen und glücklicher werden.

Jeder von uns denkt und empfindet anders. Wir sind alle besondere Wesen, ein Teil vom Universum und von Gott. Jeder von uns hat dabei seine ganz spezifischen Muster, seine Einzigartigkeit und seinen ureigenen Schicksalsplan. Diese gilt es zu verstehen und zu fühlen. Jeder Mensch hat auch einen freien Willen und trifft täglich Entscheidungen. Wenn Sie den Sinn hiervon verstehen, Ihre Einzigartigkeit zu schätzen beginnen und Selbstliebe entwickeln, wird Ihr Leben wunderbar verlaufen. Sie werden sich womöglich fragen, warum Sie all das jetzt erst umsetzen. Doch alles hat seine Zeit. Genau in diesem Moment können Sie Ihr Schicksal verändern! Jetzt in diesem Augenblick, wo Sie nach Ihrer Selbstliebe suchen, können Sie auch die Welt verändern.

Das Schicksal ist mit einer Computerfestpatte vergleichbar. Genauer gesagt verfügen wir über mehrere Festplatten, die gleichzeitig Informationen speichern und weitergeben. Sie alle gestalten unser Dasein, wobei ihre Arbeit von der Selbstliebe abhängig ist.

Zu den wichtigsten zählen:

- unser Geist (der Kanal nach oben, der Wille, die Zukunft),
- unser Herz (das Fühlen, die Liebe, die Gegenwart),
- unser Solarplexus (die unbewusste Ebene, die Selbstliebe, Erfahrungen aus der Vergangenheit) sowie
- unsere Wurzel (die Vergangenheit in Gestalt von Kindheit und Vorleben).

All diese »Festplatten« sind aktiv, und zwar in jeder Sekunde des Lebens. Sollte eine beschädigt sein, beispielsweise durch karmische Lasten, nicht los- oder zulassen können, Ängste oder mangelnde Selbstliebe, ähnelt die Situation einem Virusbefall auf einem Computer. Solche Viren gelangen von außen als Informationen auf unsere Festplatten. Virenüberträger können beispielsweise unsere Ahnen oder Eltern sowie unsere eigenen Verfehlungen, Einstellungen, Urteile oder Erwartungen sein. Hierbei handelt es sich um sogenannte Boykottprogramme. Wenn Sie an Ihrer Heilung arbeiten, entwickeln Sie sich geistig, erweitern Ihr Verständnis und erschaffen somit gleichsam ein Antivirenprogramm. Eines davon ist die Selbstliebe. Anders gesagt: Heilen durch Selbstliebe wirkt wie ein Antivirenprogramm.

Je besser Ihre Programme arbeiten – Ihre Einstellungen zum Leben, zu sich selbst und zu Mutter Natur sowie die Selbstliebe –, desto sicherer ist Ihr Schicksal.

Wir leben in einer dualen Welt, die aus positiver und negativer Energie besteht. Somit gehören diese beiden Anteile auch zu Ihrer Seele. Meine Oma sagte immer, es wäre zu langweilig zu leben, wenn wir nur Positives erfahren könnten. Daher gibt es für mich keine von Natur aus guten oder schlechten Menschen. Die Frage ist, welchen Anteil sie situativ ausleben.

Jeder entscheidet dabei für sich allein. Wie haben Sie sich entschieden? Wollen Sie ein Heiler werden und Glück und Gesundheit, Liebe und Anerkennung in diesem Leben erfahren? Wollen Sie anderen helfen? Dann sind Sie hier richtig. Geistheilen ist die Kunst, mit dem Willen und der Vorstellungskraft, der eigenen und der kosmischen Energie sowie der Selbstliebe das Leben zu verbessern.

Ein Heiler ist kraftvoll und mutig, Emotionen wie Angst,
Ärger oder Groll entsprechen ihm nicht.

Seine Gedanken sind klar, und er weiß, was zu tun ist. Klares Denken hilft ihm, sein Energievolumen zu schützen und zu vermehren. Seine Selbstliebe unterstützt ihn dabei. Ein Heiler verändert sowohl seine innere als auch äußere Welt sowie seine Einstellungen zu sich selbst und zur Natur.

Vor Milliarden von Jahren wurde die Welt als ein ganzheitliches Konzept erschaffen. Sie hat viele Facetten und birgt zahlreiche Geheimnisse. Der Mensch separiert sie jedoch in einzelne kleine Teile und schadet sich damit selbst. Nehmen wir den Arztberuf als Beispiel. Dieser ist von Spezialisten geprägt: Einer beschäftigt sich mit der Haut, der andere mit der Verdauung und der nächste operiert. Keiner von ihnen kennt sich mit allen Facetten der Heilung aus.

Geistheiler beschäftigten sich dagegen nicht mit einzelnen Facetten, sondern mit der göttlichen Einheit und Liebe. Alles, was ihn umgibt, ist wichtig. Er beschäftigt sich mit der energetischen Gesundheit. Er arbeitet mit den Energien des Kosmos und von Mutter Erde sowie jenen seines Herzens und der Selbstliebe. Eigentlich ist es egal, wie wir es nennen: Gott, Universum, Natur oder Kosmos. Dies alles sind nur Begriffe, die wir erfunden haben. Die Hauptsache ist, aus dem Herzen zu handeln und zu heilen. Wir versuchen, mit dem Universum zu arbeiten und es zu begreifen. Fangen Sie deshalb an, Ihr Bewusstsein zu trainieren, um zu verstehen, dass alles möglich ist. Entdecken Sie die Kraft der Selbstliebe!

Mit Heilung und Selbstliebe bin ich bereits in meiner Kindheit in Berührung gekommen. Als Kind genoss ich die Zeit mit meiner Familie. Meine beiden Eltern arbeiteten den ganzen Tag. So sahen wir uns erst am Abend. Meine Mutter, die in einem Ingenieurbüro arbeitete, kam gegen 18 Uhr nach Hause. Beim Betreten der Wohnung fragte Sie:

»Vadim, wie war dein Tag? Hast du dich heute gut benommen?«

»Ja, ich war brav, Mama. Der Tag war spannend«, antwortete ich.

»Was habt ihr heute unternommen?«

»Ich habe viel gespielt. Die Omas haben mir eine Geschichte über die Hagebutte erzählt. Nun weiß ich, dass sie unser Herz und die Lunge unterstützt.

»Hat dir der Hagebuttentee auch geschmeckt?«

»Ja, der war lecker.«

»Und hast du etwas angestellt?«

»Nein, ich doch nicht, Mama!«

Mein Vater kam noch später nach Hause, da er ein Lokal führte, das bis spätabends geöffnet war. Beim Betreten der Wohnung sagte er als Erstes:

»Larissa, dein Schatz ist da.«

»Hat mein Schatz heute wieder Verspätung, und hat er etwas getrunken?«, fragte meine Mutter.

»Nein, ich doch nicht, sagte mein Vater.«

»Du sprichst wie Vadim oder besser gesagt: Er spricht wie du. Bist du sicher? Ich rieche Alkohol!«

»Sicher, sicher ... sicher ist nur eins: Wir alle werden irgendwann sterben«, lachte mein Vater und ging in die Küche, um sich etwas zu essen zu suchen.

Meine Erziehung tagsüber übernahmen meine Urgroßmutter Anastasia und ihre Tochter, meine Oma Baba Walja. Beide hatten einen positiven Einfluss auf mich. Sie erzogen mich mit großer Liebe und Hingabe.

»Vadim, ich zeige dir das Handauflegen«, sagte einmal meine Oma Walja, »leg deine Hände auf meinen Kopf und stell dir vor, dass heilendes Licht aus ihnen fließt.«

»Wow, wirklich? Kann das funktionieren?«, fragte ich verwundert.

»Ja, das funktioniert gewiss«, sagte meine Oma. »Mach schon. Leg deine Hände auf meinen Kopf. Ich habe gerade Kopfweh. Schauen wir doch, ob es funktioniert.«

Ich tat, was sie sagte, und ließ meine Hände fünf Minuten dort.

»Der Schmerz hat nachgelassen. Das wiederholen wir ab jetzt öfter«, sagte meine Oma.

Später kam Anastasia und nahm sich Zeit für mich. Sie legte Skat- und Lenormandkarten, die zum Wahrsagen benutzt werden.

»Vadim, was ist das für eine Karte?«, fragte sie. »Was symbolisiert die Sonne? Liebst du die Sonne?«

»Klar, liebe ich die Sonne«, antwortete ich, »weil sie uns wärmt und alle Pflanzen und Tiere wachsen lässt. Außerdem macht sie uns glücklich und braun.«

»Diese Karte ist auch eine Energiekarte der Selbstliebe. Nimm sie öfter in deine Hände, und du wirst sehen, dass deine Energie sich vermehrt.« Dann fragte sie weiter: »Und welche Pflanzen liebst du besonders?«

»Ich liebe alle Pflanzen, aber am besten schmeckt mir Reis«, lachte ich laut.

»Und welche Tiere liebst du?«, fragte sie.

»Alle außer Spinnen und Wespen«, antwortete ich, »aber zum Essen bevorzuge ich die Kuh.«

»Warum die Kuh?«, fragte meine Urgroßmutter.

»Sie ist sehr nützlich. Im Kindergarten sagte uns die Erzieherin, die Kuh gibt uns Milch und Fleisch. Oma, dass sie uns Milch gibt, kann ich nachvollziehen. Aber wie gibt sie uns denn das Fleisch?«

»Oh, Junge, das ist eine gute Frage«, schmunzelte meine Oma und wechselte schnell das Thema.

Erst später erfuhr ich, dass Tiere uns freiwillig kein Fleisch geben können. Heute ernähre ich mich aus diesem Grund fast ausschließlich vegetarisch. Ich verzichte auf Fleisch nicht ganz, versuche jedoch, meinen Konsum auf Hühnerfleisch zu beschränken: für mein Wohlbefinden und weil ich mich und meine Gesundheit zu lieben gelernt habe.

Schon als kleiner Junge durfte ich sehr viele Geheimnisse meiner Familie kennenlernen und in der Küche helfen. Mir wurde allmählich immer mehr spirituelles Wissen offenbart. Ich konnte Rituale und Energiearbeit beobachten und meine Fragen dazu stellen. Ab meinem dritten Lebensjahr besuchte ich tagsüber den Kindergarten. In diesem Alter sagte ich meinen Eltern, dass ich auf die Erde geschickt wurde, ohne das zu wollen.

»Was meinst du, Vadim? Du wolltest nicht hierher?«, fragte meine Mutter.

»Ja, ich wurde hierhergezwungen«, sagte ich. »Ich wollte eigentlich gar nicht.«

»Und warum wolltest du nicht zu uns?«, fragte sie weiter.

»Mit euch hat es nichts zu tun, oben bei den Engeln ist es einfach schöner. Aber auch bei euch ist es toll«, antwortete ich.

»Du weißt aber schon, dass die Engel immer auf dich warten werden – irgendwann gehen wir alle zu ihnen. Und jetzt beschützen sie dich auf der Erde im Hier und Jetzt«, meinte meine Mutter.

»Dann bin ich einverstanden«, sagte ich. »Ich bleibe bei euch.«

Schon im Kindergarten konnte ich lernen, mich selbst zu lieben. Eines Tages spielte ich mit meinem Freund Alexander. Er nahm mir mein Spielzeug weg und wollte es nicht wieder hergeben.

»Du bekommst das nicht zurück«, rief er.

Das machte mich wütend. Ich warf seine Jacke auf einen Baum, der auf dem Kindergartengelände stand. Sie hing dort stundenlang. Keiner konnte sie herunterholen. Woher ich die Kraft hatte, die Jacke mehrere Meter hochzuschleudern, ist eine gute Frage, die ich mir heute noch stelle. Als wir abgeholt wurden, ging Alexanders Mutter zu meiner und beschwerte sich bei ihr.

»Ihr Sohn ist ein sehr schwieriges Kind«, sagte sie.

»Warum soll er schwierig sein?«, fragte meine Mutter.

»Er hat die Jacke meines Sohnes auf den Baum geworfen!«, sagte Alexanders Mutter mit Nachdruck.

»Einfach so?«, fragte meine Mutter.

»Ja, anscheinend.«

»Vadim, warum hast du Alexanders Jacke auf den Baum geworfen?«, fragte mich meine Mutter.

»Weil er mir mein Spielzeug weggenommen hat«, antwortete ich.

»Konntest du ihn nicht fragen?«, fragte sie weiter.

»Ich habe es getan, doch er war gemein zu mir und gab es nicht zurück«, verteidigte ich mich.

Alexander lief rot an und schaute zu seiner Mutter.

»Ist das wahr?«, fragte diese.

»Ja, ich wollte aber nur spielen«, sagte Alexander.

Der Gärtner holte die Jacke schließlich mit einer Leiter herunter und reichte sie ihm. Alexander holte daraufhin mein Spielzeug aus seiner Tasche, um es mir zurückzugeben. Ich nahm es aber nicht an, sondern schenkte es ihm.

Ich war oft ein unausstehliches Kind mit einem Engelsgesicht. Im Kindergarten verliebte ich mich in ein Mädchen. Wir waren beide vier Jahre alt. Sie nahm mich jedoch nicht ernst. Eines Tages küsste ich sie, worauf sie aufschrie. Ich war jedoch zufrieden mit mir wie ein kleiner Löwe. Während der Mittagsruhe schliefen alle Kinder im gleichen Raum. Ich legte mich neben sie und verlangte von ihr, dass sie mich küsst.

»Mach doch«, sagte ich.

»Nein«, rief sie zurück.

»Komm schon.«

»Mache ich nicht, weil ich Igor liebe«, sagte sie.

Sie fing wieder an zu brüllen. In diesem Moment fühlte ich, dass ich überhaupt keinen Kuss mehr von ihr wollte. Ich ließ den Wunsch los und dachte mir, dass ich auch ohne ihren Kuss glücklich sein kann, da ich mich selbst liebe – und was tat sie? Sie küsste mich. Dieses Erlebnis war eine Lehre für mich: Willst du etwas bekommen, gehe in dich und lasse es los. Mein Nebenbuhler, Igor, bekam an diesem Tag keinen Kuss von ihr.

Irgendwann später teilte uns das Mädchen mit, sie würde uns beide lieben, sehe dies aber als Kinderliebe an und werde niemanden von uns heiraten, da mit sie mit keinem von uns glücklich werden könne. Das hätten ihr ihre Engel gesagt. Mit mir nicht, weil ich in die Ferne ziehen würde, und mit Igor nicht, weil er früher als andere zu den Engeln gehen werde. Igor und ich waren enttäuscht. Später ist Igor mit 44 Jahren als Erster aus unserer Clique an Krebs gestorben. Ich zog mit 18 Jahren zusammen mit meinen Eltern nach Deutschland. Hatte das Mädchen das damals tatsächlich gewusst? Bis heute frage ich mich, ob sie damals wirklich Informationen von den Engeln erhalten hatte. Ich vermute es.

So vergingen Tage im Kindergarten, lustig und anstrengend zugleich. Den Abend verbrachte ich zu Hause. Ich kann mich erinnern, dass meine Urgroßmutter Anastasia fast täglich gegen 20:00 Uhr mit Edelsteinen und Gebeten arbeitete. Das war ihre Zeit der Selbstliebe. Wenn sie ihre Rituale ausführte, legte sie ihre Edelsteine immer als Kreis. Es war ihr »Heilkreis der Gedanken und der Selbstliebe«, wie sie ihn nannte. Sie legte ihre Hände in den Kreis, betete und sagte laut: »Ich liebe mich und die Welt.«

Wenn sie einen Klienten empfing, bat sie stets um ein Foto von ihm. Es wurde im Steinkreis platziert und mit einer selbstgemischten Räucherung geschützt. Auch in der Wohnung standen unzählige Edelsteine, die die Energie der Wohnung aufwerteten. Dazu gehörten vor allem Amethyste und Bergkristalle, aber auch Malachit, Granit und Schörl sowie Shungit und Olivin. Anastasia erzählte mir viele Geschichten über die Steine, die sie nutzte.

Anastasias kleine Edelsteinkunde

- **Amethyst** sei ein stärkender Stein, den sowohl Frauen als auch Männer nutzen könnten. Er bereinige die Seele von Wut und Schmerz. Sie empfahl ihn besonders, wenn Entscheidungen zu treffen sind, und sagte, dass der Amethyst nur an heiligen, reinen Orten vorkomme. Er speichere diese Energie und leite sie in unsere Lebensräume weiter. Außerdem unterstütze er uns dabei, freundlich und achtsam mit uns selbst umzugehen.
- **Bergkristall** sei der Stein der weißen Magier. Schon seit Generationen war er fest in die spirituelle Arbeit unserer Familie integriert. »Man kann mit ihm Schmerzen lindern und gute Energie anziehen«, erzählte sie. Er beschenke uns in den schwierigen Stunden des Lebens mit Lebensenergie und stärke unsere Selbstliebe.
- **Malachit** war für Anastasia der Stein der Feen und der Heiler. Sie hatte einige Schatullen, die aus ihm gefertigt waren. In diese legte sie ihre Schutzamulette zum Aufladen. Malachit könne jede Frau glücklich machen, da er sie ihre Selbstliebe entdecken ließe.
- **Granit** helfe gegen Abschirmung vor Strahlung und schlechten Gedanken.
- **Schörl** war in ihren Augen der Stein der Hexen. Anastasia legte ihn auf ihre Karten, um sie aufzuladen. Das war wichtig, damit sie die Wahrheit sagten.
- **Shungit** galt ihr als Heilstein gegen Schmerzen.
- **Olivin** sei der Stein der liebenden Herzen.

Anastasias Geschichten waren köstlich. Sie sind mir bis heute lebhaft in Erinnerung geblieben. Bis heute nutze ich ihr Edelsteinwissen in meiner Praxis und für mich selbst.

Ich war vier Jahre alt, als Anastasia erkrankte. Sie bekam Schilddrüsenkrebs. Nach einem Jahr wurde sie operiert und starb kurze Zeit später in hohem Alter. Sie war der Ansicht, dass es die Operation war, die sie sterben ließ, und nicht die Erkrankung.

Auch in dieser schweren Zeit der Abreise benutzte sie ihre Edelsteine, um die Schmerzen unter Kontrolle zu halten. Sie lag auf dem Sterbebett und sprach Französisch wie in ihrer adeligen Kindheit. Auf dem Nachttisch stand eine Ikone: Maria Siebenpfeilige. Sie betete jeden Abend zu ihr und bat sie, der ganzen Familie zu helfen, wenn sie nicht mehr unter uns weile. Von dieser besonderen Ikone heißt es, sie würde die Selbstliebe aktivieren. In Russland wird sie oft genutzt, um mit der eigenen Seele Verbindung aufzunehmen.

Ich liebte Anastasia und kann mich noch sehr gut an sie erinnern, obwohl ich damals noch sehr jung war. Sie war eine schöne alte Dame mit nur wenigen Falten im Gesicht. Sie lachte viel und half jedem, der Hilfe benötigte. Sie war eine sehr weise Frau, die vielen Menschen dabei geholfen hatte, sich selbst zu finden. Dazu nutzte sie Karten und Gebete, aber in erster Linie Verständnis für und Liebe zu jedem Menschen. Sie sagte, dass die Lebenszeit, die uns gegeben sei, zu unserem Lebensplan gehöre. Dieser Seelenplan beinhalte eine gewisse Zeit, um auf der Erde zu lernen und Erfahrungen zu sammeln. »An etwas festzuhalten ist daher nicht schlau, sei es ein Gegenstand oder ein Mensch. Sich selbst muss man finden und lieben«, sagte sie.

Stellen Sie sich folgendes Gedankenspiel vor: Sie haben einen Geldpreis gewonnen. Jeden Morgen bekommen Sie 100 000 Euro zur Verfügung gestellt. Doch dieses Spiel hat bestimmte Regeln. Die erste lautet: Das Geld, das Sie im Laufe des Tages nicht ausgegeben haben, wird Ihnen wieder abgenommen. Sie können es also nur ausgeben, nicht sparen und anhäufen. Allerdings gibt es wie gesagt jeden Morgen neues Geld für den kommenden Tag. Zweite Regel: Das Spiel kann zu jeder Zeit beendet werden. Was würden Sie tun? Würden Sie sich alles kaufen, was Sie brauchen? Vielleicht nicht nur für sich selbst, sondern auch für alle Menschen, die Sie lieben – und vielleicht sogar für jene, die Sie nicht kennen?

Dieses Spiel ist die Realität. Jeder Mensch hat so ein »magisches Spiel« bereits gewonnen. Der Gewinn ist die Lebenszeit, also täglich 24 Stunden oder 1440 Minuten oder 86 400 Sekunden. Jeden Morgen, wenn wir aufwachen, bekommen wir für diese Zeitspanne Leben geschenkt. Wenn wir am Abend einschlafen, wird uns die übrige Zeit nicht gutgeschrieben. Was wir an diesem Tag nicht gelebt haben, geht verloren. Das Spiel kann jederzeit beendet werden, ohne Vorwarnung. Was machen Sie mit Ihren täglichen Stunden, Minuten und Sekunden? Sind sie nicht viel mehr wert als die gleiche Menge in Geld? Wie viel investieren Sie in sich und die Selbstliebe? Wie viel gönnen Sie sich jeden Tag? Anastasia sagte mir immer wieder: »Genieße jede Sekunde deines Lebens, damit es nicht zu traurig wird, wenn du zu den Engeln gehst und das Verlorene bereust.«

Im Sommer starb meine geliebte Urgroßmutter. In der ehemaligen UdSSR beerdigte man Menschen ohne Hilfe von Bestattungsinstituten. Der Verstorbene wurde drei Tage lang in der Wohnung aufgebahrt, damit sich die Seele von dieser Welt verabschieden konnte. Alle Spiegel in der Wohnung wurden verdeckt, damit er nicht erschrickt. Die Uhren wurden ebenso angehalten. Der Verstorbene lag in einem Sarg, der auf zwei Stühlen fixiert und von unten mit Eis gekühlt wurde. Jeder durfte zu Besuch kommen, um seine Anerkennung und seinen Dank zu zeigen.

Viele Menschen kamen, um sich von Anastasia zu verabschieden. Nach drei Tagen trug man den Sarg auf die Straße und stellte ihn vor den Hauseingang. Die Verstorbene lag friedlich in ihrem Sarg, neben ihr lagen all ihre Medaillen und Orden sowie viele Blumenkränze und -sträuße. Es gab unzählige Nelken und Rosen. Als Fünfjähriger wusste ich, dass das Unglück unser Haus besuchte. Ich wusste auch, dass ich meine Uroma nicht mehr sehen würde. Meine Mutter brachte mich zu ihrer Freundin Lubow in das Nebenhaus. Ich sollte für die Zeit des Abschieds dort bleiben. Doch ich ging wieder zum Sarg zurück und berührte meine Uroma zärtlich an der Hand. Es waren Hunderte Besucher da. Viele der Menschen, die sie geheilt und denen sie geholfen hatte, standen im Hof.

Schließlich kam ein offener Lastwagen. Die Trauergemeinschaft drapierte den Boden des Anhängers mit Wandteppichen aus der Wohnung und platzierte anschließend den Sarg darauf. Die Blumen und Kränze wurden ebenso auf ihn befördert, woraufhin sich der Lkw in ein Rosen- und Nelkenmeer verwandelte. Er fuhr los. Die Familie durfte mitfahren, während die Besucher zu Fuß folgten. Die ganze Straße war voller Menschen, ein kleines Orchester spielte Abschiedsmusik. Alle weinten.

Eine große Seele war von uns gegangen. Meine Oma Walja sagte, dass Anastasia weiterhin bei uns sei und uns als Engel beschütze. Nach der Beerdigung gab es einen Leichenschmaus. Dabei unterhielten sich alle angeregt über Anastasias Leben und ihre Arbeit. Es gab reichlich zu essen und zu trinken. So ging es drei Tage lang, bis unsere Wohnung irgendwann menschenleer war.

Wochenlang ging ich in Anastasias Zimmer, denn ich vermisste sie sehr. Ich legte mich auf ihr Bett und sprach mit ihr. Eines Tages sah ich dort eine Lichtgestalt. Sie umarmte mich und berührte mich am Herzen. Ich erzählte es meiner Mutter. Sie sagte nur: »Das ist Anastasia, dein Schutzengel. Sie bleibt bei dir.«

Als Kind war ich anders und hatte Freunde, die nicht jeder haben wollte, darunter zwei Jungen, die zu den Sinti und Roma gehörten. In Usbekistan lebten damals mehr als 200 000 Angehörige dieser Volksgruppe. Sie zogen durch die Sowjetunion, wobei sie in der

Regel mit ihren Wägen an Feldern hielten. Die Frauen gingen in die Stadt, um den Passanten Karten zu legen oder aus der Hand zu lesen, während die Männer sich bei Bauern als Tagelöhner verdingten. Abends veranstalteten sie Musikabende.

Meine Mutter hatte Angst, dass ich von ihnen entführt werden könnte, und ließ mich nicht ihre mobilen Häuser aufsuchen. Doch eines Tages tat ich es. Ich spielte zusammen mit den beiden Jungen auf einer Wiese. Wir fingen Marienkäfer, die wir danach wieder frei ließen. Als ich am Abend nach Hause kam, schaute mich meine Mutter an und sagte: »Deine Selbstliebe und deine Selbstverantwortung sind so weit.« Ab diesem Moment ließ mich meine Mutter mit den Sinti und Roma spielen.

Schon damals war ich an Magie interessiert und bastelte mit ihnen sogenannte Zigeunerbeutel. Sie sollen Schutz, Selbstliebe und Glück bringen. Ich schenkte einige dieser Beutel meinen Freunden und Familienmitgliedern, was mir große Freude bereitete. Ich fühlte mich dabei stark und empfand Liebe zu meinen Mitmenschen und zu mir selbst. Es erfüllte mich mit Stolz, etwas für andere zu tun.

Einen »Zigeunerbeutel« anfertigen

- Nehmen Sie ein Stück schwarze oder rote Baumwolle und nähen Sie einen kleinen Beutel daraus.

- Legen Sie anschließend Lorbeerblätter, einen Knochen oder eine Muschel, einen beliebigen Edelstein, eine Münze und etwas Salz hinein. Binden Sie ihn dann mit einer dünnen Schnur zusammen. Fertig ist der Beutel.

- Tragen Sie ihn bei sich, wenn Sie Schutz benötigen oder Ihre Selbstliebe unterstützen wollen. Der Beutel basiert auf den Elementen der Natur und wirkt augenblicklich bei Trauer und seelischen Schmerzen. Er ist zudem in der Lage, Geld und Gesundheit anzuziehen.

Die Mutter meiner beiden Freunde verdiente ihr Geld, indem sie Karten legte und aus den Händen las. Auch das durfte ich öfter miterleben. Sie hatte ein gutes Gespür für Menschen, war verwitwet und musste für ihre ganze Familie sorgen. Das tat sie mit großer Hingabe. Irgendwann zogen die Sinti und Roma weiter – wir sollten uns nie wieder sehen.

Als die Zeit des Abschieds kam, weinten wir alle. Wir umarmten uns und wünschten uns Glück für das weitere Leben. Als Abschiedsgeschenk gab ich meinen beiden Freunden zwei Modellautos aus Metall, die ich einmal von meinem Vater geschenkt bekommen hatte. Es waren kleine, rote Sportwagen, die dem Original sehr detailgetreu nachempfunden waren. Sie waren damals sehr schwer erhältlich und dementsprechend wertvoll. Die beiden freuten sich sehr über das Geschenk und revanchierten sich mit einem Kartendeck.

Das waren meine ersten Karten zum Wahrsagen. Später bekam ich von meiner Oma noch ein weiteres Deck dazu. Beide Kartendecks sind immer noch in meinem Besitz. Ich hege und pflege sie und halte sie in Ehren, denn sie erinnern mich an diese lieben Menschen und schönen Zeiten. Sie rufen mir auch die Wichtigkeit der Liebe zu anderen und sich selbst ins Gedächtnis.

WARUM IST ES WICHTIG, SICH SELBST ZU LIEBEN?

Wenn Sie mich fragen, wer glücklich ist, antworte ich: »Die Menschen, die sich selbst lieben.« Das ist eine Tatsache, denn wer sich nicht selbst liebt, kann auch keine Liebe von außen in sein Leben anziehen. Die Selbstliebe ist lebenswichtig, denn sie macht uns erst zu einem Individuum.

Um von anderen geliebt zu werden, muss man daher in erster Linie an seiner Selbstliebe arbeiten. Sie ist nicht nur das, was eine Bewegung und Entwicklung ermöglicht, sondern auch das, was uns antreibt und Sicherheit gibt.

Jeder Mensch hat natürlich ein eigenes Schicksal. Dieses gleicht einer Visitenkarte, die wir alle in der Tasche mit uns tragen. Wie schön sie aussieht, ist dabei von der Selbstliebe abhängig. Denn sie ist unsere Visitenkarte, die von anderen gesehen wird. Sie ist nicht nur schön, sondern entscheidend dafür, ob und wie wir angenommen werden. Aus diesem Grund ist es enorm wichtig, dass wir uns selbst eine tiefe, umfassende Liebe entgegenbringen, sodass wir wahrhaft in unserem Leben ankommen können.

Unsere Selbstliebe ist die Kraft, die uns gegeben ist, um nicht nur zu überleben, sondern das Leben auf der Erde voll auszukosten. Haben Sie sich schon einmal gefragt, warum manche Menschen es leichter haben als Sie? Warum manche mehr lachen können und entspannter sind? Haben sie vielleicht mehr Geld? Oder vielleicht mehr Zuversicht? Womöglich sind sie klüger als Sie? Nein, diese Menschen haben gezielt an ihrer Selbstliebe gearbeitet!

Es ist echte Arbeit, die Selbstliebe wachsen und erblühen zu lassen. Dazu braucht sie Dünger wie gute Gedanken, Freude und Zuversicht. Stellen sie sich vor, Sie sind ein Samen. Er fällt auf die Erde, keimt und wächst mit der Zeit zu einer wunderschönen Pflanze heran. Diese braucht Kohlenstoffdioxid, um zu existieren: gesunde Selbstliebe. Ohne dieses Gas kann die Pflanze auch keinen Sauerstoff produzieren, der wiederum anderen Lebewesen als Existenzgrundlage dient und durchaus als allumfassende Liebe begriffen werden kann.

Die Selbstliebe gehört zu unserem energetischen Volumen. Sie bestimmt die Wahrnehmung dessen, was uns umgibt und was in uns selbst ist. Unsere energetische Welt besteht aus dem Makro- und Mikrokosmos.

Was sehen wir um uns herum? Nur die physikalische Welt, deren Wahrnehmung durch unser Denken, Sehen, Hören, Tasten, Schmecken und Fühlen begrenzt ist. Sind wir vielleicht nicht dankbar genug für das uns geschenkte Leben? Leider nutzt ein durchschnittlicher Mensch weniger als zehn Prozent seines Gehirns. Genau hier entsteht jedoch unsere Realität.

Doch ich habe eine gute Nachricht für Sie: Sie können Ihr Gehirn schulen und dadurch eine neue Realität, Liebe und Gesundheit erzeugen. Öffnen Sie sich für das neue Wissen – das Wissen der energetischen Materie. Es ist unbezahlbar, denn es ermöglicht uns, jene Dinge zu erkennen, die wirklich wichtig sind. Gemeint sind damit keine materiellen Besitztümer, sondern energetische Materie, die unsere Seele nährt. Dazu zählen Liebe, Selbstliebe und Erkenntnis.

Wir alle werden von unterschiedlichen Lebenserfahrungen geprägt: Wir erleben Kummer, Schmerz, Enttäuschungen in der Liebe oder in der Familie, Verrat oder Trauer. Wir vertrauen jemandem, der uns fallen lässt, manipuliert oder nicht liebt. Warum passiert so etwas überhaupt? Warum werden wir bisweilen betrogen und ausgenutzt, obwohl wir aus unserem Herzen heraus handeln? Die Antwort lautet: weil wir uns selbst nicht genug achten und lieben. Hierdurch ziehen wir energetisch Menschen an, die uns ebenso nicht achten. Merken Sie sich Folgendes:

Sie sind der Mittelpunkt Ihres Lebens und nicht jemand anders.
Sie sind die Hauptspeise und keine Beilage.

Zudem sind Sie selbst für alles, was um Sie herum geschieht, verantwortlich. Sie können alles verändern, müssen hierfür jedoch handeln. Haben Sie sich übergangen oder zu oft für andere geopfert? Dann kommt Ihnen sicher bekannt vor, was ich hier schreibe. Wir alle verletzen manchmal andere und verlieren die Bodenhaftung. Der Weg von der Jugend bis zum Alter ist sehr kurz und steinig. Vergessen Sie sich nicht auf diesem Weg!

Machen Sie das Beste aus sich und Ihrem Weg.

Mit unseren Augen sehen wir das, was sich anfassen lässt. Immer mehr Menschen nehmen jedoch auch das wahr, was »energetisch« ist. So erweitern wir zunehmend unsere Perspektive. Was für unsere Augen früher verborgen blieb, offenbart sich uns nun – und das ist gut so. Wir entwickeln uns spirituell zu besseren Menschen und fragen uns mittlerweile immer öfter, welche Aufgabe wir auf dem Planeten Erde erledigen sollen. Wir finden demnach Wege zu unserer Seele. Doch diese kann Leid und Schmerz erfahren, wenn wir uns nicht genug Zeit für uns selbst nehmen.

Warum erfahren wir überhaupt Schmerzen? Hat Mutter Natur hier etwa einen Fehler in unserer Konstruktion gemacht? Nein, denn Schmerzen sind ein Zeichen, eine Vorwarnung. Die Natur hat sich also keineswegs vertan! Sie zeigt uns durch Schmerzen, dass wir etwas in unserem Leben korrigieren müssen. Sehr oft geht es dabei um mangelnde Selbstliebe.

Am wichtigsten zu berichtigen ist eine gesunde Einstellung zum Leben allgemein und zu sich selbst. Hiermit müssen wir beginnen. Dabei geht es vor allem auch um das Thema Selbstliebe – um die Visitenkarte, die ich bereits erwähnt habe. Wollen Sie eine goldene Visitenkarte haben, können Sie diese aus dem Gold Ihres Herzens, Ihrer Güte und Ihrer Selbstliebe herstellen. Wenn es Ihnen an diesen Qualitäten mangelt, besteht Ihre Visitenkarte lediglich aus Papier, und wenn Sie sich verachten, aus Toilettenpapier. Doch keine Sorge, in unserem Leben hier auf Erden ist alles veränderbar. Sie entscheiden selbst, wie diese Karte der Seele aussehen darf. Wollen Sie eine aus Gold besitzen? Dann tun Sie im Alltag mehr für sich. Erkennen Sie, wie wichtig es ist, liebevoll mit sich selbst umzugehen.

Wie lange möchten Sie leben? Wie alt wollen Sie werden? Auch das sind wichtige Fragen, die Sie sich stellen sollten. Die Antwort darauf hängt von der Selbstliebe ab. Wenn Sie genug von ihr in sich tragen, genießen Sie jeden Tag Ihres Lebens, der Ihnen geschenkt wird. Sie haben Freude an sich selbst und Ihren Mitmenschen und leben bewusst. Menschen, die das Leben bewusst erfahren, leben wiederum länger. Das ist eine Tatsache. Zum bewussten Erleben gehört, nicht nur dem Beruf und Geldverdienen oder der Familie Zeit zu widmen, sondern vor allem auch sich selbst. Denken Sie darüber einmal nach.

Ich habe in meinem Leben vielen Menschen geholfen und viele Leben gerettet, ohne dasselbe zu erwarten. Das ist schamanisches Denken: Verbreite das Positive in dieser Welt, ohne auf eine Gegenleistung zu hoffen. Rette diese Welt, auch wenn sie schwer zu retten ist. Vergiss dich selbst aber nicht, liebe dich wie auch die Welt. Arbeite täglich an deiner Selbstliebe.

Wir Schamanen tun viel für unsere Mitmenschen und für Mutter Natur, ohne uns den Kopf darüber zu zerbrechen, ob wir davon profitieren oder nicht. Wir machen das, weil wir Teil dieser Welt sind und nichts grundlos passiert. Wir lieben uns und akzeptieren andere Wesen. Alles hat einen Sinn und kommuniziert energetisch miteinander. Wir Schamanen sagen: »Wie oben so unten.« Die »Belohnung« dafür, dass Sie jemanden geholfen haben, ist wachsende Erkenntnis und das Begreifen dieser Welt. Das Leben ist Magie – und diese lässt sich im Alltag nutzen, um Ihre Ziele zu verwirklichen.

Bevor ich zum nächsten Abschnitt übergehe, möchte ich Ihnen noch ein Ritual vorstellen.

Ausgleichsritual für Mutter Natur

Tagein, tagaus schenkt uns Mutter Natur Energie. Mit diesem Ritual zeigen wir uns dafür erkenntlich und geben ihr etwas zurück. Es dient also dem kosmischen Ausgleich. Das wiederum aktiviert den Fluss der Selbstliebe in Ihnen. Als Material brauchen Sie mehrere frische Blätter eines beliebigen Baumes, Nahrungsmittelfarben und Natron.

- Skelettieren Sie zunächst die Blätter wie folgt: Legen Sie sie in einen Topf mit Wasser und Natron (pro Liter Wasser 1 TL Natronpulver) und kochen Sie die Blätter 30 Minuten lang.
- Legen Sie anschließend jedes Blatt einzeln auf eine Serviette. Entfernen Sie das weiche Blattmaterial mit einem Schwamm oder feinen Pinsel. Vorsicht, nicht zu stark drücken! Sie können auch mit einer Serviette die weichen Teile entfernen.
- Nun können Sie die skelettierten Blätter mit Nahrungsmittel- oder Ostereierfarbe bearbeiten. Die Farbe einfach in warmem Wasser auflösen und die Blätter, eins nach dem anderen, hineingeben.
- Zum Trocknen können Sie die Blätter auf einem Küchentuch auslegen oder in eine Presse geben (beispielsweise in ein altes Buch, das Sie nicht mehr benötigen).
- Die Blätter sind nun fertig. Legen Sie sie an einem Baum in der Natur aus oder schmücken Sie damit Ihre Zimmerpflanzen. Sagen Sie dabei innerlich: »Ich ehre Mutter Natur – sie schenkt mir Liebe.«

SELBSTLIEBE ALS LEBENSZIEL

Worin besteht Ihr Lebenssinn? Was ist das Ziel Ihrer Seele auf Erden, was sind Ihre höheren Ziele? Haben Sie sich diese Fragen schon gestellt? Sie sind ein spirituelles Wesen, ein Bewusstsein mit Körper. Ihr Lebensziel ist, anderen Lebewesen von Nutzen zu sein und sich selbst dabei nicht zu vergessen.

Das Leben ist ein ständiger Lernprozess. Fragen Sie sich deswegen immer, wenn Sie krank werden: Was will Ihnen diese Körperreaktion zeigen? Was verursacht Ihre Krankheit? Was will sie Ihnen mitteilen? Schmerz ist immer ein Zeichen dafür, dass Sie nicht mehr in der goldenen Mitte sind. Denken Sie daran: Sie sind ein spirituelles Wesen in einer physischen Hülle und haben eine Mission auf Erden. Um diese erfüllen zu können, brauchen Sie Balance und Harmonie, eben jene goldene Mitte. Diese ist nur durch Selbstliebe erreichbar. Für sich selbst Liebe zu empfinden ist somit Ihr wichtigstes Lebensziel. Sämtliche Erfolge von Ihnen sind in Ihnen gespeichert. Sie leben auch nicht nur in der dreidimensionalen physischen Welt, denn das Universum hat insgesamt zwölf Dimensionen. Diese wirken allesamt ein auf Ihr Dasein. Lernen Sie daher, mehr zu sehen. Nehmen Sie durch Ihre Gefühle und Emotionen, durch Ihre Meditationen und Visionen wahr. Erkennen Sie die spirituelle Welt, die nicht physisch ist. Durch Kreativität und Kunst können Sie diese Welt erreichen und dadurch zu sich selbst finden. Ihre Selbstliebe wird es Ihnen danken.

Wir alle nehmen nur einen kleinen Teil dieser Welt wahr. Ein Koch versteht mehr von Lebensmitteln als andere. Ein Arzt mehr von Medikamenten und ein Schreiner mehr von Möbeln. Kein Mensch der Welt kann jedoch alles wissen oder wahrnehmen. Das ist eine Tatsache. Doch wenn Sie an Selbstliebe gewonnen haben, dann erkennen Sie auf einmal viele Details, die Sie bis dahin übersehen hatten. Vielleicht konnten Sie diese auch gar nicht wahrnehmen, denn die Selbstliebe ermöglicht es Ihrer Seele erst, umfassend zu fühlen und zu denken.

Menschen, die genug Selbstliebe besitzen, sich Zeit für sich selbst nehmen und sich entwickeln, gewinnen an Weite. Sie erkennen Dinge, die vorher verborgen waren. Sie ergründen Geheimnisse und erhalten Antworten auf beinahe alle Fragen. Man könnte also behaupten: Menschen, die sich wahrhaftig lieben, haben keine – oder zumindest sehr wenige – Probleme. Vielleicht leuchtet es Ihnen nicht unmittelbar ein, aber sämtliche Probleme dieser Welt hängen mit unserer nicht geliebten Seele zusammen. Alles beginnt im Nichtphysischen.

Sie sind bedeutender, als Sie vielleicht denken. Sie sind kreativ, machtvoll und wichtig! Selbstliebe und Liebe sind Teil des göttlichen Lebenssinns. Dieser ist auch Ihr Zweck und Lebenssinn.

Selbsterforschung 1:
Das eigene Dasein verstehen lernen

Stellen Sie sich die folgenden Fragen und notieren Sie sich Ihre Antworten:

- Warum sind Sie hier auf der Erde?
- Welche Erfahrungen haben Sie bis heute gesammelt? Eher gute oder schlechte? Eher körperliche, geistige oder seelische?
- Wer hat Sie geprägt?
- Wer sind heute Ihre Bezugspersonen? Wer früher?
- Woran glauben Sie?

Stellen Sie sich öfter diese Fragen, denn sie helfen Ihnen, Ihr Dasein zu analysieren und zu verstehen. Wenn Sie dies bewusst machen, werden Sie von Tag zu Tag mehr Selbstliebe entwickeln. Ihnen wird klar werden, was Sie in dieser Hinsicht noch verändern können und handeln konsequent. Die bewusste Arbeit an sich selbst wirkt wie ein Magnet für die Selbstliebe. Sie erweitert Ihre Seele enorm.

Verzeihen und loslassen

- Betrachten Sie Fotos aus Ihrer Vergangenheit und erinnern Sie sich an die Zeiten und Menschen, die Sie geprägt haben. Fragen Sie sich: »Verbinde ich traumatische Erlebnisse mit ihnen?«
- Lösen Sie nun alte Traumata geistig auf, indem Sie innerlich allen verzeihen, die Sie verletzt oder enttäuscht haben. Betrachten Sie diese Erfahrung als Ihre Lebensschule.
- Lassen Sie diese Menschen gehen und fokussieren Sie sich ganz auf sich selbst. Versprechen Sie Ihrer Seele viel Liebe und Zuversicht. Beschäftigen Sie sich täglich mit ihr und fragen Sie sich, was ihr guttut.

Ihre Seele drückt sich durch Ihren Körper aus. Fehlt es Ihnen an Selbstliebe, Akzeptanz oder Respekt, schreit Ihr Körper irgendwann auf und meldet sich durch Schmerzen oder Wehwehchen. Daher ist es wichtig zu lernen, auf den eigenen Körper zu hören. Nur so können Sie die Zeichen deuten, die er Ihnen sendet, und dadurch Ihr Leben verbessern.

Selbsterforschung 2:
Was bedeutet Selbstliebe für mich?

- Sich selbst zu lieben kann sich in drei unterschiedlichen Formen ausdrücken: (1) Köperliebe (Massage, Ernährung und Sexualität), (2) Seelenliebe (Liebe zu anderen und zu sich selbst, Meditationen, Geschenke, Natur, kreativ sein) und (3) Geistliebe (seelische Entwicklung, neue Ziele und Visionen, Schreiben, Singen etc.). Welche dieser Formen überwiegt in Ihrem Fall? Notieren Sie sich Ihre Gedanken dazu und lesen Sie sie im Anschluss durch.

- Ich empfehle, wie Sie merken, solche Fragen und Antworten immer aufs Papier zu bringen. Denn wenn wir Denken und Sehen auf diese Weise kombinieren, können wir Zusammenhänge unmittelbar und intuitiv verstehen. Zudem bleibt das, was wir begriffen haben, dauerhaft in der Seele gespeichert. Erkenntnis ist das beste Programm für die Seele.

Der Mensch ist ein Geheimnis. Es zu lüften kann einem das Leben kosten, besagt ein altes russisches Sprichwort. Doch man lebt nicht wirklich, wenn man das Geheimnis unergründet lässt. Vergeuden Sie also keine Zeit, sondern leben Sie Ihr Leben und genießen Sie es in jeder Situation, auch wenn – oder gerade weil – diese letztlich nicht zu kontrollieren ist. Denn im Grunde ist nichts wirklich kontrollierbar, nicht einmal, wann wir die Toilette aufsuchen müssen. Nehmen Sie daher jede Situation so an, wie sie ist, und arbeiten Sie täglich an Ihrer Selbstliebe.

Stellen Sie sich Folgendes vor: Wir sind in der fernen Zukunft, im Jahr 6000. Viele Seelen der heutigen Zeit sind dort gelandet und verbringen ihr Leben anders als in der Gegenwart. Sie sind vollkommen in der Selbstliebe angekommen und genießen ihre Lebenszeit auf der Erde. Die Welt ist grundlegend anders, denn sie wird von künstlicher Intelligenz bestimmt. Es gibt keine Kriege mehr, jeder hat das, was er braucht. Doch unsere Gefühle sind dieselben geblieben. Wir können lieben oder hassen, uns freuen oder ärgern. Wie gefällt Ihnen diese Vorstellung? Ist sie nicht schön? Für was entscheiden Sie sich – für die Liebe oder für den Hass? Was ist mehr wert? Wir leben jedoch im Hier und Jetzt und nicht im Jahr 6000. Auch heute schon können Sie durch Selbstliebe glücklich werden, wenn Sie sie zulassen. Fangen Sie deshalb jetzt an, sich anzunehmen, zu lieben und zu ehren.

Wir durchleben im Moment eine sehr schwierige Zeit auf der Erde. Sie hat vielen Menschen bereits die Augen geöffnet und sowohl negative als auch positive Erfahrungen mit sich gebracht. Wahre Freundschaften sind geblieben, während unwahre zerbrachen. Viele Menschen haben Sorgen und fühlen sich unsicher. Manche verspüren sogar Todesangst.

Positiv aber ist, dass jeder Zeit für sich selbst hat. Wir haben die Möglichkeit, uns mit unserer Seele und jenen zu beschäftigen, die ihr nahestehen. Wir haben unsere Ängste und dadurch auch das innere Kind kennengelernt. Zudem haben wir gelernt, uns mit uns selbst auseinanderzusetzen, und uns gefragt, was wirklich von Belang in dieser Welt ist. Die Antwort lautet: jeder einzelne Tag des Lebens, der uns geschenkt wird.

Vielen Menschen ist auch endlich bewusst geworden, dass nichts selbstverständlich oder sicher ist. Das, was wichtig ist, sind unsere Emotionen und Gefühle sowie unsere Mitmenschen – der Zusammenhalt in der Gemeinschaft. Und vor allem die Selbstliebe, denn ohne sie gibt es weder Freundschaften noch Zusammenhalt.

Denken Sie bitte über den Sinn des Lebens gründlich nach und leugnen Sie dabei nicht, was Sie nicht verstehen können. Wenn Sie nach dem folgenden Prinzip leben, werden Sie glücklich:

- Man kann ein Haus, aber kein Zuhause kaufen.
- Man kann ein Bett, aber keinen Schlaf erwerben.
- Man kann sich eine Uhr, aber keine Zeit zulegen.
- Man kann ein Buch, aber kein Wissen leihen.
- Man kann eine Stelle, aber keine Anerkennung kaufen.
- Man kann einen Arzt, aber keine Gesundheit bezahlen.

- Man kann die Seele, aber kein Leben verkaufen.
- Man kann Sex, aber keine Liebe kaufen.

Für all diese Dinge brauchen Sie gesunde Selbstliebe. Sie bringt das Zuhause, den ruhigen Schlaf, Liebe, mehr Anerkennung und Gesundheit in Ihr Leben.

Sie können das Beste aus jeder Situation machen, wenn Sie an Ihre Selbstliebe denken und Ihr Handeln an ihr ausrichten. Seien Sie sich bewusst, dass sie das wichtigste Gut des Menschen ist. Aber viele Umstände prägen unsere Selbstliebe, insbesondere aus der Vergangenheit. Deshalb ist es unerlässlich, diese bewusst zu verarbeiten. Ab und zu kann es notwendig sein, die Vergangenheit loszulassen, um die Selbstliebe zu aktivieren. Darum wird es im nächsten Teil des Buches gehen.

Ich habe in meiner Praxis viele Wunderheilungen miterleben dürfen. Einige Klienten sprachen ihre Leiden direkt an und stellten ihnen ein Ultimatum: Sie durften nur bleiben, wenn sie den Körper in Ruhe ließen. Nach dem Motto »leben und leben lassen« erlebten sie eine Heilung. Andere suchten nach größeren Lebensthemen oder -zielen und wurden dadurch geheilt.

Eine Klientin von mir erfuhr beispielsweise von ihren Ärzten, dass sie nur noch drei Wochen zu leben habe. Nach dem Erhalt dieser Nachricht fing sie sofort an, sich mit ihrer Familie zu beschäftigen. Sie führte intensive Gespräche mit ihren Kindern, die so noch nie stattfanden. Mit dem Ergebnis, dass sie tiefe Liebe verspürte – und für gesund erklärt wurde.

Wieder andere verloren die Angst vor dem Tod und wurden dadurch geheilt. Das bedeutet, dass sich all meine Klienten, die eine Wunderheilung erfuhren, mit wichtigen Aspekten der Selbstliebe auseinandersetzten und sich Zeit für sich nahmen. Das hatten sie nie zuvor gemacht. Dies bewirkte, dass sie ihre Ängste besiegten und dadurch genasen.

Es ist immer individuell, wie es zu derartigen Heilungen kommt. Aber ein wichtiger Aspekt, der bei allen Fällen eine Rolle spielte, ist die gesunde Selbstliebe und das Gefühl, bei sich selbst angekommen zu sein. Genau das verändert die Realität und die Wahrnehmung der eigenen Seele beziehungsweise ihrer Wichtigkeit auf diesem Planeten.

Viele Menschen merken, dass die Welt sich gerade rasant verändert. Das kommt daher, dass wir in der Neuzeit leben, der Zeit der höheren kosmischen Frequenzen, der Bewusstwerdung und der Spiritualität. Durch sie können wir mehr Selbstliebe entfalten und unsere materielle Welt nach energetischen Prinzipien wahrnehmen. Das bedeutet, dass wir nicht mehr nur an das glauben, was wir anfassen oder mit unseren Augen sehen können, sondern auch an das, was wir fühlen und ahnen. Das erlaubt uns, die Vergangenheit leichter loszulassen und uns auf das Hier und Jetzt zu fokussieren.

Wir Menschen entwickeln uns in dieser neuen Phase zu spirituell denkenden Wesen. Wir glauben beispielsweise an Geistheilung, Energien, Ufos und können unsere Aura durch Kirlianfotografie sichtbar machen. Wir spüren unsere Schutzengel und öffnen uns für Mutter Natur. Wir glauben an Reinkarnation und an die Unsterblichkeit der Seele. Je intensiver wir uns erforschen, desto mehr erkennen wir unseren göttlichen Ursprung sowie die Wichtigkeit der Selbstliebe. Wir werden uns bewusst, dass die Welt durch Energien funktioniert und aus Frequenzen besteht. Zudem verstehen wir, dass es viele energetische Einflüsse gibt.

Auch Sie erkennen, dass Ihre Gaben, Talente und Potenziale Ihnen im Leben viel mehr bringen können, als Sie früher gedacht hätten. Sie müssen nur Ihre Ängste überwinden und Ihre Gaben entdecken und nutzen. An dieser Stelle fragen Sie sich womöglich: »Wie kann ich meine Ängste besiegen? Die sind doch einfach da.« Doch Ängste sind nur Programme, die in Ihrer Seele gespeichert sind. Man kann sie durch wachsende Selbstliebe löschen. Sie ist der Schlüssel dazu.

VON ENGELSSCHNÜREN, MAGIE UND QUANTENPHYSIK

Jeder Mensch besitzt die sogenannten Engelsschnüre: Kanäle, die uns mit unseren Engeln verbinden (selbst wenn Sie nicht an sie glauben). Das sind Energien, die uns im Alltag unterstützen und uns sehr oft Zeichen geben. Durch Hypnose, Meditation und Trance können wir diese Energien wahrnehmen und uns mit ihnen austauschen.

Engelsschnurmeditation

- Legen Sie sich hin und schließen Sie Ihre Augen.
- Stellen Sie sich vor, Sie sind im Himmel und ein wunderschöner Engel trägt Sie auf seinen Händen.
- Stellen Sie sich nun vor, dass aus Ihrem Herzen eine Art Schlauch herauskommt und am Engel andockt. Durch ihn senden Sie Ihrem Engel viel Liebe.
- Jetzt sehen Sie, dass auch der Engel über einen solchen Schlauch verfügt. Er dockt ihn an Ihrem Körper an und beginnt, Ihnen seine Liebe zu schicken. Durch diesen Vorgang können Sie Ihre Eigenliebe wie auch allumfassende Liebe vermehren.
- Öffnen Sie nun wieder Ihre Augen und versuchen Sie, die aufgenommene Energie zu fühlen.

Die Energiearbeit der Schamanen basiert auf der Quantenphysik. Alles ist im Austausch und alles möglich. Manche Wissenschaftler vertreten sogar die These, dass Zeitreisen realisierbar sind. Schamanen behaupten an dieser Stelle dasselbe: Das lineare Vergehen der Zeit ist eine Illusion, was wiederum bedeutet, dass man durch die Zeit reisen kann. Auch die Magie basiert auf der Quantenlehre.

Was ist überhaupt Magie? Dabei handelt es sich um die Arbeit mit den Elementen der Natur sowie der eigenen Vision, dem Geist und der Selbstliebe. Dies sind Vibrationen, Energien und Frequenzen. Durch die Magie des Herzens können Sie alles Negative aus Ihrer Vergangenheit und der Gegenwart löschen und schaffen mehr Platz für blühende Selbstliebe.

Die Magie ist in ständiger Bewegung und Entwicklung. Dies sind ihre Ziele:

- Energie transformieren,
- Wissen verbreiten,
- Talente aktivieren,
- in Körper, Gesellschaft und Natur ein Gleichgewicht herstellen,
- Karma reinigen,
- Selbstentwicklung.

Magie ist die Kunst, den eigenen Geist zu lenken und die Realität zu verändern. Dies geschieht durch den Willen, die Energie und verschiedene Werkzeuge. Deshalb gilt:

Schamanismus ist Magie.

Magie ist eine Möglichkeit, die Gefühlswelt, das Leben und Umfeld zu verbessern. Der Mensch lernt dabei die Magie kennen und die Magie den Menschen. Dadurch entstehen neue Informationen und Energien. Alle Menschen sind ein Bestandteil dieses Prozesses. Wir stellen dabei eine selbständige energetische Einheit dar. Jeder für sich. Auch Sie sind eine energetische Einheit, die vieles bewegen kann. Dabei kann Ihnen die Magie helfen.

Was denken Sie: Wofür sind Sie auf dieser Erde? Wir sind keine Roboter, die nur arbeiten und Geld verdienen müssen. Wir sind keine

Marionetten, die sich zu vermehren haben, um die Erde zu besiedeln. Wir kommen hierher, um die Erde wahrzunehmen und zu verstehen. Wir sind dazu da, um unsere Selbstliebe zu entfalten, unsere Seele zu erkennen und glücklich zu sein.

Wir kommen hierher, um unsere drei Körper zu begreifen. Durch den physischen Körper und seine Sinne erfahren wir beispielsweise Düfte, Töne, Licht und Geschmäcke. Wir lernen, den Körper zu ehren und zu lieben. Durch die Seele und den Geist erkennen wir unseren Ursprung und unsere Spiritualität. Wir sind dazu geboren, unsere Talente zu erkennen und das Gelernte weiterzugeben. Wir sind dazu geboren, wach zu sein und uns selbst zu lieben. An dieser Stelle möchte ich Sie liebevoll dazu auffordern, sich ein besseres Leben zu erschaffen und aufzuwachen. Erkennen Sie Ihre Umwelt und erschaffen Sie Ihre eigene Realität durch die Selbstliebe. Lassen Sie die anderen ruhig weiterschlafen, denken Sie jetzt einmal an sich! Nach schamanischer Auffassung ist unsere Seele unsterblich und inkarniert ständig, aber nicht nur auf der Erde. Energetisch gesehen – das sagt die Kosmologie – sind wir hier wie in einer Schule des Werdens. Die Erde selbst ist energetisch gesehen nicht der stärkste Planet in unserem Universum. Von zehn Planeten belegt sie in dieser Hinsicht den dritten Rang nach Mars und Saturn. Die Schwingung der Erde wird von manchen Kosmologen sogar mit einem Gefängnis verglichen, in dem wir wenig Freiheit haben. Doch jeder kann seine Freiheit durch gesunde Selbstliebe vergrößern. Unsere Seele inkarnierte sich bereits in verschiedenen Zeiten, Ländern und Epochen und lernte dabei. Doch jetzt erst wachen wir wirklich auf und verstehen, was uns umgibt. Genau das ist das Thema der Schamanen: Es geht um das Begreifen der verschiedenen Welten.

Was sehen wir von der Welt, in der wir leben? Nur einen kleinen Ausschnitt von dem, was existiert: das Bewusste. Ich vergleiche es mit einem Eisberg, der sich großteils unter der Wasseroberfläche befindet. Wenn man sich mit schamanischen Weisheiten befasst, taucht man hinab, um die wahren Schätze unter dem Wasser zu bergen. Das ist die unterbewusste Ebene, in der der eigentliche Sinn unseres Lebens verborgen liegt. Sie gehört zu unserem Dasein.

Um die bewusste und unbewusste Ebene in uns zu vereinen, ist es notwendig, dies zunächst einmal zuzulassen. Dazu gehört eine gewisse Portion an Selbstliebe und Offenheit der Welt gegenüber. Tauchen Sie hinab und erkennen Sie mehr von dem, was Sie umgibt. Sehen Sie die Welt mit anderen Augen und öffnen Sie sich für eine größere Wirklichkeit! Dabei helfen verschiedene Rituale aus dem schamanischen Bereich.

Ladies first: Hier ist ein Ritual für Frauen, das die weibliche Kraft und Intuition stärkt.

Frauenritual: Bauchmassage zur Stärkung der weiblichen Kraft und Intuition

Der Bauch ist aus schamanischer Sicht das A und O der Frau. Er ist der Platz des Lebens und der Erstehung der Welt. Daher ist es wichtig, den Bauch energetisch zu pflegen. Dazu eignet sich eine Massage mit Jojobaöl hervorragend.

- Geben Sie ein paar Tropfen des Öls auf Ihre linke Hand und führen Sie eine kreisende Bewegung gegen dem Uhrzeigersinn auf Ihrem Bauch aus.
- Geben Sie anschließend ein paar Tropfen auf die rechte Hand und machen eine Handbewegung im Uhrzeigersinn.
- Versuchen Sie, sich während der Massage zu loben und bewusst zu lieben.
- Die Bewegung gegen den Uhrzeigersinn löscht negative Blockaden, die entgegengesetzte Bewegung bringt neue Energie und schützt Sie im Alltag. Ihr Bauch ist nun für mindestens 24 Stunden geschützt. Ihre Wahrnehmung ist verfeinert, und Ihre Selbstliebe entfaltet sich leichter.

Nun sind die Männer an der Reihe. Auch sie brauchen energetischen Schutz im Alltag und neue Energie für mehr Selbstliebe. Für Männer sind vor allem die Hände wichtig. Daher hat es sich bewährt, die Hände als energetischen Zugang zu nutzen. Mit dem folgenden Ritual arbeite ich seit vielen Jahren mit meinen Klienten und wende es auch selbst regelmäßig an. Probieren Sie sie aus: Sie werden von seiner Wirkung verblüfft sein.

Männerritual: Die Energie der Elemente tanken für mehr Mut und Selbstachtung

- Setzen Sie sich morgens bequem hin und strecken Sie eine Hand vor sich aus.
- Gehen Sie nun alle Elemente durch, indem Sie sich Folgendes vorstellen: Zuerst fließt Wasser über Ihre Hand. Danach sehen Sie eine Flamme auf ihr; im Anschluss spüren Sie mit ihr Luft. Schließlich wird Ihre Hand abgekühlt, indem das Element Erde auf sie einwirkt. Sie haben nun die wichtigsten Elementkräfte aufgetankt und können schwungvoll in den Tag starten.
- Wenn Sie wollen, können Sie auch das Element Holz einbinden, indem Sie sich vorstellen, dass auf Ihrer Hand ein kleines Bäumchen wächst.
- Denken Sie dabei bewusst, dass Ihre schöne Hand einzigartig ist. Lieben Sie Ihre Hände!

Dieses kurze Ritual erweitert Ihren Horizont, macht mutig und stärkt Ihre Selbstachtung. Es hilft zudem, schwierige Erlebnisse aus der Vergangenheit zu verarbeiten und loszulassen.

Nun gehen wir einen Schritt weiter und beschäftigen uns mit dem Ätherkörper. Er ist ein Teil von Ihnen, der sozusagen ein eigenes Leben führt. Sie können ihn nur bedingt kontrollieren, das gilt insbesondere für den Schlaf. Vom Ätherkörper hängt ab, wie viel Selbstliebe wir empfinden. Menschen, die sich genügend Liebe entgegenbringen, können mit dem eigenen Äther gut arbeiten. Sie können im Traum fliegen, kämpfen oder auch Informationen erhalten. Stellen Sie sich vor: Sie arbeiten tagsüber und reisen nachts im Traum in die fantastischsten Welten und besuchen andere Planeten. Sie können dort Engel, Krafttiere oder Verstorbene treffen. So lernen Sie während des Schlafens, wobei Ihr Astralkörper grenzenlos und voller Weisheit ist. Er kennt weder Sorgen noch Rückenschmerzen. Nach dem Aufwachen können Sie einige Informationen, die Sie im Traum erhalten haben, verstehen und anwenden. Der größte Teil davon bleibt jedoch häufig unverständlich für unser Wachbewusstsein. Er wirkt unbewusst.

Gelegentlich träumen Sie von Dingen, die Sie begreifen, auch wenn sie nicht zu Ihrem Alltag passen oder Sie sie nicht kennen. Man hat dann das Gefühl, auf einmal allwissend zu sein. Das fühlt sich wundervoll an. Ihr Geist arbeitet ununterbrochen, auch im Traum. Er entwickelt sich von selbst, ohne dass Sie dafür etwas machen müssen. Er lässt Sie lernen und bringt wichtige Menschen in Ihr Leben – er ist sehr aktiv.

Oft sehen Sie im Traum Situationen, die Sie nicht ändern können. Beispielsweise Ihre Tante, die die Treppe hinunterfällt und sich ein Bein bricht. In solchen Momenten denken Sie: »Ich bin in der Lage zu fliegen und dies zu sehen, aber helfen kann ich ihr nicht.« Unsere Ahnen sehen uns von oben und können uns auch nicht immer helfen. Sie erleben unsere Schmerzen mit und versuchen, uns zu helfen. Aber sie können sich nicht einmischen. Stattdessen können sie uns in unseren Träumen bestimmte Informationen übermitteln, die uns helfen.

Auch Sie erhalten derartige Informationen, um Ihren Mitmenschen zu helfen, können jedoch nicht immer eingreifen. Sie würden es aber können, wenn Sie genügend Selbstliebe empfänden. Menschen die channeln können, haben an ihrer Liebe zu sich gearbeitet und den Kontakt zu anderen Welten hergestellt. Je mehr Liebe man für sich selbst empfindet, desto mehr Informationen kann man verstehen, sagen Schamanen.

Mir werden in meinen Träumen sehr oft neue Rituale, Übungen und Heilmethoden gezeigt, die ich später in die Tat umsetze. Sie kommen aus der geistigen Welt, und ich kann nicht immer sagen, warum sie funktionieren oder genau dieser »Schlüssel« für eine Person der richtige ist. Es ist ein rein intuitives Wissen.

SCHAMANISCHE SEELENREISE

Verstrickungen lösen

MEINE SELBSTERFAHRUNG

Ich lebte schon als Kind in zwei Realitäten. Wenn ich in der Natur war, sah ich alles unbeschwert und entspannt, farbig und mystisch. Dann zog mich die irdische Realität zurück, und ich sah die separierte Welt der Materie. Ich lernte Wahrheiten kennen, zu der andere Kinder keinen Zugang hatten. Als Folge davon zog ich mich in meine eigene Welt zurück.

Meine Oma lehrte mich viele schamanische Weisheiten und Techniken. Sie war zudem eine sehr gute Psychologin und wusste, wie das Leben abläuft. Sie nahm mich mit auf schamanische Reisen und erklärte mir wichtige Aspekte der Selbstliebe. Ihre Weisheiten klingen mir noch heute so in den Ohren, als ob sie sie gerade aussprechen würde:

- »Welche Talente sind am seltensten zu finden? Das Loslassen, Geben und die Selbstliebe. Das sind deine Talente, die du nutzen musst.«
- »Welches Tun ist das beste? Aus dem Herzen verzeihen. So entsteht Platz für die Selbstliebe in der Seele.«
- »Was ist am schwierigsten zu schaffen? Zu schweigen und zu analysieren.«
- »Welche Fähigkeit ist am wichtigsten? Die richtigen Fragen zu stellen.«

- »Was soll jeder lernen? Zuhören und sich selbst zu lieben.«
- »Welche Gewohnheit ist die schlimmste? Zu schwatzen.«
- »Welcher Mensch ist der stärkste? Jener, der in der Lage ist, die Realität aus der Selbstliebe zu erkennen.«
- »Welcher Mensch ist der schwächste? Jener, der sich für den stärksten hält.«
- »Welcher Mensch ist klug? Jener, der auf sein Herz hört.«
- »Welcher Mensch ist der ärmste? Jener, der Geld als sein Lebensziel sieht.«
- »Welche Seele ist gesund? Die Seele, die glaubt.«
- »Welcher Mensch stirbt nie? Jener, der liebt und geliebt wird.«

Meine Oma brachte mir viele Lebensweisheiten bei. Dabei war sie sehr lustig und sprachbegabt. Einen etwas derben Spruch von ihr kenne ich bis heute: »Musst du nicht kacken, quäle deinen Popo nicht!« Wie recht sie damit hatte! Sie erklärte mir zudem, dass jeder Mensch besonders ist und »auch ein Pfau hinter seinem schönen Schwanz nur einen ganz normalen Hühnerarsch hat«.

Die wichtigsten sieben Gesetze des Lebens erklärte sie mir so:
- »Das erste Gesetz des Lebens ist das Gesetz der Freiheit. Mach dir keinen Kopf um das, was andere über dich sagen oder denken! Es gibt leider genug Neider in dieser Welt. Du hast für sie keine Lebenszeit.« Sie vertrat die Ansicht, dass man sich lieber auf die Selbstliebe konzentrieren solle. Das Leben ist tatsächlich zu kurz, um sich mit Menschen, die uns gegenüber negativ eingestellt sind, zu beschäftigen. Sorgen Sie sich stattdessen um sich selbst und lernen Sie, an allen Situationen Freude zu haben.
- »Das zweite Gesetz des Lebens ist das Gesetz der Realität. Unsere Gedanken materialisieren sich! Denk darüber nach, was du denkst. Denk vor dem Denken!«, sagte sie. Ich kann ihr nur voll und ganz zustimmen: Unsere Gedanken erfüllen sich, wenn wir genügend Selbstliebe empfinden.

- »Das dritte Gesetz des Lebens ist das Gesetz der Schönheit. Verliebe dich in dich und nimm deinen Körper und deine Seele so an, wie sie sind! So wirst du die Liebe anziehen.« Auch hier kann ich ihren Worten nur zustimmen.
- »Das vierte Gesetz des Lebens ist das Gesetz der Freundschaft. Kritisiere sowohl dich als auch andere nicht. So wirst auch du nicht kritisiert und gewinnst wahre Freunde in deinem Leben.« Diese Aussage hat für mich ebenso Hand und Fuß.
- »Das fünfte Gesetz des Lebens ist das Gesetz der Liebe. Liebe dich und andere und versuche, niemanden zu ändern.« An dieser Stelle möchte ich betonen: Wenn Sie jemanden verändern wollen, dann nur sich selbst. Lieben Sie sich selbst und die Welt wird Sie lieben.
- »Das sechste Gesetz des Lebens ist das Gesetz des Reichtums. Lerne zuerst zu geben und dann zu bekommen. Mach dir Komplimente und beschenke dich täglich.« Dieses Gesetz hängt mit der goldenen Mitte zusammen. Wenn wir etwas erhalten, ist es gut, für einen Ausgleich zu sorgen.
- »Das siebte Gesetz des Lebens ist das Gesetz des Glücks. Denk weniger, sondern genieße den Augenblick und freue dich auf deine Mitmenschen.« Das ist das Gesetzt des Hier und Jetzt. Genießen Sie Ihre Zeit auf Erden und denken Sie nicht daran, was morgen oder in einigen Jahren kommt.

Diese sieben Weisheiten versuchte ich, täglich in die Tat umzusetzen. Meine Oma teilte mir auch mit, dass die Zahl Sieben – die Saturnzahl – zu unserer Ahnenreihe gehöre. Sie ist eine Zahl der Erlösung und des Schutzes. Tatsächlich sind alle Sterbedaten meiner Familie mit dieser Zahl verbunden. Sie taucht in jedem Todesdatum auf. Für mich ist das kein Zufall.

Ich denke sehr oft an meine Kindheit. Sie hat mich zu dem Menschen gemacht, der ich heute bin. Einmal fuhren wir mit meiner

Oma nach Russland zu ihrem Bruder Nikolaj. Damals war ich sieben Jahre alt. Nikolaj beschäftigte sich mit Kräutern und Heilung. Er versuchte dabei auch, sein berufliches Wissen – er war Physiker – einfließen zu lassen. Auch hier konnte ich immer wieder etwas lernen. Nikolaj nahm mich in den Wald, auf sein Boot und zum Angeln mit. Er erzählte mir viel über die Kraft der Wasserlilie sowie über verschiedene Bäume und Kräuter. Er lehrte mich, dass Pilze miteinander kommunizieren und ein Gehirn haben. »Es geschieht durch Impulse«, sagte Nikolaj. Damals konnte ich diese Aussage nicht verstehen. »Alles ist miteinander verbunden und hat eine Energie. Das sind Frequenzen«, erzählte er weiter. »Unsere ganze Welt besteht aus solchen Frequenzen, sie halten diese Welt zusammen.« Er vertrat die Quantenlehre. Nikolaj liebte die Natur und versuchte, sie wissenschaftlich zu erklären. Hier sind einige seiner Weisheiten:

- »Alles hängt zusammen und kommuniziert miteinander. Das sagen sowohl Schamanen als auch die Quantenphysik.«
- »Mütter sind mit Ihren Kindern auf der Quantenebene verbunden. Geschwister sind ebenso verbunden, besonders Zwillinge. Sie können sich kilometerweit fühlen.«
- »Ameisen und Bienen sind mit ihrer Königin energetisch verbunden. Sie spüren sich über Hunderte Kilometer.«
- »Der Avocadokern ist mit dem Avocadofleisch verbunden. Wenn man einen Avocadosalat macht, legt man den Kern in die Masse. So behält der Salat seine grüne Farbe.«
- »Die ganze Welt wird von der Liebe und Selbstliebe zusammengehalten.«

Nikolaj war ein leidenschaftlicher Sportler und Wissenschaftler; er wurde über 80 Jahre alt. Er vertrat die Ansicht, dass die Erde lebendig sei. Einige russische Wissenschaftler stimmen ihm hierin zu. Man kann sich die Erde auch wie einen Computer vorstellen.

Nikolaj schwärmte vom Baikalsee und fuhr sehr oft dahin. Das ist der größte Süßwassersee auf diesem Planeten, dem eine unheimliche Kraft zugesprochen wird. Viele Ufo- und Atlantologen behaupten, dass der Baikalsee ein psychotroner Generator der Erde sei. Er würde als das Herz der Erde fungieren und habe eine ähnlich wichtige Funktion wie das Herz beim Menschen. Das Uralgebirge diene als ein Riesenakkumulator und unterirdische Seen und Flüsse als Blutbahnen der Erde.

Am Baikalsee lassen sich zudem bis heute unzählige mysteriöse Phänomene beobachten. So sieht man oft Lichtkugeln oberhalb der Wasseroberfläche. Ab und zu kommen geheimnisvolle Lichterscheinungen direkt aus der Tiefe des Sees. Nikolaj behauptete, dass der Baikalsee die Energie der Selbstliebe verkörpere. Hier sei die Erde noch in Ordnung und Mutter Natur könne frei atmen.

Andere Forscher beschäftigen sich mit bekannten weiteren Gewässern: mit dem in Kirgisien liegenden Yssykköl und dem Kaspischen Meer. Auch hier gibt es ähnliche Erscheinungen. Der russische Physiker Boris Rodionow behauptet, dass das Kaspische Meer zehn Millionen Jahre alt sei. Es verändere ständig seinen Salzgehalt und seine Größe. Er vermutet auch, dass die Erde ein lebendiges, eventuell sogar künstliches Objekt sein könnte.

All das ergab schon als Kind viel Sinn für mich. Meine Kindheit war heiter und unbeschwert; ich war glücklich. Deswegen stellte ich mir schon damals oft die Frage, warum so viele Menschen unglücklich sind. Warum so viele Groll hegen, unzufrieden mit sich sind oder keine Freude am Leben haben.

Was ist Glück für Sie? Meine Glücksformel lautet:

Glück = Selbstliebe + Liebe + Zugehörigkeit
zu Mutter Natur und zum Kosmos + Los- und Zulassen +
Wahrnehmen und Erkennen.

Von meiner Familie könnte ich noch sehr viel erzählen. Sie war meine Lebensschule. In diesem Buch geht es jedoch nicht um meine Biografie, sondern um Techniken der Selbstliebe und Heilung durch die Magie des Herzens. Es geht um die Strukturen unserer Innen- und Außenwelten.

Unsere Welt ist voller Geheimnisse. Es gibt unzählige Phänomene und Theorien, die wir heute nicht verstehen. Es wird beispielweise behauptet, dass der Mond nicht irdischen Ursprungs sei. Oder dass die Erde hohl wäre. Dort solle sich das Leben abspielen. Mich würde es nicht wundern, wenn ein Teil dieser Theorien stimmen würde. In Indien gibt es Höhlen, in denen seit Jahren Yogis meditieren, ohne zu trinken und zu essen. Sie beherrschen ein uraltes Wissen und haben ihre Seele gestärkt. Jährlich werden zudem neue Viren, Tierarten und Pflanzengattungen entdeckt.

Es gibt noch vieles, was wir nicht verstehen. Photonen, Gravitone und Quanten sind die kleinsten Teilchen der Welt. Sie können nicht gemessen werden, da die Menschheit keine Geräte dazu besitzt. Viele Wissenschaftler sagen jedoch, dass diese Teilchen existieren. Wir müssen die Details nicht kennen, sondern versuchen, unser Leben glücklich zu gestalten und dabei das, was uns zur Verfügung steht, nutzen. Dazu gehören in erster Linie Selbstliebe und Selbsterkenntnis.

Was ich immer wieder meinen Schülern und Klienten rate, ist, sich selbst jeden Tag einige Komplimente zu machen. Versuchen Sie es jetzt einmal und ergänzen Sie diesen Satz: »Ich bin ein Engel, weil ich ... « Sagen Sie sich selbst: »Ich bin froh, mich kennengelernt zu haben. Mein Herz ist im Moment weich wie Watte, und meine Gedanken kreisen nur noch darum. Ich werde mich ab sofort ehren, lieben und achten. So sei es. Ich bin der Fokus meiner Aufmerksamkeit, und ich liebe mich sehr.«

Dazu eine kleine Anekdote, die Sie vielleicht kennen:

Ein Mädchen fragte einen Jungen: »Magst du mich?«

Er antwortete: »Nein.«

Sie fragte: »Findest du mich hübsch?«

Er antwortete: »Nein.«

Sie fragte: »Bin ich in deinem Herzen?«

Er antwortete: »Nein.«

Als Letztes fragte sie: »Wenn ich weggehen würde, würdest du um mich weinen?«

Er antwortete: »Nein.«

Das Mädchen ging traurig davon.

Doch der Junge packte sie am Arm und sagte:

»Ich mag dich nicht, ich liebe dich.

Ich finde dich nicht hübsch, ich finde dich wunderschön.

Du bist nicht in meinem Herzen, du bist mein Herz.

Ich würde nicht um dich weinen, ich würde für dich sterben.«

Wenn Sie so eine Liebe erleben wollen, lernen Sie zuerst sich selbst zu lieben! Erweitern Sie Ihren Erlebnishorizont durch die Selbstliebe. Sie werden merken, dass jede Erfahrung, die Sie sammeln, Gold wert ist und kommen so Schritt für Schritt Ihrer Seele näher.

VERBINDUNG MIT DEN AHNEN

Uns selbst zu lieben ist, wie bereits erwähnt, unsere wichtigste Aufgabe in dieser Inkarnation. Die Selbstliebe ist der Träger unserer Emotionen und unseres Wohlbefindens. Sie erhält uns am Leben und ermöglicht uns, unsere eigene Realität zu kreieren.

Was ist überhaupt real? Die Realität ist für jeden Menschen anders. Wir erschaffen sie durch unsere Seele und die Selbstliebe. Sollte es an Letzterer mangeln, leidet unsere Seele sehr darunter. Deswegen ist es überaus wichtig, sich mit ihr zu beschäftigen und sie in den Alltag zu integrieren. Die Selbstliebe sollte ganz selbstverständlich zu jedem Tag Ihres Lebens gehören, denn sie ist ein Teil Ihrer Seele. Ohne sie können wir uns seelisch nicht entwickeln und erleben dunkle Zeiten. Um das eigene Leben mit Licht zu erfüllen und mehr Energie und Kraft zu haben, sind wir auf sie angewiesen. Jeder, der das verstanden hat und dementsprechend lebt, kann von sich behaupten, angekommen zu sein und das Glück auf Erden zu erfahren. Die Selbstliebe hängt nicht nur von uns selbst oder unserer Einstellung zum Leben ab, sondern auch von unserem Familienkarma und der Ahnenreihe. Diese hat eine eigene Energie, die sogenannte Ahnenreihenenergie. Sie leitet uns in unserem Leben in eine bestimmte Richtung und stärkt oder schwächt die Selbstliebe. Aus schamanischer Sicht suchen wir uns als Seele unsere Ahnen selbst aus und inkarnieren direkt in eine Familie, in der wir uns transformieren können. Daher ist es lebenswichtig, die Familienenergie zu bereinigen und sauber zu halten. Hier können Verstrickungen vorliegen.

Der Seelenplan ist nur der Seele selbst bewusst. Deswegen können wir vieles nicht sofort erkennen und verstehen: Wir ärgern uns womöglich über unsere Familienmitglieder und fragen uns, warum wir gerade solche Eltern oder Geschwister haben und nicht andere. Doch Ihre Seele hat sich ausgesucht, in welche Energie sie inkarniert. Einige Leser würden vielleicht an dieser Stelle einwerfen, dass sie lieber eine andere Familie hätten. Aber auch hier gilt die Aussage: Ihre Seele war sich bewusst, wohin sie geht und wer sie begleiten soll, damit sich Ihre Selbstliebe entwickeln kann. Das ist Ihre Seelenreise!

Manche Menschen hatten eine schöne Kindheit, andere eher nicht. Je weniger Liebe wir als Kind erfahren, ein desto größerer Mangel an Selbstliebe kann später entstehen. Wir können sie jedoch wachsen lassen, ganz egal, wie die Kindheit verlief. Es geht allein um das Hier und Jetzt – und dafür ist es nie zu spät.

Die Ahnenenergie ist die Summe der Taten unserer Ahnen. Man kann sie mit einer Wolke vergleichen, die an unserer Aura hängt. Sie begleitet uns ständig und schützt uns. Doch diese Wolke kann auch störend wirken und »regnen«, wenn die Familienvorgeschichte etwa schwierig und negativ war. Das Problem dabei ist: Wir kennen diese Geschichte zumeist kaum und können sie daher nicht analysieren. Die Familienvorgeschichte hilft uns entweder bei unserer Entwicklung oder bremst uns hinsichtlich der Selbstliebe ab. Daher arbeiten Schamanen am Thema Versöhnung mit den Ahnen, wobei Meditationen oder schamanische Reisen genutzt werden. Wir können uns mit unseren Ahnen zudem auch in Verbindung setzen, indem wir sie direkt ansprechen. Wie das genau geht, möchte ich Ihnen jetzt erklären.

Verbindung mit den Ahnen aufnehmen

Sich mit der Ahnenreihe zu verbinden ist eine intensive meditative Arbeit, die Sie jedoch schnell erlernen können. Nehmen Sie sich mindestens eine halbe Stunde dafür Zeit.

- Setzen Sie sich bequem hin und schließen Sie Ihre Augen.
- Stellen Sie sich nun vor, in der Vergangenheit zu sein. Sie können sich eine Landschaft oder eine Stadt vorstellen, in der Ihre Vorfahren gelebt haben.
- Wenn Sie nicht genau wissen, woher Ihre Familie stammt, stellen Sie sich einfach den Wilden Westen vor. Dort gibt es viele Häuser und Menschen, die auf Pferden reiten. Andere arbeiten auf dem Feld oder in einem Garten. Die nächsten tragen Pistolen und schießen um sich. Es ist laut und ungemütlich. Vielleicht riecht es auch unangenehm, einige Bettler sind auf der Straße zu sehen.
- Stellen Sie sich nun vor, dass eine Familie auf der Straße steht und Ihnen zuwinkt. Das sind Ihre Ahnen. Sie sind traurig. Die Familie ist groß; es gibt sowohl Kinder unter ihnen als auch ältere Personen.

- Gehen Sie in der Vision zu ihnen. Haben Sie dabei keine Angst. Umarmen Sie Ihre Ahnen, einen nach dem anderen. Sagen Sie ihnen, dass Sie sie lieben und ehren.
- Stellen Sie sich nun vor, dass Ihre Selbstliebe Sie als Engel oder Lichtgestalt begleitet. Sie steht Ihnen zur Seite. Lassen Sie auch Ihre Selbstliebe die Ahnen umarmen. Sie werden merken, dass diese Seelen immer heller werden. Sie lachen heiter und sind froh, Sie zu treffen.
- Schließlich umarmt die Selbstliebe auch Sie. Daraufhin werden auch Sie hell in dieser Vision und freuen sich, ein Teil dieser großen Familie zu sein.
- Öffnen Sie nun Ihre Augen. Wiederholen Sie diese Meditation mehrere Tage am Stück. Sie werden merken, dass Ihnen Ihre Ahnen zunehmend zur Seite stehen und Sie lieben.

Das Karma der Ahnenreihe oder Familienkarma ist eine Energieform, die wir in uns tragen. Es bildet sich aus mindestens acht Generationen der Menschen, die vor uns gelebt haben, und besteht aus ihren Taten, Einstellungen und Handlungen. In der Regel sind Feuer- und Luftzeichen von unserem Vaterkarma geprägt, Erd- und Wasserzeichen von unserem Mutterkarma. Doch beim Familienkarma sind gewöhnlich beide Familienzweige im Spiel, da wir auch einen Aszendenten haben, der wie ein zweites Sternzeichen wirkt.

Häufig sind im Ahnenkarma Probleme zu finden, die man Karmafäden nennt. Man kann diese ablösen. Hierzu möchte ich Ihnen einige Rituale sowie Energiearbeit an die Hand geben.

Karmafäden ablösen

- Nehmen Sie zwei Fotos von Ihren Eltern. Sollten Sie keine Bilder von ihnen besitzen, nehmen Sie zwei kleine Zettel und schreiben Sie den Namen Ihrer Mutter auf den einen und den Ihres Vaters auf den anderen. Wenn Sie Ihre Eltern nie kennengelernt haben, beschriften Sie die Zettel einfach mit »Vater« und »Mutter«.
- Denken Sie nach, wer diese Menschen sind oder waren. Wie stehen Sie zu ihnen? Was zeichnet sie aus? Beschäftigen Sie sich eine gute Stunde mit diesen Fragen. Auf diese Weise sind Sie richtig auf das Thema eingestimmt.
- Legen Sie anschließend beide Zettel oder Fotos aufeinander.
- Nehmen Sie nun einen langen roten Faden, der für das Karma steht. Binden Sie ihn um die Fotos oder Zettel. Sagen Sie sich dabei innerlich: »Ich löse das negative Familienkarma von meiner Ahnenreihe ab und behalte das positive. Ich liebe meine Ahnenreihe und liebe mich.«
- Ziehen Sie zuletzt den Faden ab und verbrennen Sie ihn anschließend. Legen Sie die Fotos oder Zettel in ein Fotoalbum.

Man kann nur das negative Familienkarma der eigenen Vorfahren löschen: Ihre Kinder und Enkelkinder sind danach immer noch mit der Energie der Ahnenreihe verbunden und müssen das Karma selbst auflösen. Sie können es aber auch für sie tun. Erwähnen Sie dazu bei diesem Ritual noch die Namen der Nachkommen: »Ich löse das negative Familienkarma von meiner Ahnenreihe für mich, meine Kinder und Enkelkinder – setzen Sie hier die Namen ein – ab und behalte das positive. Meine Nachkommen und ich lieben die Ahnenreihe und lieben uns.«

Die Liebe ist ein Gut, das wir aus dem Vorleben mitbringen und in unserem jetzigen Leben vermehren können. Sie besteht aus verschiedenen Energien wie beispielsweise Ahnenreihenliebe, Liebe aus dem Vorleben der Seele sowie Kinder-, Eltern-, Partner- und Selbstliebe, die wir in dieser Inkarnation erfahren. Liebe hat viele Gesichter und Facetten. Meiner Meinung nach ist sie das Kostbarste, was wir im Leben kennenlernen können. Durch sie verändern wir uns und alles um uns herum.

Manche Menschen verbinden mit Liebe jedoch vor allem ihren eigenen Sexualtrieb sowie Angst. Sie leiden an einem Mangel an Selbstliebe und versuchen, sich durch die Liebe anderer Menschen abzusichern, ohne anzufangen, sich selbst liebevoll zu begegnen. Genau diese Menschen sind unglücklich und leiden sehr. Sie sind bequem, passiv und nicht bereit, Ihre Selbstliebe zu pflegen oder mit der Ahnenenergie zu arbeiten. Solchen Menschen zu helfen ist sehr schwierig, da sie keine Eigeninitiative zeigen. Doch auf Erden hat jeder die Chance, die eigene Liebe zu entdecken und zu vermehren – und jeder entscheidet ausschließlich für sich selbst, dies zu tun. Wer sich für die Liebe zu sich selbst entscheidet, wird glücklich.

Sie können Ihre Ahnenreihe für das Wachstum Ihrer Selbstliebe nutzen, indem Sie sich mit Ihren Ahnen direkt verbinden. Wie gesagt besteht die Ahnenenergie aus Energien der acht letzten Generationen vor Ihnen. In der Regel sind uns diese Menschen nicht bekannt. Doch wir können sie auf der geistigen Ebene kennenlernen.

Sich mit den Ahnen versöhnen

Die Versöhnung mit der Ahnenreihe geschieht schrittweise:

- Setzen Sie sich bequem hin und schließen Sie Ihre Augen.
- Versuchen Sie, sich an Ihre Ahnen zu erinnern und bitten Sie sie, Ihnen Informationen zu liefern. Fragen Sie sie, wie es ihnen geht und ob sie einen Rat für Sie haben. Sollten Sie

Ihre Ahnen nicht von Bildern oder aus Geschichten kennen, stellen Sie sich einfach mehrere Personen vor, die Ihre Ahnen darstellen: Menschen, die Sie lieben und die bereit sind, Ihnen zu helfen. Sie begleiten Sie auf Ihrer Seelenreise und sind in der Lage, viele Ihrer Verstrickungen im Leben zu lösen.

- Bitten Sie nun Ihre Ahnen, sich Ihnen zu zeigen. Meistens bekommen Sie Visionen und sehen darin Personen aus der Vergangenheit. Diese Personen sind oft sehr traurig, weil sie in Vergessenheit geraten sind. Sagen Sie Ihren Ahnen, dass Sie sich von nun an an sie erinnern, sie ehren und lieben werden.

- Bitten Sie Ihre Ahnen um Verzeihung. Machen Sie es so, wie es sich für Sie stimmig anfühlt. Sagen Sie beispielsweise: »Verzeiht mir bitte meine Taten.« Sie können jedoch auch sagen: »Ich liebe euch alle und bin froh, euch bei mir zu haben.«

- Bitten Sie nun die Ahnen, Ihnen zu helfen, mehr Selbstliebe zu empfinden. Sprechen Sie dabei offen aus dem Herzen und signalisieren Sie immer wieder, dass Sie Ihre Ahnen lieben und froh sind, wenn Sie Ihnen zur Seite stehen.

- Verabschieden Sie sich zuletzt von den Ahnen und bringen Sie in der Natur eine kleine Opfergabe für sie dar. Entscheiden Sie sich für etwas, was Ihren Ahnen gefallen könnte wie Blumen, Kränze oder etwas Essbares. Sie können aber auch zu dem Friedhof gehen, wo Ihre Ahnen bestattet sind und dort einige Blumen niederlegen. In Russland machen wir das dreimal im Jahr: Wir gehen zum Friedhof und besuchen unsere Ahnen. Dort legen wir Gebäck, Süßigkeiten und Blumen auf die Gräber und bitten die Ahnen um Verzeihung und um Hilfe im Alltag.

Es gibt ein Ahnenritual, um die Vergangenheitsenergie zu klären. Es wird nicht auf dem Friedhof, sondern zu Hause durchgeführt.

Die Vergangenheitsenergie klären

Für dieses Ritual benötigen Sie Stift und Papier, eine Schale mit Salz, eine mit Wasser, eine mit Erde von dem Ort, wo Sie leben, sowie eine Kerze.

- Schreiben Sie die Namen Ihrer Ahnen, die Ihnen bekannt sind, auf ein Blatt Papier und legen Sie es auf einen Tisch. Wenn Sie nicht wissen, wie Ihre Ahnen hießen, notieren Sie einfach das Wort »Ahnen«.
- Platzieren Sie neben dem Blatt die Schalen mit Salz, Erde und Wasser sowie die Kerze.
- Setzen Sie sich an den Tisch und zünden Sie die Kerze an.
- Denken Sie nun circa fünf Minuten an Ihre Ahnen und wie schwer sie es im Leben hatten. Senden Sie ihnen gedanklich Licht und Liebe. Stellen Sie sich vor, dass das Licht all diese Seelen erreicht und sie auflöst. Es kann sein, dass Sie dabei viel Wärme oder Freude empfinden. Haben Sie keine Angst, das ist normal.
- Lassen Sie die Kerze abbrennen. Mischen Sie nun die Zutaten aus den drei Schalen und geben Sie die Mischung auf die Erde in Ihrem Garten oder in einem Wald. Entsorgen Sie die Kerzenreste und das Blatt Papier.

Ihre Ahnenreihe gehört zum Kostbarsten, was Sie haben. Ihre Energie kann Sie in jedem Lebensbereich unterstützen. Daher sollte sie unbedingt geehrt werden. Hierzu eignet sich ein Altar sehr gut.

Einen Altar für die Ahnen errichten

- Wählen Sie einen ruhigen Ort in Ihrer Wohnung für den Altar aus. Dieser kann viele Formen annehmen: Er könnte beispielsweise ein kleiner Tisch sein oder die Oberfläche einer Kommode, die Sie entsprechend gestalten. Auf meinem Ahnenaltar befinden sich eine Kerze, etwas Erde aus meinem Garten, ein Glas Wasser, ein Stück Holz und eine Feder. Sie repräsentieren die fünf Elemente der Natur. Zusätzlich liegt ein Familienalbum auf ihm. Entscheiden Sie ganz intuitiv, was Sie auf Ihrem Altar platzieren. Es passen beispielsweise auch Engelfiguren, Blumen oder eine Ikone.
- Wenn Sie sich mit Ihren Ahnen verbinden wollen, zünden Sie die Kerze an, schlagen das Album auf und schauen sich die Bilder an. Sollten Sie keine Fotos haben, können Sie auch hier Folgendes auf einen Zettel schreiben: »Ahnen der Vater- und Mutterseite, ich begrüße euch.«
- Bitten Sie Ihre Ahnen um mehr Selbstliebe und Glück.

Wenn Ihnen wenig Platz für einen Altar zur Verfügung stehen sollte, habe ich folgende Alternative für Sie:

Einen Ahnenaltar zeichnen

Für diese Ritual brauchen Sie ein Blatt Papier, Stifte in verschiedenen Farben sowie eine Kerze in Ihrer Lieblingsfarbe. Das Blatt wird die Funktion des Altars übernehmen.

- Schreiben Sie die Namen Ihrer Ahnen, falls bekannt, auf das Blatt oder stattdessen »Ahnen der Vater- und Mutterseite«.
- Zeichnen Sie nun einen Zweig für das Holzelement in Grün, ein Glas für das Wasserelement in Blau, eine Feder für das

Luftelement in Gelb, eine Kerze für das Feuerelement in Rot und einen Stein für das Erdelement in Braun. Ihr »Altar« ist damit fertig.

- Stellen Sie die Kerze auf das Blatt und zünden Sie sie an. Nun können Sie mit Ihren Ahnen sprechen.

Die Arbeit mit den Ahnen ermöglicht es Ihnen, zu Ihrer Selbstliebe zu finden und Glück anzuziehen. Denn wenn Sie mit Ihren Ahnen verbunden und im Reinen sind, unterstützen diese Sie täglich bei all Ihren Vorhaben. Es ist wirklich schön, diese Energie zu fühlen und wahrzunehmen.

Ein weiterer wichtiger Aspekt, der unsere Ahnen betrifft, ist ihre Erfahrung. Diese wird uns bei bewusster Ahnenarbeit gezeigt und mitgeteilt. Sie sehen vielleicht einige Szenen aus dem Leben Ihrer Ahnen, die Sie zunächst irritieren werden, doch mit der Zeit erkennen Sie ihren Sinn: Sie lernen sozusagen aus den Missgeschicken Ihrer Ahnen und machen dadurch nicht dieselben Fehler in Ihrem Leben. Solche Visionen sind voller Wahrheit und helfen Ihnen, Ihr Dasein zu meistern.

Als ich mich das erste Mal in einer Meditation mit meinen Ahnen verband, erschien ein alter Mann in meiner Vision. Er trug einen Hut und hielt einen Stock in der Hand. Er sagte mir: »Vadim, ich bin dein Urururgroßvater und bin froh, dich kennenzulernen.« Ich war erstaunt und mehr als irritiert. Schließlich kannte ich den Mann nicht. Er teilte mir dann mit, dass er mich schützen werde, und fragte mich, ob ich dies zulasse. Ich sagte ihm, dass er das ruhig tun könne.

Einige Tage darauf zeigte er sich immer wieder im Alltag. Ich sah ihn auf einer Fähre, auf der Straße oder auch in meinem Wohnzimmer. Ich hatte keine Angst vor ihm, doch ich fragte mich, wovor er mich schützen will. Die Antworten kamen nach und nach.

Als er sich auf der Fähre zeigte, blieb plötzlich mein Auto stehen. Ich wusste nicht, was geschieht, und musste die Fähre verlassen, um die Auffahrt nicht zu blockieren. Die Mitarbeiter der Fähre halfen mir, das Auto auf einen nahe gelegenen Parkplatz zu schieben. Dort wartete ich auf den Pannendienst. Als er schließlich eintraf, sprang der Motor jedoch ganz normal an. Ich fuhr los und sah einen schlimmen Unfall an der Ampel. In diesem Augenblick wurde mir klar: Hätte ich die Panne nicht gehabt und die Fähre rechtzeitig verlassen, wäre ich zu 100 Prozent in diesen Unfall verwickelt gewesen.

Als ich den alten Mann anderntags auf der Straße sah, war mir bewusst, dass er mich schützt. Es war Winter, die Straße verschneit und glatt. Kurz vor mir fuhr ein Kleinbus. Ich bekam plötzlich den Impuls, abzubremsen und viel langsamer zu fahren, was ich auch tat. In diesem Moment bremste der Bus vor mir abrupt ab, drehte sich im Kreis und rutschte auf die Seite der Straße. Wäre ich wie vorher weitergefahren, wäre eine Kollision unausweichlich gewesen. Den Menschen im Bus ist glücklicherweise nichts passiert. Sie fuhren nach einer Weile weiter. Sie sagten nur: »Es ist ein Wunder, dass wir alle lebendig rausgekommen sind.«

Als sich die Ahnengestalt am Abend im Wohnzimmer zeigte, passierte nichts. Der alte Mann saß einfach da und lächelte. Er sagte, dass ich alles verstanden habe und er mich nun weiter schütze. Ich solle mich bei ihm melden, wenn ich mit einem Vorhaben nicht weiterkomme. Seitdem sind viele Jahre vergangen, und der alte Mann gehört in meine Realität, auch wenn ich der Einzige bin, der ihn sieht. Er hilft mir immer wieder, und ich bin ihm von Herzen dankbar, dass er mich begleitet.

Es gibt unterschiedliche Ahnenrituale, die man jederzeit durchführen kann, um die Beziehung zu ihnen zu pflegen und negative Karmaverbindungen zu lösen. Dies wirkt sich auch auf unsere Selbstliebe aus. Manche Schamanen führen mehrere Rituale zu Weihnachten oder Ostern durch.

Die Beziehung zu den Ahnen pflegen und negative Karmaverbindungen lösen 1

Die folgenden Rituale haben sich bewährt, um die Verbindung zu unseren Ahnen aufrechtzuerhalten und zu pflegen. Beginnen wir mit einem, das Sie entweder mit Gemüse oder einem Ei durchführen können:

- Nehmen Sie ein beliebiges Gemüse, zum Beispiel eine Gurke, und schneiden Sie es in Scheiben.

- Bringen Sie die Scheiben in Ihrem Garten oder einem Wald als Opfer dar und sagen Sie dabei: »Für meine Ahnen das Essen, für mich die Selbstliebe. Amen.«

- Wenn Sie lieber mit einem Ei arbeiten wollen, dann nehmen Sie ein rohes Ei und schreiben Sie mit Wachs das Wort »Ahnenliebe« darauf. Kochen Sie das Ei anschließend wie zu Ostern mit Farbe und trocknen Sie es ab.

- Legen Sie das Ei anschließend unter einen Baum. Sagen Sie dabei: »Meine Ahnen und ich kommunizieren auf der Herzensebene.«

- Bei uns in Russland werden kleine Kulichi (Gebäck aus Sauerteig) gebacken, um die Ahnen zu besänftigen. Sie werden an liebe Menschen verteilt, ein Exemplar bringt man jedoch immer zum Friedhof und sagt: »Für meine Ahnen, damit mein Leben schön wird.« Diese Tradition gibt es seit Tausenden von Jahren. Das Gebackene gilt als beste Opfergabe an die geistige Welt und die Ahnen. Wenn Sie Lust auf ein derartiges Ritual haben, backen Sie ein Paar Sauerteigteile und begrüßen Sie Ihre Ahnen damit.

- Eine Alternative stellen schamanische Rituale dar, die im Wald durchgeführt werden. Der Schamane fertigt hierfür zunächst ein sogenanntes Ahnenband aus seiner Kleidung. Sie können beispielsweise drei Streifen Baumwolle aus einem alten T-Shirt heraustrennen und es daraus fertigen. Binden Sie dazu die Streifen einfach zu einem Zopf zusammen, den Sie am Ende verknoten.

- Bringen Sie das Ahnenband in den Wald und befestigen Sie es an Ihrem Lieblingsbaum oder einem Baum, der Ihnen gefällt. Beten Sie dabei zu Ihren Ahnen und sagen Sie ihnen in eigenen Worten, dass Sie sie ehren und lieben. Bitten Sie Ihre Ahnen, Ihnen zu helfen und Ihnen Gesundheit, Glück und Selbstliebe zu schenken. Das Band bleibt für unbestimmte Zeit am Baum hängen.

Ich führe dieses Ritual übrigens fast jedes Jahr durch. Ich nehme auch meine Schüler zu meinem Lieblingsbaum mit, damit auch sie sich mit ihren Ahnen verbinden können.
Der Baum ist eine alte, starke und schöne Birke. Die Bänder hängen jahrelang an ihr.

Wenn Sie mit Ihrer Ahnenreihe arbeiten, werden Sie sehr stark von ihr unterstützt werden. Ihre Ahnen werden Sie durch Ihr Leben führen und Sie vor Fehlern, Leid und Unglück schützen. Zudem werden sie Sie dabei unterstützen, sich selbst besser zu analysieren und zu verstehen. Dadurch können Sie Ihre Selbstliebe leichter entfalten. Durch die Ahnenarbeit verstärken Sie Ihre Lebenskraft sowie die Energie der ganzen Familie.

Die Ahnenenergie ist nötig, um eine eigene Familie zu gründen und eine glückliche Ehe zu führen. Denn das Glück der Beziehung basiert in erster Linie auf ihr wie auch auf der Selbstliebe. Man kann beide – Ahnenenergie und Selbstliebe – im Grunde gar nicht voneinander trennen. Sie bilden eine Einheit.

Was können wir noch tun, um die Ahnenenergie ins Leben zu integrieren? Wie wir gesehen haben, muss man keineswegs immer den

Friedhof aufsuchen, um die Ahnen dort zu besuchen. Die Ahnenseelen sind ständig bei uns und nicht im Grab. Führen Sie einfach einmal im Monat eine Zeremonie zu Ehren Ihrer Ahnen zu Hause durch.

Die Beziehung zu den Ahnen pflegen und negative Karmaverbindungen lösen 2

- Gedenken Sie Ihrer Ahnen, indem Sie alte Bilder, falls vorhanden, betrachten. Sprechen Sie mit ihnen. Erinnern Sie sich an die Dinge, die diese Menschen mochten oder liebten. Das können beispielsweise Speisen, Getränke, Gegenstände oder Tätigkeiten sein.
- Stellen Sie ein paar Kerzen für Ihre Ahnen auf einen Tisch und zünden Sie sie an. Ergänzen Sie diese mit einer Engelfigur, einer Ikone oder einigen Blumen. Legen Sie etwas Essbares dazu und sagen Sie: »Lasst es euch schmecken. Ich liebe euch.« Nach einigen Stunden können Sie die Gegenstände wegräumen. Die Kerzenreste und die Speisen werden entsorgt.

Ich ehre sehr oft meine beiden Großmütter, indem ich mehrmals im Jahr ihre Lieblingsgerichte koche. Baba Walja liebte mit Sauerkraut gefüllte Teigtaschen, meine Urgroßmutter Anastasia eine Kartoffelsuppe, die mit Milch zubereitet wird. Ich koche beide Gerichte für die Familie, und wir erinnern uns liebevoll an die beiden. Machen Sie es auch so.

- Eine andere Möglichkeit, um mit den Ahnen in Kontakt zu treten, ist die Arbeit mit Wasser. Füllen Sie eine Vase mit ihm und stellen Sie eine beliebige Schnittblume hinein. Betrachten Sie das Wasser in der Vase und sagen Sie laut: »Ich ehre meine Ahnen und bitte sie um Rat.«

- Stellen Sie nun Ihre Fragen und sehen Sie dabei ins Wasser. Beim Betrachten werden Sie unterschiedliche Farben wahrnehmen. Helle Farben bedeuten die Antwort »Ja«, dunkle »Nein«. Eventuell sehen Sie auch Bilder als Antwort oder hören Worte. Hier bewahrheitet sich der Spruch »Übung macht den Meister«: Je öfter Sie es probieren, desto mehr Informationen werden Sie erhalten.

Ich kommuniziere täglich mit meinen Ahnen. In den letzten Jahren erhalte ich von ihnen immer mehr Antworten auf die Fragen, die ich habe. Sie geben mir wertvolle Tipps zum Umgang mit Energien und zeigen mir verschiedene Rituale und Rezepturen. Wenn ich vor Entscheidungen stehe, geben sie mir häufig Hinweise. Es liegt jedoch immer allein in meinem Ermessen, ob ich diese Ratschläge annehme oder nicht. Auch während ich male, empfange ich oft Bilder von meinen Ahnen. Sie führen dabei meine Hand, sodass wundervolle Energiebilder wie von allein entstehen. Diese Bilder sind ausgezeichnete Werkzeuge, um die Selbstliebe zu vermehren.

Vielleicht kennen Sie das: Sie sehen verstorbene Familienmitglieder in Ihren Träumen, wobei sie sehr real und lebendig aussehen. Im Traum haben unsere Ahnen mehr Möglichkeiten, um uns zu kontaktieren. Auch hier geben sie uns wertvolle Hinweise und führen uns zu den richtigen Entscheidungen, die wir trotzdem selbst treffen müssen. Solche Begegnungen sind für mich Höhepunkte in meinem Leben. Ich spüre dabei meine Selbstliebe sehr intensiv, und die Liebe meiner Ahnen fließt durch meine Seele.

In der Reinkarnationslehre wird zuweilen die Ansicht vertreten, dass uns nur jene Ahnen aus den letzten Generationen, die nicht wieder inkarniert sind, energetisch begleiten. Die wieder inkarnierten treffen wir dafür in unserem Alltag. Das kann Ihr Partner, Kollege oder jemand anders aus Ihrem Freundes- oder Familienkreis sein. Wir

erkennen diese Personen oft unbewusst und haben dabei das Gefühl, sie bereits zu kennen oder schon einmal gesehen zu haben. Auch durch wiedergeborene Ahnen lernen wir, unser Leben zu meistern und zu unserer Selbstliebe zu finden. Wir lernen, Kompromisse zu schließen und aktiv zu handeln. Das Leben ist eine permanente Bewegung und Entwicklung. Unsere Ahnenenergien sind ein Teil hiervon. Sie begleiten uns immer.
Ich möchte Sie nun zu einer kurzen Analyse einladen.

Wer gehört zu meiner Ahnenreihe?

- Schreiben Sie die Namen wichtiger Menschen aus Ihrem Leben – Vergangenheit und Gegenwart – auf ein Blatt Papier.
- Überlegen Sie sich, was Sie von ihnen lernen durften. Waren es angenehme Erfahrungen oder schmerzhafte? Wie sind Ihre Gefühle zu diesen Personen?
- Könnten einige von ihnen zu Ihrer Ahnenreihe gehören? Was denken Sie?

Jeder Tag unseres Lebens ist kostbar. Und jeder von uns beschäftigt sich irgendwann mit der Frage, was mit uns passieren wird, wenn wir sterben. Wir Schamanen sagen, dass jeder Mensch geboren wird, um das Sterben zu begreifen und die Angst vor dem Tod zu verlieren. Das ist nur durch die Selbstliebe möglich. Denken Sie nach: Was war vor Ihnen, und was wird nach Ihnen sein? Irgendwann gehen wir in unsere Ahnenreihe ein und werden selbst zu Ahnen für unsere Nachkommen. Die stärksten Ahnen sind jene Seelen, die die Selbstliebe zu Lebzeiten begriffen haben. Wollen Sie später auch ein kraftvoller Ahne sein, müssen Sie deshalb täglich an ihr arbeiten. Denn sie ist Ihre Garantie für Glück in diesem Leben und danach.

Es gibt noch eine wirkungsvolle Methode, mit der man sich mit seiner Ahnenreihe verbinden kann.

Sich mit der Ahnenreihe verbinden und reinigende Energie aufnehmen

- Stellen Sie sich gerade hin und schließen Sie Ihre Augen.
- Reiben Sie beide Hände aneinander und legen Sie sie auf Ihr Herzchakra. Halten Sie sie dort eine Minute lang und denken Sie dabei an Ihre Ahnen.
- Lassen Sie eine Hand (egal, welche) auf der Herzgegend liegen und zeichnen Sie mit der anderen ein Dreieck vor Ihrem Körper in die Luft. Es symbolisiert in der kosmischen Geometrie den Kontakt zum Universum und die Kommunikation mit den Vorfahren. So laden Sie Ihre Ahnen ein.
- Öffnen Sie danach Ihre Augen. Diese Übung ermöglicht es Ihnen, mit Ihren Ahnen in Kontakt zu treten, wann immer Sie wollen. Durch den Kontakt nehmen Sie die reinigende Energie der Ahnenreihe auf und schaffen mehr Platz in Ihrer Seele für die Selbstliebe.

Haben Sie schon einmal eine schamanische Reise zu Ihren Ahnen unternommen? Durch sie können Sie sowohl Ihre verlorenen Seelenanteile als auch jene Ihrer Ahnenreihe zurückholen. Dadurch helfen Sie Ihren Ahnen im Jenseits – und diese wiederum helfen Ihnen, Ihr Leben zu genießen.

Viele Menschen können mit dem Ausdruck »schamanische Reise« nicht viel anfangen. Deswegen an dieser Stelle eine kurze Erklärung: Dabei handelt es sich um eine von Trommelmusik begleitete Reise, in der ein Schamane die geistige Welt besucht. Diese Welt ist für ihn völlig real und lebendig. Ich nenne sie die »vierte Dimension«.

Es gibt eine ganze Reihe verschiedener Geistwesen, mit denen man während einer schamanischen Reise in Kontakt treten kann, unter anderem gehören hierzu die Ahnen. Man erhält von ihnen verschiedene Informationen und wird auf der Reise begleitet, wobei sie uns in der Regel selbst auffinden. Die Antworten dieser freundlichen Wesen sind häufig verschlüsselt und können verbaler oder visueller Natur sein. Daher ist es sehr wichtig, eine bestimmte Frage bereits vor der Reise zu formulieren, um die Antworten besser verstehen zu können.

Für Schamanen ist der Weltenbaum das wichtigste Symbol. Es steht für Kraft und Gesundheit. Die Schamanen nutzen dieses Symbol, um die andere Welt, die vierte Dimension, zu erreichen, wobei der Baum drei wichtige Schamanenwelten darstellt:

- die Unterwelt (Wurzel – sie symbolisiert unsere Vergangenheit),
- die Mittelwelt (Stamm – er symbolisiert die Gegenwart, das Hier und Jetzt) sowie
- die Oberwelt (Krone – sie stellt unsere Zukunft dar).

Mit seinen Wurzeln unter der Erde, seinem Stamm auf der Erde und seiner Krone im Himmel stellt der Weltenbaum also die drei jenseitigen Bereiche dar, die ein Schamane bereisen kann, um sich selbst oder andere zu heilen, Erkenntnisse zu gewinnen und mit bestimmten Wesenheiten zu kommunizieren. Auch zur Stärkung der Selbstliebe werden die Reisen unternommen.

Die Unterwelt ist die Welt der Vergangenheit und der Ursachen. Manche sagen, dass hier das Unbewusste existiert, also auch das innere Kind. Man betritt diese Welt, wenn man eine Situation besser verstehen und wissen will, warum etwas geschah. Hier kann man alte Ängste überwinden und alle Ahnen der Menschheit treffen.

Die Mittelwelt ist das Hier und Jetzt, die Gegenwart. Hier lebt das Bewusste. Diese Welt wird besucht, wenn man die Selbstliebe entfalten möchte, da man sich an diesem Ort gut fokussieren und wiederfinden kann. Zudem werden hier Entscheidungen getroffen. Auch Ihre Ahnen können Sie hier treffen.

Die Oberwelt ist unsere Zukunft, das höhere Selbst. Sie ist das Resultat dessen, was heute passiert. Der Schamane kann auf diese Ebene seine Zukunft programmieren. Hier trifft er Krafttiere, Ahnen und Engel.

Schamanen reisen entlang des Weltenbaumes durch die jenseitigen Reiche, wenn sie erfahren wollen, welche Ursachen für eine Erkrankung der Seele oder des Körpers verantwortlich sind. Dabei wissen sie immer genau, wo sie sich befinden. Ich persönlich fange meine Reisen in der Regel in der Unterwelt (Wurzel des Baumes) an und bereise dann nacheinander die anderen Welten. Auf der Reise begegnet man verschiedenen Krafttieren, Wesen und spirituellen Lehrern. Man kontaktiert die Ahnen, spricht mit Mutter Erde (zum Beispiel mit Steinen oder Pflanzen), der gesamten Natur (mit Tieren, dem Mond und der Sonne) oder mit sich selbst.

Eine solche Reise kann die Begegnung mit einem Ahnen zum Ziel haben. Aber auch mit einem Krafttier, Kraftwesen oder spirituellen Helfer. Während der Reise erhält man wichtige Informationen und sieht unterschiedliche Dinge, die einem helfen, ein bestimmtes Problem im Alltag zu lösen. Diese Hinweise werden einem visuell oder durch Gefühle vermittelt. Wichtig ist, genau hinzusehen und hinzuhören. Manchmal zeigen sich die Bilder nicht sofort. Deshalb sollte man Geduld haben.

Es ist wichtig, auf der Reise eigene Erfahrungen zu sammeln und diese später zu analysieren. Nach der Analyse sollte man die neuen Erkenntnisse in die Realität umsetzen. Man muss sich nicht bei jedem kleinen Problem auf eine schamanische Reise begeben. Denn auch im Jetzt (in der Mittelwelt) können wir Probleme zu lösen versuchen. Kommen wir nun zur Praxis.

Die Schamanenreise

Für dieses Ritual benötigen Sie eine Rassel oder Trommel.
Der Zweck der Reise kann sein:

- ein Gespräch mit den Ahnen oder einem anderen Wesen führen,
- eine Frage an die Ahnen stellen und Antworten erhalten,
- neue Erkenntnisse gewinnen.

Eine schamanische Reise besteht immer aus drei Phasen:
1. Einreise
2. Reise
3. Ausreise

1. Die Einreise

- Der Eintritt in die spirituelle Welt geht am leichtesten vonstatten, wenn Sie gelöst und ruhig sind. Suchen Sie deshalb einen stillen, sicheren Ort auf, an dem Sie sich fallen lassen können, und beginnen Sie, sich hier zu entspannen.
- Formulieren Sie eine bestimmte Frage, die Sie auf der Reise bearbeiten wollen. Die gezielte Fragestellung ist wichtig, weil Sie dann klarere Antworten erhalten. Achten Sie dabei auf eine präzise Formulierung, beispielsweise wie folgt: »Ich will die Ursache für meine Leiden finden.« Und nicht: »Ich will die Ursache für meine Leiden suchen.«
- Räuchern Sie den Raum mit Weihrauch aus und lüften Sie ihn danach gründlich. Stellen Sie sich vor, dass mit dem Rauch alles Alltägliche verschwindet, also alles, was im Moment nicht wichtig ist. Das Räuchern erleichtert es zudem, in einen Trancezustand zu kommen.
- Sie können Ihre Reise nun beginnen: Setzen Sie sich bequem hin und schließen Sie Ihre Augen.

- Fangen Sie an zu rasseln oder zu trommeln, um in einen Trancezustand zu gelangen. Halten Sie sich zunächst für eine Minute an einen Rhythmus von 60 Schlägen pro Minute und werden sie danach langsam zunehmend schneller. Am Ende sollten Sie auf etwa 300–350 Schläge pro Minute kommen.

Bei Schamanenreisen spielen verschiedene Instrumente eine bedeutende Rolle. Als trancefördernedes Instrument wird häufig eine Trommel verwendet. Manche Schamanen benutzen aber auch Rasseln, Klangschalen oder Flöten. Sinn und Zweck dieser Instrumente ist es, in Trance zu fallen und die Sinne zu öffnen. Ich benutze meistens eine Trommel für meine Reisen. Die Trommel hat im traditionellen sibirischen Schamanismus unter anderem auch eine Schutzfunktion.

- Stellen Sie sich nun vor, dass Sie sich in einem Wald befinden und zu einem alten Baum gehen. Es kann jedoch auch eine Wiese sein, auf der ein großer Baum steht. Finden Sie eine Öffnung im Baum. Diese symbolisiert ein Tor. Gehen Sie durch sie und stellen Sie sich die spirituelle Welt vor.
- Es ist günstig, wenn man die Reise an den Wurzeln beginnt, also in der Unterwelt. Einige Schamanen starten aber auch am Stamm, also in der Mittelwelt. Man kann nach unten und oben reisen, hoch in die Krone steigen oder hinab zu den Wurzeln. Wichtig ist zu wissen, wo man gerade ist.
- Suchen Sie nach einer Möglichkeit, nach oben oder unten zu gelangen. Stellen Sie sich beispielsweise eine Treppe vor, die Sie in eine der drei Welten gelangen lässt. Wenn die Treppe nach unten führt, erreichen Sie in die Unterwelt der Ursachen. Führt sie nach oben, kommen Sie in die Oberwelt der Wirkungen. Unserer Fantasie sind keine Grenzen gesetzt. Statt einer Treppe könnte man sich etwa auch einen Tunnel oder eine Autobahn vorstellen.

Hier noch ein paar Beispiele, wie die Einreise aussehen kann:

- Man lässt Nebel auf- und absteigen. Nachdem er sich verzogen hat, sieht man die gewünschte Welt.
- Man gleitet eine Spirale auf oder ab.
- Man geht einen Tunnel entlang, bis man am Ziel ankommt.
- Man sucht nach einer Öffnung in einem Felsen und steigt hinein.

2. Die Reise

- Nehmen Sie auf Ihrer Reise alles aufmerksam wahr, denn in jedem Detail kann die Antwort auf Ihre Frage stecken. Versuchen Sie auch, sich alles zu merken, was Sie erleben. So vermehrt sich Ihre Visionskraft von Reise zu Reise.
- Es gibt zwei Möglichkeiten zu reisen: aktiv und passiv. In der passiven Reise sind wir der Zuschauer. Wir sitzen da und warten auf Informationen. In der aktiven bewegen wir uns durch die Welten. Ich ziehe aktive schamanische Reisen vor, weil sie zu klareren Bildern führen. Auf passiven Reisen sind diese häufig verschwommen. Dagegen sind die Bilder bei aktiven Reisen zwar nicht sofort ganz klar, aber letztendlich zugänglicher und aussagekräftiger. So jedenfalls empfinde ich es. Mein Vorschlag: Probieren Sie beide Formen des Reisens einmal aus.

Auf der Reise sind Sie beides: Beobachter und Handelnder. Mal nehmen Sie nur wahr, was passiert, mal handeln Sie und greifen in eine Szene ein. So werden neue Handlungsspielräume geschaffen.

- Es könnte sein, dass mehrere Hindernisse den Weg auf der Reise blockieren. Versuchen Sie, diese zu umgehen.
- Rufen Sie nach Ihren Ahnen. Sie erscheinen direkt vor Ihnen und geben Ihnen wertvolle Informationen.

Bei Schamanreisen geht es häufig darum, eigene Seelenanteile – die »Bausteine« unserer Seele, die durch negative
Erfahrungen verloren gehen können – wiederzufinden. Dabei
helfen uns unsere Ahnen. Sie können während der Reise
gezielt nach Ihren Seelenanteilen suchen.

- Stellen Sie sich dazu vor, dass Sie einen Korb dabeihaben
  und in der Vision Sterne vom Boden sammeln, die Ihre
  Seelenanteile symbolisieren.
- Eine andere Möglichkeit ist, Ihre Ahnen nach Ihren Seelenanteilen zu fragen. Sie bringen Ihnen daraufhin ein
  Geschenk, in dem sie sich befinden. Nehmen Sie es an und
  bedanken Sie sich dafür. Je mehr Seelenanteile Sie wiederfinden, desto schneller wächst Ihre Selbstliebe.

3. Die Ausreise

- Nachdem Ihnen Ihre Ahnen geholfen haben, begeben
  Sie sich wieder zurück. Man kann die Reise jederzeit nach
  Wunsch abbrechen, indem man die Trance beendet.
  Die Vision erlischt daraufhin.
- Sie brauchen keine Angst zu haben, den Weg zurück in
  die physische Welt nicht mehr zu finden. Drehen Sie sich
  einfach um und gehen Sie zurück. So gelangen Sie zum
  Ausgang.
- Öffnen Sie Ihre Augen und stehen Sie nach ein paar Minu-
  ten auf.

Einige Menschen wollen aus der spirituellen Welt nicht wieder
zurückkehren, weil sie schöner als die physische ist. Bedenken
Sie jedoch dabei immer: Wir kommen auf die Erde, um
bestimmte Aufgaben zu erledigen. Die physische Welt ist
deshalb gleichsam unsere Schule, in die wir gehen müssen,
um später eine höhere besuchen zu dürfen. Letztere ist die

spirituelle Welt. Also erledigen Sie zuerst Ihre Aufgaben in der Erdenschule, bevor Sie auf die spirituelle Universität gehen. Wir alle haben mehr als genügend Zeit, uns dort später aufzuhalten, und zwar nach unserem Ableben.

Heute sind schamanische Reisen keine Seltenheit mehr. Jeder, der sie zum ersten Mal unternommen hat, stellt sich danach die Frage, ob alles Gesehene tatsächlich der Wahrheit entspricht. Die Antwort lautet eindeutig: Ja! Die Reiseerlebnisse sind überprüfbar. Anhand Tausender Fälle, bei denen im Anschluss Heilungen oder Klärungen stattgefunden haben, lässt sich ihr Wahrheitsgehalt bestätigen.

Die Reise dauert in der Regel etwa 15–20 Minuten. Sie kann in Ausnahmefällen aber bis zu mehrere Stunden in Anspruch nehmen. Will der Schamane die Reise beenden, verlangsamt er den Rhythmus der Trommel und kommt langsam in die Jetztwelt zurück.

Jeder Mensch reagiert individuell auf eine schamanische Reise. Häufige Probleme, die dabei auftreten können, sind:

- Man kann sich nicht fortbewegen.
- Man kann keinen Eingang finden.
- Man zweifelt an sich.
- Während der Reise wird zwischen den Bildern gesprungen.
- Man wird aus einer Reise herausgerissen.
- Die Klarheit der Vision ist anfangs getrübt.

Viele Antworten werden oft erst sehr viel später verstanden. Es ist ein Prozess. Bleiben Sie also am Ball und üben Sie, dann werden auch Ihre Reisen mit der Zeit immer erfolgreicher.

KARMISCHE VERSTRICKUNGEN LÖSEN

Das Karma ist die Erfahrung Ihrer Seele: die Summe Ihrer Taten und Einstellungen. Daher ist es nichts Negatives und befindet sich in ständiger Veränderung. Die gesammelte Erfahrung können Sie nicht löschen. Jedoch ist es möglich, durch neue Taten und Einstellungen sowie durch spirituelles Wachstum das Karma stetig zu verbessern. Dies geschieht vor allem durch Ihre Selbstliebe, die immer eine Arbeit an sich selbst ist. Jammern führt nur zu belastetem Karma. Was dagegen positiv wirkt, sind Gebete und Meditationen sowie die Arbeit mit den eigenen Emotionen wie Freude und Liebe.

Die sogenannten karmischen Verstrickungen hat jeder Mensch. Das Familien- und Beziehungskarma bestehen hieraus. Da das Karma jedoch, wie gesagt, nur eine Erfahrung darstellt, geht es nicht darum, es zu löschen, sondern das Erlebte zu verarbeiten. Hierzu ist es notwendig, es zu analysieren und ihm Dankbarkeit entgegenzubringen, auch wenn die Erfahrungen schmerzhaft gewesen sein mögen. Karmische Verstrickungen stehen immer mit Ihrem Vorleben in Verbindung. Es sind gleichsam alte, unbeglichene Schulden. Letztlich erleben wir immer sowohl Positives als auch Negatives, Leben für Leben. Zudem treffen wir auf Menschen, die wir schon einmal gekannt haben. Zu karmischen Verstrickungen gehören immer zwei Parteien, die daraus etwas lernen und sich somit weiterentwickeln können. Irgendwann ist die Verarbeitung zu Ende, dies kann jedoch Jahre dauern.

Durch Verzeihen können karmische Verstrickungen schneller aufgelöst werden. Doch ohne Selbstliebe ist das eine schwierige Aufgabe. Ich behaupte sogar: Wer genug Selbstliebe empfindet, wird überhaupt keine Verstrickungen erleben. Sie wirkt in dieser Hinsicht wie ein Schutzschild.

Ich möchte Ihnen an dieser Stelle eine kurze Übung vorstellen, mit der Sie solche karmischen Verstrickungen auflösen können.

Karmische Verstrickungen geistig auflösen

- Setzen Sie sich bequem hin und schließen Sie Ihre Augen.
- Stellen Sie sich selbst und die Person, die mit Ihnen karmisch verbunden ist, auf einer Wiese stehend vor. Neben Ihnen und der Person stehen Lichtgestalten, die die Selbstliebe symbolisieren.
- Umarmen Sie die Person in der Vision und sagen Sie ihr innerlich, dass Sie ihr alles verzeihen.
- Nun umarmen sich auch die beiden Lichtgestalten. Auch sie sagen sich, dass sie sich verzeihen und loslassen.
- Öffnen Sie jetzt wieder Ihre Augen. Diese kurze Übung kann mehrmals durchgeführt werden, bis Sie fühlen, dass die Verstrickung aufgelöst ist.

Je nachdem, welche Verknüpfungen wir haben – zu Menschen oder allgemein zu unserer Vergangenheit –, gelingt die Löschung der Muster am besten im Theta-Zustand des Gehirns. Theta-Wellen sind langsam und kommen in Halbtrance auf. Diesen Zustand können Sie durch die folgende Übung erreichen.

Mit Theta-Wellen alte Muster löschen

- Setzen Sie sich bequem hin und schließen Sie Ihre Augen.
- Legen Sie eine Hand auf Ihre Herzgegend und konzentrieren Sie sich auf Ihren Herzschlag.
- Stellen Sie sich nun vor, Ihre Seele lebt in Ihrem Herzen. Sie fährt wie ein Aufzug durch Ihre Beine in die Erde hinein. Lassen Sie sie in die Erde sinken. Nach ein paar Minuten fangen Sie an, die Farbe Rot zu sehen. Dies ist das Zeichen, dass Sie gut geerdet sind.

- Lassen Sie nun Ihre Seele nach oben fliegen. Durch Ihr Herz und Ihren Kopf bewegt sie sich immer weiter in Richtung des Universums. Nach ein paar Minuten erstrahlt der Kosmos in schönen Farben. Nun befinden Sie sich im Theta-Zustand, und Ihre Gehirnwellen sind sehr langsam.
- Sie können jetzt alte Muster löschen und sie durch neue ersetzen, wie auf einer Festplatte. Stellen Sie sich dazu das, was Sie loslassen wollen, bildlich vor und sagen Sie sich dabei innerlich: »Ich lösche jetzt dieses Muster.«
- Blenden Sie das Bild nun aus und »laden« Sie stattdessen ein neues Muster. Nehmen wir als Beispiel an, dass Sie sich von einer Person trennen wollen. Stellen Sie sich diese vor und lassen Sie sie weggehen. Nun kommt eine neue Person auf Sie zu. Sie bringt Freude und Liebe in Ihr Leben. Sagen Sie ihr innerlich: »Du bleibst.«
- Sie können diese Übung so oft wiederholen, bis alle alten Muster ausgetauscht sind. Diese Methode stammt von Vianna Stibal, einer Heilerin aus den USA.

Jeder von uns hat karmische Anhaftungen. Es gibt sowohl positive als auch negative. Zu den positiven gehören unsere Gaben und Talente sowie gute Taten, die wir im Vorleben vollbracht haben. Zu den negativen zählen alte Schulden. Da die Seele positive wie auch negative Anteile in sich trägt, erlebt sie im Laufe vieler Inkarnationen beide Aspekte.

Ein paar Beispiele: Sie können in diesem Leben an Ängsten leiden, wenn Sie im Vorleben Ängste verbreitet oder anderen Angst gemacht haben. Sie können in diesem Leben nur wenig Geld verdienen, weil Sie im Vorleben nicht gelernt haben, mit einer Erbschaft umzugehen. Sie haben keine Kinder, weil Sie in einer vorigen Existenz bereits viele hatten. Ihr Kind erzieht Sie statt umgekehrt, weil es einst Ihr Elternteil war. Solche Muster zu erkennen ist nicht leicht. Dazu bedarf es der Analyse, Geduld sowie des Loslassens. Doch durch Glauben und Handeln ist alles möglich. Das eigene Karma ist eine veränderbare Materie.

Oft spielt auch das Familienkarma eine wichtige Rolle. Man verarbeitet es durch Verzeihen und Loslassen, wie wir bereits im Kapitel zu den Ahnen gesehen haben. Ich möchte Ihnen jetzt eine weitere Meditation zeigen, mit der man das Familienkarma loslassen kann.

Familienfadenmeditation

- Legen oder setzen Sie sich bequem hin und schließen Sie Ihre Augen.
- Stellen Sie sich vor, dass Sie einen sehr langen Faden in der Hand halten. Um Sie herum stehen etwa 100 Menschen, die zu den letzten acht Generationen Ihrer Familie gehören. Manche kennen Sie, manche nicht.
- Geben Sie nun jedem Einzelnen ein Teil des Fadens in die Hand, indem Sie wiederholt ein kleines Stück von ihm abreißen. Sagen Sie innerlich dabei: »Danke, dass es dich gibt. Ich verzeihe dir und mir.«
- Öffnen Sie wieder Ihre Augen. Es kann vorkommen, dass Sie während dieser Meditation das Bedürfnis haben zu weinen. Das ist völlig normal, da einige Blockaden gelöst werden.

Die eigene Seele weint oft, auch in freudigen Momenten: die bekannten Freudentränen. Wenn freudige Ereignisse Sie aber nicht zu Tränen rühren, sondern traurig stimmen, liegt eher ein Mangel an Freude in Ihrem Leben vor. Diese Momente sind wie ein Tropfen Wasser auf den heißen Stein. Daher sollten Sie versuchen, mit Ihrer Seele zu arbeiten und sie auszubauen. Freudige Momente sollten Ihnen täglich widerfahren, so wird aus dem Tropfen ein ganzer Fluss, und der Stein kann abkühlen. Gönnen Sie sich daher alles, was Ihnen wirklich Spaß, Freude und Heiterkeit bringt. Es geht schließlich um Sie und Ihre Selbstliebe.

Wie kann man bei karmischen Erschütterungen, die einem bewusst sind, schnell wieder auf die Beine kommen? Hierzu gibt es eine meditative Technik, die mit dem inneren Kind arbeitet. Denn das Karma ist auch das Thema Ihres inneren Kindes: Es lebt in ihm.

Karmaheilung mit dem inneren Kind

- Legen Sie sich bequem hin und schließen Sie Ihre Augen.
- Stellen Sie sich vor, Sie sind wieder ein Kind und befinden sich im Kindergarten. Andere Kinder sind auch dort.
- Spielen Sie mit ihnen. Sie sehen dabei freudige und traurige Gesichter in der Gruppe. Schenken Sie allen traurigen Kindern in der Vision eine Süßigkeit oder ein Spielzeug. Sagen Sie dabei innerlich: »Ich heile mein Karma, zeig mir den Weg zu dieser Heilung.«
- Beschenken Sie nach und nach alle Kinder und öffnen Sie dann wieder Ihre Augen.
- Wiederholen Sie diese Meditation einen Monat lang täglich.

Es gibt verschiedene Karmaarten, unter anderem auch ein kollektives Bewusstseinskarma sowie ein Planetenkarma. Das Bewusstseinskarma gehört zum Beziehungskarma. Es führt zur Entstehung einer Art von Energiekokon. Da alles in einer Matrix verbunden ist, kann so Karmaenergie zu Revolutionen und Kriegen führen, aber auch zu Frieden und Harmonie auf Erden.

Ist Karmaauflösung letztlich keine Gnade? Jede Auflösung ist immer eine Gnade. Das eigene Karma ist unser Lebensplan, man kann es durch gute Taten und den Glauben verbessern, jedoch nicht auflösen. Das Familienkarma ist dafür auflösbar. Hier kann man alle negativen Zeichen transformieren.

Familienkarma auflösen

Sie können durch diese Meditation nicht nur negatives Karma, sondern auch Ihre Selbstliebe transformieren. Sie vermehrt sich hierdurch allmählich.

- Legen Sie sich bequem hin und schließen Sie Ihre Augen.
- Stellen Sie sich vor, etwas Negatives liegt in der Gestalt eines Brötchens in Ihrer Hand. Der Teig ist noch roh.
- Stellen Sie sich nun vor, dass Sie an einer Feuerstelle oder einem Ofen stehen. Legen Sie das Brötchen hinein und sagen Sie: »Ich transformiere diese Materie.«
- Beenden Sie die Meditation und öffnen Sie Ihre Augen.
- Lassen Sie einige Stunden vergehen und versenken Sie sich dann wieder in die Meditation. Kehren Sie an die Feuerstelle beziehungsweise den Ofen zurück und holen Sie das gebackene Brötchen heraus.

Sie können Ihr Karma durch die verschiedenen Ereignisse in Ihrem Alltag erkennen. Gute, freudige oder schöne Erlebnisse sind oftmals auf positives Karma zurückzuführen. Negatives Karma bringt stattdessen eher unangenehme Ereignisse mit sich. In diesem Leben heilen Sie Ihr Karma durch:

- gute Taten und Gedanken,
- spirituelle Entwicklung,
- Meditationen,
- das Begreifen,
- die Selbstliebe.

Karmische Verstrickungen stehen häufig auch mit den bereits genannten Seelenanteilen, von denen es Hunderttausende gibt, im Zusammenhang. Unsere Seele besteht aus ihnen. Verlieren wir durch Stress, Trauer oder Ärger zu viele Seelenanteile, fühlen wir uns ausgelaugt, müde und hoffnungslos. Dieser Zustand hält so lange an, bis wir die verlorenen Anteile wieder integriert haben.

Die Seele ist in der Lage, einige dieser Anteile wieder anzuziehen. Doch dieser Prozess ist leider oft sehr langwierig, und nicht alle Anteile kommen zurück. Schamanen beschleunigen diesen Prozess, indem sie die verlorenen Seelenanteile durch schamanische Reisen – wie beschrieben – zurückholen.

Eine andere Möglichkeit hierfür stellt die Chakrauhr dar, die ich Ihnen nun vorstellen möchte.

Schamanische Chakrauhr

Die schamanische Chakrauhr ist eine uralte Erfindung der sibirischen Schamanen, die lange geheim gehalten wurde. Sie dient dem Ausgleich der Energie von Körper, Geist und Seele; nicht nur einzelne Chakren, sondern der gesamte Energiefluss im Menschen wird demnach gestärkt und harmonisiert. Sie ist ein farbiges, kreisförmiges Gebilde, in dessen Mitte ein Stein platziert wird. Am besten eignet sich dazu ein kleiner Bergkristall. Dieser zieht zusammen mit ihrer Farbscheibe die verlorenen Seelenanteile an.

Als Nächstes wird ein Samen einer beliebigen Pflanze auf die Chakrauhr gelegt, damit die Energie der Pflanze sanft in die Chakren übertragen wird. Schamanen entscheiden sich häufig für schnell wachsende Pflanzen, da sie das Leben und die Genesung symbolisieren. Für welche Pflanze man sich entscheidet, spielt jedoch keine Rolle, da der Samen die Ursubstanz, aus der alles Leben hervorgeht, darstellt. Er wird wiederholt auf der Scheibe hin und her bewegt, damit alle Chakren seine Energie erhalten.

Anschließend wird der Samen eingepflanzt. Die wachsende Pflanze dient als Symbol für Selbstliebe, Genesung und Glück. Die Schamanen sagen: Je größer sie wird, desto mehr Seelenanteile zieht sie an und desto mehr Kraft gewinnt derjenige, für den die Chakrauhr wirkt.

Alternativ kann eine Chakrauhr mit einem Drehelement in der Mitte genutzt werden (siehe Abbildung unten). Ich persönlich bevorzuge jedoch die beschriebene Variante mit dem Bergkristall in der Mitte der Scheibe.

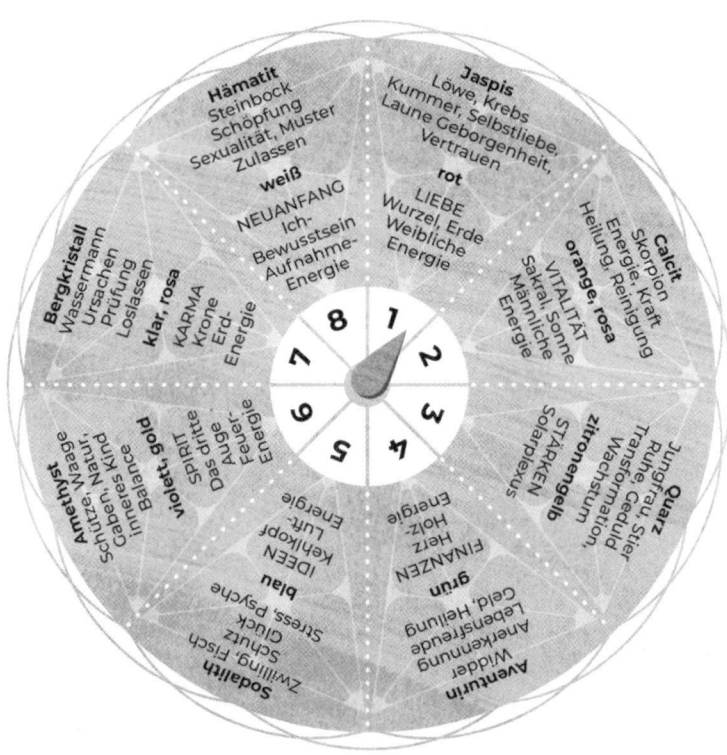

Chakrauhr mit Zeiger in der Mitte

Die abgebildete Scheibe besteht aus acht Feldern und einem Drehelement mit Zeiger in der Mitte. Jedes Feld wird mit Lebensthemen – dazu gleich mehr – beschriftet und einem Stein, manchmal auch mehreren, versehen. Der Samen wird wie beschrieben auf die Uhr gelegt und das Drehelement einmal betätigt. Er wird daraufhin jede Minute in einem anderen Feld platziert und das Drehelement wieder betätigt. So wandert der Samen durch alle Felder, die die Lebensthemen darstellen. Danach wird er eingepflanzt.

Man kann diese Scheibe auch zum Orakeln verwenden. Nehmen wir beispielsweise an, dass Sie folgende Frage beschäftigt: »Liebt mich mein Partner, und wie ist die Beziehung zu ihm?« Bringen Sie das Drehelement in Bewegung und schauen Sie nach, wo der Pfeil stehen bleibt. Das ist Ihre Antwort, die Sie nun interpretieren müssen.

Sagen wir, der Pfeil ist im roten Feld Nummer eins stehen geblieben. Das ist das Feld der Liebe. Die Antwort heißt in diesem Fall: Ihr Partner liebt Sie, und die Beziehung ist sehr gesund. Sollte er auf dem zweiten Feld »Vitalität« stehen geblieben sein, bedeutet das, dass die Beziehung der Heilung bedarf. Die Gefühle Ihres Partners sind jedoch vital. Das dritte Feld »Stärken« würde wiederum bedeuten, dass die Gefühle noch wachsen und intensiver werden. Die Beziehung gibt Kraft. Das vierte Feld »Finanzen« bedeutet Folgendes: Die Beziehung ist freudvoll, doch sie basiert auf dem Gefühl von Sicherheit. Das nächste Feld »Ideen« würde heißen, dass die Beziehung neue Ideen braucht; die Gefühle Ihres Partners Ihnen gegenüber sind jedoch gesund. Das sechste Feld »Spiritualität« deutet auf spirituelles Denken hin: Es ist eine sinnvolle Beziehung, Ihr Partner liebt Sie mit seiner ganzen Seele. Das siebte Feld »Karma« verweist auf eine karmische Beziehung, also eine Verbindung aus dem Vorleben. Sie ist für Sie eine Lebensprüfung, bei der Sie lernen müssen loszulassen. Ihr Partner hat ein wenig Angst. Das achte Feld »Neuanfang« würde bedeuten, dass etwas Neues in der Beziehung Einzug halten soll – oder aber, dass eine neue Beziehung zustande kommt. Generell lässt man sich bei der Interpretation der Antwort vom Hauptbegriff des Feldes (Liebe, Vitalität, Stärken etc.) leiten. Probieren Sie auch andere Fragen aus. Sie werden sehen, das macht nicht nur Spaß, sondern fördert auch erstaunliche Erkenntnisse zutage, die häufig sehr hilfreich sind.

Hier ist eine detaillierte Beschreibung der acht Felder:

1. **Feld – Liebe**: Das Feld ist rot, sein Stein der rote Jaspis. Es steht für die Sternzeichen Löwe und Krebs. Themen dieses Feldes sind: Kummer, Stimmung, Geborgenheit, Vertrauen, Wurzelchakra, Erde, weibliche Energie und Selbstliebe.

2. **Feld – Vitalität**: Das Feld ist rosa oder orange, sein Stein der Kalzit (die Farbe spielt keine Rolle). Es steht für das Sternzeichen Skorpion. Themen dieses Feldes sind: Energie, Kraft, Heilung, Reinigung, Sakralbereich, Sonne, männliche Energie und Gesundheit.

3. **Feld** – Stärken: Das Feld ist gelb, sein Stein der Quarz, zum Beispiel Rauchquarz oder Rosenquarz. Es steht für die Sternzeichen Jungfrau und Stier. Themen dieses Feldes sind: Ruhe, Geduld, Transformation, Wachstum, Solarplexus, Wasserenergie und Stabilität.

4. **Feld – Finanzen**: Das Feld ist grün, sein Stein der Aventurin. Es steht für das Sternzeichen Widder. Themen dieses Feldes sind: Anerkennung, Lebensfreude, Geld, Heilung, Herzchakra, Holzenergie und Erfolg.

5. **Feld – Ideen**: Das Feld ist blau, sein Stein der Sodalith. Es steht für die Sternzeichen Zwillinge und Fische. Themen dieses Feldes sind: Schutz, Glück, Stress, Psyche, Kehlkopf, Luftenergie und Bewegung.

6. **Feld – Spiritualität:** Das Feld ist golden, gelb oder violett, sein Stein der Amethyst. Es steht für die Sternzeichen Schütze und Waage. Themen dieses Feldes sind: Gaben, Natur, inneres Kind, Balance, drittes Auge, Feuerenergie – und auch hier die Selbstliebe.

7. **Feld – Karma:** Das Feld ist rosa oder klar, sein Stein der Bergkristall. Es steht für das Sternzeichen Wassermann. Themen dieses Feldes sind: Ursachen, Prüfung, Kronen-chakra, Erdenergie und Loslassen.

8. **Feld – Neuanfang:** Das Feld ist weiß, sein Stein ist der Häma-tit. Es steht für das Sternzeichen Steinbock. Themen dieses Feldes sind: Schöpfung, Sexualität, Muster, Ich-Bewusstsein, Aufnahmeenergie und Zulassen.

Zum Lösen karmischer Verstrickungen eignen sich auch Sonnen- und Mondfinsternisse, da diese eine ganz besondere reinigende Wirkung auf das Karma sowie unsere Aura und Chakren haben. Bei Sonnenfinsternissen wird die Energie der Sonne, bei Mondfinster-nissen die des Mondes kurz unwirksam. Die Sonne regiert die männ-liche Seite Ihrer Seele und beeinflusst das Energievolumen in den Chakren. Die Mondenergie steht dagegen mit unseren Emotionen und weiblichen Seelenanteilen in Verbindung. Die Planetenimpulse lenken uns in eine bestimmte Richtung. Russische Wissenschaftler behaupten sogar, dass unsere Aura diese Impulse aufnehmen und speichern kann. Während einer Sonnen- oder Mondfinsternis emp-fängt Ihre Aura keine Frequenzen und somit keine Informationen dieser Planeten. Sie ist dann ganz auf sich allein gestellt und befindet sich im Zustand ursprünglicher Reinheit.

Wir leben in einer Projektion. Da alles miteinander verbunden ist, findet die Projektion sowohl auf der Erde als auch im Kosmos statt. Jeder Mensch existiert daher in seiner eigenen, individuellen Rea-

DAS MEDIZINRAD

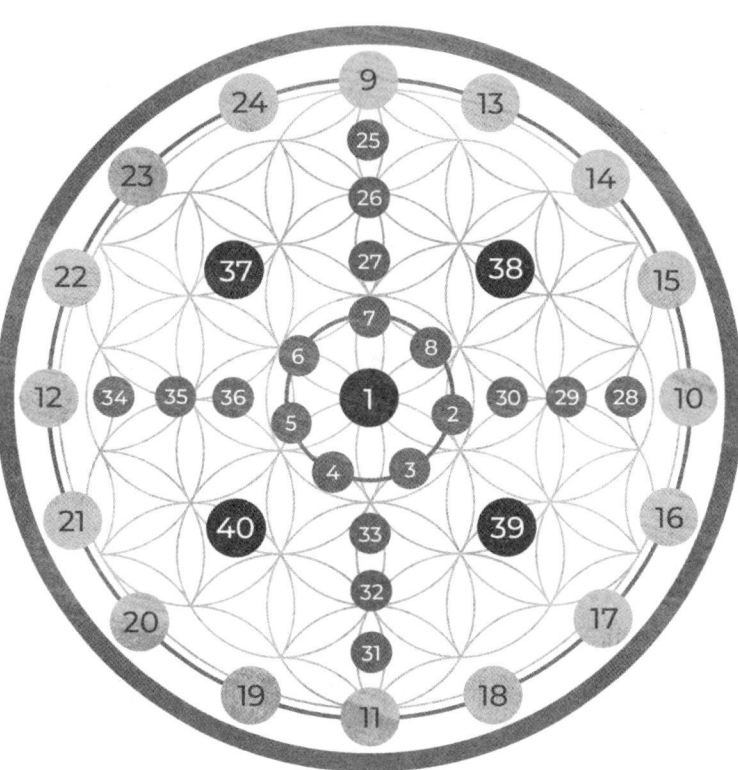

lität und nimmt die Welt anders als Sie oder ich wahr. Man kann sich diese Projektion als Kontinuum all dessen, was wir kennen und nicht kennen, vorstellen.

Nehmen wir das schamanische Medizinrad als Beispiel. Es besteht aus zwei ineinander gesetzten Kreisen und einem Kreuz (siehe nebenstehende Abbildung) und ist eine Projektion von Körper, Geist und Seele. Die Mitte des Kreises symbolisiert den Geist, die Seele ist um ihn platziert und der Körper wird durch den Außenkreis des Rades repräsentiert.

Nun werden wir den inneren Magier wecken – seien Sie gespannt auf das nächste Kapitel.

DEN INNEREN MAGIER WECKEN

Selbstliebe aktivieren

DIE MAGIE DES HERZENS ENTDECKEN

Die Selbstliebe ist in unserem Herzen verankert und kann durch die Magie des Herzens gepflegt werden. Genau genommen ist sie das Herz. Je mehr Sie sich mit der Ebene des Herzens beschäftigen, desto leichter wird es Ihnen fallen, sich zu akzeptieren und für sich selbst Liebe zu empfinden.

Wir kommen jetzt zur magischen Arbeit. Den sogenannten inneren Magier hat jeder in sich. Damit seine Magie wirksam werden kann, benötigt er viel Selbstliebe. Ohne sie kann er keine Rituale durchführen und erreicht nur schwer seine Ziele.

Was muss ein Magier überhaupt wissen und können? Hier ist eine kurze Liste dessen, was für seine Arbeit wichtig ist:

- Liebe ist die treibende Kraft im Leben und Universum. Durch Selbstliebe bleiben sie agil, lebendig und können schnell Entscheidungen treffen. Sie vernichtet zudem rasch sämtliche Ihrer Ängste und löst Blockaden. Hierdurch können Sie Ihr Leben freier führen.

- Selbstakzeptanz ist sehr wichtig. Sie müssen lernen, zu sich selbst zu stehen und sich so zu akzeptieren, wie Sie sind. Ein paar Pfunde zu viel oder zu wenig dürfen beispielsweise keine Hemmnis für Ihre Seele sein. Sie sind Sie: ein einzigartiges, wunderbares Wesen auf diesem Planeten. Dies gilt es zu verinnerlichen.

- Vertrauen in das Leben und Universum ist eine Notwendigkeit. Ohne es wird Ihre Energiearbeit nur eingeschränkt funktionieren.
- Alles lebt – und es gibt viele Formen von Leben. Sie können dieses Wissen für Ihre magische Arbeit nutzen.
- Wir sind ein Teil des universalen Plans. Daher gibt es keine Zufälle, und alles, was geschieht, hat einen Sinn.
- Um glücklich zu werden, ist es notwendig zu handeln. Magier sind nicht passiv. Sie bleiben immer aktiv und in Bewegung.
- Die Arbeit soll Freude bereiten. Alles, was Sie tun, soll aus Ihrer Selbstliebe hervorgehen.
- Das Leben soll ebenso Freude machen. Auch hier gehört eine gesunde Portion Selbstliebe dazu.

Ihre seelische Entwicklung fängt immer bei Ihnen selbst an. Sie können niemandem helfen, wenn Sie sich selbst nicht entwickeln, annehmen und lieben. Die Liebe ist die stärkste Kraft, um unsere Realität zu verändern. Wenn sie Ihre Seele ganz und gar ausfüllt, sind Sie ein echter Magier. Wenn Sie dann anderen helfen, unterstützen Sie damit gleichzeitig auch sich selbst, weil es Ihnen Freude bereitet. Man muss lernen, glücklich zu sein, denn nur dann kann man auch andere glücklich machen. Magie ist letztlich ein Weg der Selbstentwicklung, Selbsterkenntnis und Liebe.

Glücklich sein bedeutet nicht, von anderen
geliebt oder verstanden zu werden, sondern sich selbst
zu respektieren, zu achten und zu lieben.

Ein Magier ordnet sich nicht anderen unter, sondern leuchtet für sich selbst – und dadurch auch für all seine Mitmenschen. Sein Glück hängt ursächlich mit seinem Vertrauen in die geistige Welt zusammen. Dieses wiederum ist nur durch Selbstliebe möglich. Daher ist es für einen Magier wichtig, sie stetig zu pflegen und zu vermehren.

Wenn Sie etwas tun, was Ihnen keine Freude bereitet, ist Ihr Vorhaben einschließlich des Ziels nicht wirklich förderlich. Ein Beispiel: Sie helfen jemandem in einer Angelegenheit, da Sie Schuldgefühle gegenüber dieser Person haben. Bringt Ihre Hilfe in diesem Fall jedoch wirklich Bewegung in die Sache? Nein. Ganz anders wäre es aber, wenn Sie aus dem Herzen handelten. Alles, was Sie machen, muss seine Motivation in der Seele haben. Jede Handlung, die sich aus Angst oder Schuldgefühlen speist, ist falsch.

In allen Situationen sind Ihre innere Zufriedenheit und Freude gefragt. Hören Sie daher immer auf Ihr Herz. Es hilft Ihnen, die richtigen Entscheidungen zu treffen. Ein Magier ist zudem niemandem etwas schuldig. Er handelt aus Liebe und nicht aus Angst. Doch ab und zu empfindet auch er Angst. Wenn man sie jedoch analysiert und versteht, verwandelt man sie in einen Helfer, der uns zu Bewegung und Entwicklung animieren kann. Unsere Ängste zu begreifen bewirkt demnach eine Transformation. Versuchen Sie also stets, sie zu verstehen, und übernehmen Sie die Verantwortung für Ihr Leben, Ihre Gedanken und Einstellungen. Dann werden Sie Ihre Ängste überwinden, und die Selbstliebe wird gedeihen.

Ein Magier fragt sich immer, für wen er etwas tut. Natürlich gibt es auf diese Frage nur eine korrekte Antwort: Er macht es für sich selbst. Er liebt seine Mitmenschen wie sich selbst. Seine Liebe umfasst nicht nur ihn und andere, sondern das ganze Universum und Gott. Auch Sie können durch dieses Buch zu einem Magier werden. Wenn Sie dann Verantwortung für Ihr Leben übernehmen, werden Sie erfolgreich, gesund und glücklich.

Wenn Sie Ängste haben, beispielsweise vor Verlust oder Versagen, ist es nützlich, sich zu fragen, woher diese stammen. Meistens reicht es schon aus, die Angst zu analysieren, um sie zu überwinden. Ängste zu haben ist menschlich – wir alle haben sie von Zeit zu Zeit. Doch es ist wichtig, sie zu klären und loszulassen.

Unsere Welt funktioniert nach geistigen Gesetzen. Sie sind vielfältig, zeitlos und gelten für alle gleichermaßen. Oft verstehen wir sie intuitiv und handeln ihnen gemäß. Doch es gibt manchmal auch Situationen, in denen wir sie übersehen und uns dann fragen, warum uns etwas auf eine bestimmte Weise widerfährt, die wir nicht wollen.

Ich möchte an dieser Stelle die wichtigsten Gesetze vorstellen, damit Sie verstehen, warum Ihr Leben sich so entwickelt hat, wie es jetzt ist. Anhand der Beschreibung können Sie Ihre Lebenssituation unter die Lupe nehmen und verstehen lernen. Durch eine gezielte Analyse der geistigen Gesetze in Ihrem Leben können Sie Ihr Dasein verändern. Das erste Mittel, um diese Transformation zu bewirken, ist die Analyse selbst, das zweite Ihre Selbstliebe. Denn sie regiert Ihr Leben und bestimmt, wie sich Ihre Seele entwickelt.

Beginnen wir mit dem Kettengesetz, dem Gesetz von Ursache und Wirkung. Der Mensch selbst erschafft und verarbeitet sein Karma. Denken Sie deshalb daran, was Sie in Ihrem Leben richtig oder falsch, gut oder schlecht machen – ganz im Sinne des Bibelworts: »Man erntet, was man sät.« Jeder von uns schreibt und gestaltet seine eigene Zukunft zu einem großen Teil selbst. Wenn Sie genug Selbstliebe empfinden, gestalten sich die Kettenreaktionen in Ihrem Leben auf eine angenehme, freudvolle Weise. Sollte es Ihnen jedoch an ihr mangeln, erleben Sie meistens Enttäuschungen.

Das möchte ich Ihnen kurz an einem Beispiel verdeutlichen: Stellen Sie sich vor, dass Sie sich nur wenig Liebe entgegenbringen. Dies zieht einen Partner an, der sich gern in den Mittelpunkt stellt und über Sie zu bestimmen versucht. Als Folge geraten Sie unter Druck und leiden. Sie weinen oft und sind entsetzt, warum Sie sich ausgerechnet in so einen Partner verliebt haben. Die Antwort liefert das Kettengesetz: Da Sie zu wenig Liebe für sich empfanden, haben Sie diese Person angezogen. Sie zeigt Ihnen, dass Ihnen Selbstliebe fehlt – und ist demnach nichts anderes als ein Zeichen des Universums. Wenn man das verstanden hat und endlich an der eigenen Selbstliebe arbeitet, wird man glücklich und findet zudem auch den passenden Partner.

Ein anderes Beispiel aus dem Arbeitsleben könnte so aussehen: Sie werden gemobbt, ohne den Grund zu wissen, da Sie freundlich und kompetent sind. Auch das Mobbing ist in diesem Fall ein Zeichen für Sie. Sie machen möglicherweise zu viel für andere oder sind am falschen Platz, weil Sie nicht an Ihr Potenzial glauben. Sie wagen den Sprung über Ihren eigenen Schatten nicht, weil Sie unsicher sind und Angst haben, die Stelle zu verlieren. Auch hier liegt also ein Mangel an Selbstliebe vor; das Mobbing führt Ihnen diesen lediglich vor Augen.

Denken Sie immer daran: Wir ziehen die Menschen an, die uns begegnen. Wenn Sie genug Selbstliebe in sich haben, ziehen Sie vor allem diejenigen an, die Ihnen selbst ähnlich sind. Man könnte also behaupten, dass Menschen, die uns mobben, ein Werkzeug des Universums sind. Haben Sie das verinnerlicht, können Sie die Situation schnell zu Ihren Gunsten wandeln.

Das nächste Gesetz ist das Harmoniegesetz. Es besagt: Die Welt ist wie eine Waage, alles auf ihr muss im Gleichgewicht sein, einschließlich der Selbstliebe. Es versteht sich von selbst, dass unser kompliziertes Universum von Sinn erfüllt ist. Sollte etwas geschehen, was Chaos und Unordnung in die Materie bringt, schlägt das Karma sofort zu und gleicht es aus. Es ist also jenes Mittel, das im Universum die Harmonie und Gerechtigkeit wiederherstellt. Ich persönlich denke sogar, dass es sich dabei um einen Mechanismus Gottes handelt.

Jeder Mensch ist ein Energiegenerator, der Schwingungen produziert. Diese stehen mit anderen Schwingungen im Kontakt, sowohl auf der Erde als auch im Kosmos. Sollte ein Generator beschädigt sein, wird dieser repariert. Auch gesunde Selbstliebe ist eine Form von Energie. Sollte sie nicht mehr vorhanden sein, ist das ein Generatorproblem. Man sollte sich daher selbst nicht vergessen, denn sonst wird man verwarnt. Zu wenig Egoismus ist schlimmer als zu viel: Zu egoistisch zu sein ist vielleicht belastend für andere, doch ein zu kleines Ego kann tödlich für einen selbst sein. Daher sagen Schamanen, dass man an einem gesunden Ego arbeiten sollte, um nicht »gefressen« zu werden.

Jeder Mensch kommt auf die Erde, um bestimmte, individuelle Aufgaben zu erledigen. Jeder ist deshalb einzigartig und wichtig. Auch Sie! Die Selbstliebe regelt die Harmonie in und um uns herum. Fragen Sie sich also, welche Situationen Ihnen in Ihrem Leben keine Harmonie bringen oder welche Menschen Sie aus dem Gleichgewicht bringen. Trennen Sie sich nach und nach von diesen Situationen und Menschen und arbeiten Sie an Ihrer Selbstliebe. Verzeihen Sie den jeweiligen Personen und wünschen Sie ihnen Glück und Segen. Schreiten Sie anschließend auf Ihrem eigenen Weg fort.

Das nächste Gesetz des Universums lautet: Es gibt keine Zufälle. Dieses Gesetz ähnelt dem bereits besprochenen Kettengesetz. Was wir heute machen, hat eine Nachwirkung in der Zukunft. Dies muss jedem klar sein. Das Wort »Zufall« steht mit »zufallen« in Verbindung: Ihnen fällt etwas zu. Schließlich werden wir von der geistigen Welt stets geführt und haben einen Lebensplan, der die Selbstliebe beinhaltet. Je mehr Selbstliebe Sie fühlen, desto freier ist Ihr Wille.

Uns fällt immer das zu, was wir anziehen. Sollten Sie genug Selbstliebe empfinden, sind diese »Zufälle« in Form von Geschenken – beispielsweise in Form von Anerkennung, Geld oder lieben Menschen, die in ihr Leben eintreten – zu erkennen. Mangelt es Ihnen dagegen an ihr, erleben Sie häufig Leid und Enttäuschungen. Auch Erwartungen gehören hierzu: Erwarten Sie etwas zu sehr und können nicht loslassen, tritt häufig das Gegenteil ein. Lassen Sie jedoch los, werden Sie vom Universum beschenkt.

Auch die Menschen, die Sie in Ihrem Leben antreffen, stellen keine Zufälle dar. Vielmehr mussten Sie sie treffen. Wenn Sie gute Freunde haben, dann haben Sie bereits an Ihrer Selbstliebe gearbeitet. Sollten Sie jedoch verraten werden, ist Ihnen dies zugefallen, damit Sie erkennen, dass Sie im Mangel sind. Verändern Sie diese Umstände, ziehen Sie neue, gütige und freundliche Menschen in Ihr Leben an. Alles hängt in dieser Welt zusammen. Dies ist das nächste geistige Gesetz. Meiner Auffassung nach stellt unsere Welt – Mikro- und Makrokosmos – eine große Einheit dar, in der das Prinzip der Kausalität wirkt. Unser ganzes Leben besteht aus Übergangsphasen, da wir uns laufend weiterentwickeln: vom Kind zum Erwachsenen und von diesem zum reifen Menschen. Dieser Prozess ist universal, denn im Kosmos ist alles auf Entwicklung ausgelegt.

Auch unsere Seele entwickelt sich fort, wenn wir auf uns selbst achten. Jede Handlung, jeder Gedanke und jede Reaktion beeinflussen unser eigenes Leben und das vieler anderer Menschen. Für alle Erfahrungen, die Sie jemals machten, sind ausschließlich Sie selbst verantwortlich. Alle Menschen, die Sie auf Ihrem Lebensweg kennengelernt haben, hängen mit Ihnen energetisch zusammen. Sie wurden durch das Maß Ihrer Selbstliebe angezogen. War sie im Mangel, zogen Sie Menschen an, die Sie enttäuscht und Ihnen Leid zugefügt haben. War jedoch genug von ihr vorhanden, erlebten Sie das Gegenteil und erfuhren breite Unterstützung. Auch daran können Sie wieder sehen, wie groß die Rolle der Selbstliebe in unserem Leben ist. Alles basiert auf ihr.

IN DEN HEILERZUSTAND KOMMEN

Bevor wir zur Energiearbeit kommen, möchte ich näher auf den sogenannten Heilerzustand eingehen. Das ist ein Zustand, in dem man sich in einer Halbtrance befindet. Manche Heiler bezeichnen ihn auch als »Aspekt der Beobachtung«, ich nenne ihn den »Effekt des Aufgelöstseins«.

Wenn Sie den Heilerzustand beherrschen, können Sie sich entspannen, Ihre Seele hören, andere beeinflussen, in Ihrem Astralkörper reisen, Ihr Karma verändern oder sogar verbessern, sich und andere heilen, leichter meditieren und Ihre Selbstliebe rasch vermehren. Selbst wenn es Ihnen an Letzterer komplett fehlt und Sie sich gerade vermehrt in einer Opferrolle befinden, werden Sie die positiven Veränderungen sofort spürbar wahrnehmen. Denn Ihre Selbstliebe kann jederzeit und unter allen Umständen aktiviert werden. Sie müssen sich nur dazu entschließen.

Es ist nicht schwer, in den Heilerzustand zu kommen. Er ist vergleichbar mit dem Zustand, den wir erleben, wenn wir in einer stillen Nacht unter freiem Himmel liegen und die Sterne beobachten. Dann lösen wir uns gleichsam im Himmel auf. Oder wenn wir uns auf eine Wiese oder Lichtung im Wald legen und der Natur lauschen. Dann bewundern wir die Natur, den Kosmos und alles, was uns umgibt. Diese Bewunderung wirkt in unserem Gehirn und all unseren Zellen. Wir fühlen uns leicht, verbunden und empfinden Selbstliebe. Wir fühlen uns Mutter Natur wie auch dem Universum zugehörig und eins mit der Welt. Man kann diesen Zustand auch als allgemeine Wahrnehmung oder, genauer gesagt, als vollständige Wahrnehmung der Welt bezeichnen.

Im Folgenden zeige ich Ihnen eine Meditation, mit der Sie leicht den Heilerzustand erreichen können.

Meditation: Der Heilerzustand

Diese Meditation kann entweder real in der Natur ausgeführt werden, oder man benutzt seine Vorstellung dafür, wie in diesem Beispiel. Es ist günstig, sich mindestens eine halbe Stunde Zeit für sie zu nehmen und sie zunächst zehn Tage am Stück durchzuführen. Je öfter Sie im Heilerzustand sind, desto effizienter können Sie ihn nutzen.

- Legen Sie sich bequem hin und stellen Sie sich vor, dass Sie unter freiem Himmel in der Natur liegen. Weit und breit ist keine Menschenseele außer Ihnen. Sie schauen tief in den Himmel.

- Sie spüren nun, dass Sie eins mit dem Himmel und Kosmos werden. Erhalten Sie diese Vision einige Minuten lang in Ihrem Geist aufrecht.

- Sie können sich stattdessen auch vorstellen, dass Sie an einem Strand sitzen und den Horizont betrachten. Sie denken an nichts, sondern genießen den Augenblick. Sie verschmelzen mit dem Horizont.

- Nach ein paar Minuten spüren Sie, wie Ihr Körper schwerer wird und sich dadurch geerdet anfühlt. Stellen Sie sich hierzu vor, dass er sich mit Wasser füllt.

- Erhalten Sie das Gefühl der Schwere für etwa fünf Minuten aufrecht.

- Nun lassen Sie das Wasser geistig aus Ihrem Körper heraus fließen. Fühlen Sie Ihre Leichtigkeit. Bleiben Sie für weitere zehn Minuten in diesem Zustand.

- Kehren Sie nun aus der Meditation zurück. Öffnen Sie Ihre Augen, stehen Sie auf und beobachten Sie bewusst Ihre Gefühle und Ihren Körper. Versuchen Sie, Ihre Liebe für sich selbst wahrzunehmen, und sprechen Sie sie an. Sagen Sie einfach: »Meine Selbstliebe, zeige dich mir jetzt.«

Es ist schwer, den Heilerzustand in Worte zu fassen, denn das Gefühl der Einheit mit dem Universum ist kaum zu vermitteln. Einen derartigen Zustand erlebe ich oft beim Aufwachen: Ich erwache und denke an meine Träume. Ich kann mich an Antworten erinnern, die ich im Traum erhalten habe. Ab und zu nehme ich sogar wahr, dass ich alles über das weiß, was mich umgibt, und bekomme all meine

Fragen vom Universum beantwortet. Manchmal erhalte ich zudem Antworten auf Fragen, die ich nicht einmal gestellt habe. Versuchen Sie, auch diesen Zustand zu erreichen.

Ich gönne mir ebenso tagsüber etwas Zeit. Auch das ist Ausdruck gesunder Selbstliebe. Dabei faulenze ich keineswegs, sondern sage mir: »Ich schenke mir bewusst 15 Minuten Zeit. Das ist ein Geschenk für meine Selbstliebe. Es ist meine Zeit, die nur für mich bestimmt ist. Denn ich liebe mich.«

Wann haben Sie sich übrigens das letzte Mal gesagt, dass Sie sich mögen oder lieben? Haben Sie das überhaupt schon einmal gemacht? Wenn nicht, dann fangen Sie so schnell wie möglich mit der Heilerzustandmeditation an. Dadurch wird sich Ihre Selbstliebe rasch entfalten. Das wiederum führt dazu, dass sich alle negativen Umstände in Ihrem Leben transformieren und Sie sich und andere heilen können.

Durch meine Seminare und Beratungen habe ich Tausende Menschen kennengelernt. Viele von ihnen hatten Probleme und Baustellen, die aus einem Mangel an Selbstliebe hervorgingen. Stets empfahl ich ihnen die eben beschriebene Meditation.

Wie mir auffiel, litten fast alle an Rückenbeschwerden und Verspannungen am ganzen Körper. Sie fragen, warum? Das nicht gelebte Glück zeigt sich uns immer auf der Körperebene durch Schmerzen oder Verspannungen. Auch das ist nur ein weiteres Zeichen für zu wenig Selbstliebe im Leben. Durch die Meditation und das Anwenden des Heilerzustandes linderten diese Menschen viele ihrer Schmerzen. Manchmal verschwanden sie auch ganz. Sie fingen an, sich Zeit für sich nehmen, sich mit dem Kosmos zu verbinden und das Göttliche zuzulassen. Der Körper wiederum bedankt sich hierfür durch einen Zustand der Ruhe, Entspannung und Schmerzlosigkeit.

DEN SAMEN DER SELBSTLIEBE
WACHSEN LASSEN

Jeder von uns ist in der Lage, seine Selbstliebe zu vermehren. Ohne sie können wir nicht überleben, denn sie ist es, die in jedem Lebensbereich zum Erfolg führt. Menschen, die sie nicht empfinden, leiden an Kummer, Über- oder Untergewicht, Unzufriedenheit, Trauer, Gereiztheit und sehen sich oft als Opfer der Gesellschaft. Sie erleben häufig Mobbing und haben kaum Freunde. Doch jeder Mensch entscheidet selbst, wie sein Leben laufen soll. Entscheiden Sie sich daher für die Selbstliebe, um glücklich zu sein. Entscheiden Sie sich für sie, um nicht nur zufrieden, sondern begeistert von Ihrem Dasein zu sein! Sie sind auf dem richtigen Weg. Säen Sie die Samen der Selbstliebe, und sie werden eine reiche Ernte haben.

Jeder Mensch trägt die Samen der Selbstliebe in sich und kann sie keimen lassen. Das Keimen der Selbstliebesamen wird durch »Bewässern« in Gang gesetzt. Dieses wiederum geschieht in erster Linie durch Ihren Willen und Ihre Wünsche sowie durch Analyse des eigenen Lebens und durch Magie. Jetzt ist der richtige Moment, um sich selbst die Frage zu stellen: »Welche positiven Erlebnisse möchte ich noch haben?« Wenn Sie sich noch viel mehr freudige Erfahrungen wünschen, sollten Sie sich mit der Magie der Selbstliebe befassen.

Ihr Leben ist ein Programm, das Sie selbst schreiben, wie Sie bereits wissen. Es basiert auf den folgenden fünf magischen Naturelementen:

- Erde (vergleichbar mit dem Metallelement, vertreten durch Salz und Asche),
- Feuer (vertreten durch Lava und den Urknall),
- Wasser (vertreten durch Feuchtigkeit, Unterwasserwelt und alle Flüsse der Erde),
- Luft (vertreten durch Wind und kosmische Planetenenergie),
- Holz (vertreten durch Mutter Natur und die Zellen in unserem Körper).

Diese Elemente spielen in der Entwicklung eines jeden Wesens eine entscheidende Rolle. Im Folgenden möchte ich auf ihre Funktion bei uns Menschen eingehen.

Das Element Erde gibt Ihnen Sicherheit und verwurzelt Sie in Ihrer Bluts- oder Seelenfamilie. Die Erde macht Sie beständig, mutig und reinigt Ihre Gedanken. Sie ist das Element des physischen Körpers. Liebe für den eigenen Körper zu empfinden ist daher sehr wichtig. Wenn man seine Pflege vernachlässigt, fühlt man sich unwohl, matt oder wird womöglich sogar krank. Mein Rat an dieser Stelle: Laufen Sie öfter barfuß. So haben Sie einen guten Kontakt zu Mutter Erde und werden durch sie abgesichert.

Das Element Feuer steht Ihnen für Ihre Wünsche zur Verfügung. Es bringt Bewegung in Ihr Leben und drängt Sie zu handeln. Es ist das Element des Geistes. Die Liebe zum eigenen Geist kann durch stetige Selbstentwicklung und neue Ziele koordiniert werden. Das Feuerelement unterstützt diese Ziele. Arbeiten Sie mit Kerzen, wenn Sie Ihre Wünsche äußern. Sehen Sie einfach in die Flamme, wenn Sie etwas planen, so wird das Gewünschte eher in Erfüllung gehen.

Das Element Wasser hilft Ihnen loszulassen und Ihre Emotionen zu verstehen. Es ist das Element der Seele. Durch Wasser können Sie Ihre Selbstliebe erkennen. Stellen Sie sich vor, dass Sie Ihren Urlaub am Meer verbringen. Sie stehen im Wasser, und es spendet Ihnen Energie und Schutz. Selbstverständlich können Sie das auch in der Realität probieren und nicht nur in der Vorstellung.

Das Element Luft symbolisiert Leichtigkeit und reinigt Ihre Gedanken. Die Luft bringt neue Erkenntnisse, neuen Glauben und mehr Verständnis für Ihre Spiritualität. Dieses Element steht mit der Seele in Verbindung. Wenn es beispielsweise etwas windet, können Sie das Luftelement direkt darum bitten, Ihnen gute Gedanken zu senden und Ihre Selbstliebe zu nähren.

Das Element Holz steht für Ihr Wachstum und Ihre Entwicklung. Es arbeitet mit all Ihren Zellen. Das Holz vertritt den Geist. Auch hier habe ich einen Tipp für Sie: Umarmen Sie Bäume oder gehen Sie öfter in die Natur. Sie schenkt Ihnen Zuversicht und Hoffnung. Zudem hilft Sie Ihnen, mehr Liebe für sich selbst zu empfinden.

Das Wissen über die Elemente unterstützt Sie dabei, durch bestimmte Rituale Ihr Leben zu verändern. Hierfür möchte ich im Folgenden ein paar Beispiele geben. Diese Rituale nähren die Samen der Selbstliebe schnell und zuverlässig. Zudem erwecken Sie Ihren inneren Magier. Nehmen Sie sich ausreichend Zeit und probieren Sie am besten alle Rituale nacheinander aus. Ein Ritual pro Tag oder Woche genügt. Das können Sie frei entscheiden. Wenn Sie möchten, können Sie aber auch mehrere Rituale an einem Tag durchführen. Ganz wie Sie wollen.

Zum Element Erde gehören Salz, alle Metalle und Edelsteine. Rituale mit diesen Materialien erden Sie in Ihrem Dasein und sichern Sie ab. Einige Schamanen führen reinigende Rituale mit Salz durch. Sie reiben dabei den eigenen Körper oder den ihres Klienten mit Salz ab und verbrennen es anschließend. Andere malen mit einer Jodtinktur ein Netz auf die Haut, das der Erdung dient. Denn Jod gehört auch zum Erdelement. Manche arbeiten mit Blattgold und gestalten Schutzbilder damit. Die nächsten sprechen mit Edelsteinen und bitten sie um Schutz. All diese Rituale fördern – zumindest in Maßen – das Wachstum der Seele. Wenn man geerdet ist, achtet man besser auf sich selbst und vermehrt seine Selbstliebe.

Zum Feuerelement gehören Asche, Kerzen und Feuerstellen. Aber auch das echte Glas, weil es geschmolzen ist. Feuer verbrennt Holz und erschafft so aus der Materie (dem Holz) die Nichtmaterie (den Rauch). Das ist pure Alchemie. Der Rauch steigt zum Himmel auf und nimmt dabei unsere Wünsche mit. Arbeiten Sie ruhig öfter mit dem Element Feuer, etwa mit folgendem Ritual.

Seelenwünsche mit dem Feuerelement erfüllen

Für dieses Ritual benötigen Sie einen Ring, ein Glas Wasser, eine Kerze und ein Blatt Papier. Es ist für alle Ihre Seelenwünsche geeignet und korrigiert die Liebe um Sie herum und in Ihnen.

- Schreiben Sie Ihren Vornamen auf das Papier und formen Sie ein Röllchen daraus. Stecken Sie dieses anschließend durch den Ring.
- Zünden Sie nun die Kerze an. Sehen Sie kurz in die Flamme und denken Sie dabei an Ihre Wünsche und Ihre Selbstliebe.
- Zünden Sie den Zettel, der im Ring steckt, an und lassen Sie ihn bis zur Hälfte abbrennen. Löschen Sie ihn dann im Wasserglas.
- Lösen Sie nun den Zettel vom Ring und bringen Sie ihn in die Natur. Den Ring können Sie weiter benutzen. Kippen Sie das Wasser auf die Erde.

Schamanen lieben das Feuer. Feuerstellen haben bei ihnen einen besonderen Stellenwert und werden bei etwa 80 Prozent aller Rituale genutzt. Sie verbrennen Tabak, Blätter von Bäumen und andere Gegenstände, die beispielsweise eine Krankheit symbolisieren. Mit der Asche, die nach dem Verbrennen des Holzes übrig bleibt, führen sie weitere Rituale für Mutter Natur oder zur Reinigung der eigenen Seele durch. Sie unterstützen die Entwicklung eines gesunden Egos und heben den Selbstwert, fördern also die Selbstliebe. Hier ist noch ein weiteres einfaches Ritual.

Mit der Kraft der Asche die Selbstliebe stärken

- Nehmen Sie etwas Asche in Ihre Hände und zerreiben Sie sie.
- Denken Sie an Ihre Selbstliebe und blasen Sie in die Asche, sodass sie in die Luft fliegt.
- Waschen Sie danach Ihre Hände ab und bedanken Sie sich bei dem Element Feuer für die Ihnen geschenkte Liebe.

Wasser ist auch ein wichtiges Element im Schamanismus. Es steht für alle Prozesse des Loslassens und für die Transformation der Seele. Mit dem folgenden Ritual können Sie Ballast abwerfen und dadurch neuen Platz für die Selbstliebe in Ihrem Herzen schaffen.

Magisches Händewaschen

- Platzieren Sie eine Schüssel mit Wasser vor sich.
- Stellen Sie sich nun die Schutzzahl 7633 geistig vor. Sie bezieht sich auf die Planeten Saturn (7 = Erdung), Venus (6 = Liebe) und den doppelten Mars (3 = Kraft).
- Die Zahl wird vom Wasser aufgenommen und gespeichert. Betrachten Sie dabei die Wasseroberfläche eine Minute lang.
- Waschen Sie Ihre Hände im Wasser ab und bitten Sie es, Ihren Ballast aufzunehmen und mehr Platz für die Selbstliebe in Ihnen zu schaffen.
- Lassen Sie nun ein goldenes Licht aus dem Universum in sich hineinfließen. Das ist die Energie der Selbstliebe, die von Ihrem Herzen gespeichert wird.
- Kippen Sie das Wasser anschließend weg.
- Wenn Sie dieses Ritual zum Loslassen öfter bewusst praktizieren, entfaltet sich die Selbstliebe von allein in Ihnen. Probieren Sie es aus!

Interessanterweise führen Voodoo-Priester in der Karibik ähnliche Rituale durch. Ich fahre mit meinen Schülern oft in die Dominikanische Republik und besuche dort mit ihnen mehrere heimische Magier, die ich vor vielen Jahren kennengelernt habe und mit denen ich seitdem freundschaftlich verbunden bin. Immer wenn ich zu Besuch bin, tauschen wir uns über magische Techniken aus. Dabei stellen wir häufig fest, dass uns mehr verbindet als trennt. Viele von ihnen betreiben seit Generationen ihre Kunst und hüten einen Wissensschatz uralter Rituale. Auch sie kennen Waschungen mit Wasser, in dem sich Kräuter und Edelsteine befinden. Sie sagen, dass dies der Reinigung der Seele diene. Das Kräuterwasser wird in eine große Schüssel gegeben, in der sich jeder Teilnehmer vor einer Zeremonie die Hände wäscht.

Das Element Luft symbolisiert in erster Linie Leichtigkeit. Auch sie ist wichtig, wenn es darum geht, sich selbst zu lieben. Denn wenn man genug Selbstliebe in sich trägt, fällt das Leben leicht. Wenn nicht, fühlt man eher die Schwere der Existenz und kaum etwas gelingt. Auch zu diesem Element möchte ich Ihnen ein Ritual vorstellen.

Die Leichtigkeit in den Alltag einladen

Für dieses Ritual benötigen Sie einen kleinen Spiegel und einen Filzstift.

- Nehmen Sie den Spiegel und schreiben Sie Ihren Vornamen mit dem Filzstift darauf.
- Gehen Sie anschließend mit dem Spiegel in die Natur. Wenn eine kleine Brise weht, halten Sie ihn gegen den Wind. Bei Windstille hängen Sie ihn an den Stamm eines Baumes und bewegen seine Zweige, sodass sie sich auf seiner Oberfläche spiegeln.
- Denken Sie dabei an Leichtigkeit im Leben und Selbstliebe. Bewundern Sie sich selbst, indem Sie sich sagen: »Ich bin

schön und einzigartig. Ich liebe die Menschen und mich
sehr.«

- Gehen Sie dann mit dem Spiegel nach Hause. Wickeln Sie
  ihn dort in eine Serviette ein und verstauen Sie ihn für zehn
  Tage in einem Schrank. Danach können Sie den Spiegel
  ganz normal weiter benutzen.
- Auch für dieses Ritual gilt: Je mehr Leichtigkeit, desto mehr
  Selbstliebe – und umgekehrt.

**Holz ist das fünfte Element im Schamanismus. Es steht für das
Wachstum der Seele und generell für die Vermehrung von Liebe.
Mit Holz arbeitet jeder Schamane gern. Das folgende Ritual unter-
stützt Ihre Vorhaben und Ziele.**

Mit dem Holzelement für Wachstum und Gesundheit sorgen

Für dieses Ritual brauchen Sie ein beliebiges Öl, drei Lorbeerblätter, eine kleine Glasschale und ein Tuch. Es hilft generell in
den Bereichen Geld, Liebe und Vitalität. Zudem unterstützt es
Ihre Selbstschätzung.

- Nehmen Sie zwei Esslöffel eines beliebigen Öls, beispielsweise Oliven-, Jojoba-, Avocado- oder Rapsöl.
- Füllen Sie es in eine kleine Glasschale – möglich ist auch
  eine kleine Tasse aus Keramik – und geben Sie die drei
  Lorbeerblätter dazu.
- Lassen Sie die Blätter sechs Stunden (die Venuszahl) darin
  ziehen.
- Tragen Sie das Öl anschließend auf Ihre Füße und Hände
  auf. Lassen Sie das Öl 15 Minuten wirken und entfernen Sie
  es dann mit einem Tuch von der Haut.

Die schamanische Arbeit endet niemals und ist grenzenlos. Sie hat sowohl mit dem Begreifen dieser Welt als auch mit dem Sprung über den eigenen Schatten zu tun. Alles Unmögliche wird aus dem Dasein verbannt, sodass alles möglich wird. Schamanen leben im Hier und Jetzt und sind ganz auf diese Dimension fokussiert. Dieser Fokus ist vor allem vom Maß der vorhandenen Selbstliebe abhängig.

Damit möchte ich zum nächsten Thema kommen: Ängste. Sie stellen eine Gefahr für die Selbstliebe dar und können sie zerstören. Was denken Schamanen über sie? Und wichtiger noch: Wie können Sie ihre Ängste erkennen? Und was gegen sie tun?

ÄNGSTE ERKENNEN UND HINSEHEN

Um unsere Selbstliebe zu entfalten, ist es unerlässlich, uns von unseren Ängsten zu befreien. Denn die Angst, nicht angenommen oder geliebt zu werden, kann sie wirkungsvoll unterminieren. Diese beiden Ängste sind für mich ein und dieselbe Angst. Sie hängt mit Ihrer Erziehung und mangelnder Selbstliebe zusammen.

Jeder Mensch wird allein geboren und geht allein von dieser Welt. Jeder muss zudem lernen, selbstständig in dieser Welt zurechtzukommen. Dabei wollen wir alle von anderen angenommen und geliebt werden. Doch ist das wirklich wichtig? Eigentlich nicht. Vielmehr müssen Sie lernen, sich selbst anzunehmen und zu lieben, so, wie Sie sind, bis Sie irgendwann zu sich selbst sagen können: »Ich bin der beste Mensch, der mir je begegnet ist.« Wenn Sie das täglich üben und mit Komplimenten sich gegenüber nicht geizen, werden Sie begeistert sein und sehr schnell Fortschritte erzielen. Mein Tipp: Fangen Sie jetzt damit an und sagen Sie sich: »Ich bin froh, mich zu kennen und zu lieben. Ich ehre jede einzelne meiner Entscheidungen.«

Viele Menschen leiden an Versagens- und Verlustängsten. Doch was kann Ihnen im schlimmsten Fall passieren, wenn Sie versagen oder etwas verlieren? Sterben Sie daran? Nein, natürlich nicht. Daher sind diese Ängste ganz und gar unnötig. Und dennoch haben wir sie. Wir alle mache Fehler, aus denen wir lernen. Niemand ist perfekt. Wir alle verlieren mal und gewinnen mal in diesem Leben. Uns begleiten Menschen, die irgendwann gehen, und Gegenstände, die irgendwann kaputt sein werden. Wir verabschieden uns in Liebe von dem, was uns begleitet hat.

Die karmischen Gesetze besagen zudem, dass Sie im Moment nur das haben, was Sie benötigen. Denn Ihnen wird immer nur das gegeben, was Sie augenblicklich brauchen. Wenn Sie das akzeptieren, werden Sie sehen, dass die Welt gar nicht so kompliziert ist, wie sie häufig erscheint. Versagens- und Verlustängste sind wie ein Wurm, der Sie von innen zerfrisst. Auch sie hängen mit mangelnder Liebe zu sich selbst zusammen. Sich von ihnen zu befreien ist gar nicht so schwierig. Man muss nur wissen, wie.

Ich hoffe, Sie haben die bisher vorgestellten Meditationen und Rituale bereits ausprobiert und können schon eine Veränderung in Ihrer Seele beobachten. Nun gehen wir einen Schritt weiter, denn es gibt noch mehr zu erkennen und zu erleben.

Heutzutage kann man viele Ratgeber darüber lesen, wie man sich Ziele setzt und sie erreicht. Solche Ratschläge sind männlicher Natur und passen nicht zu jedem. Ein Mann setzt sich ein Ziel und verfolgt es häufig rigoros; wenn es sein muss, geht er dabei durch Wände. Nachdem er es erreicht hat, fühlt er sich als Sieger: anerkannt und wie der größte Mann der Welt. Danach setzt er sich neue Ziele, und es geht von Neuem los.

Diese Methode ist jedoch nicht für jeden geeignet. Vor allem nicht für Frauen. Es gibt nämlich auch eine weibliche Art und Weise, Ziele zu erreichen: durch Selbstliebe und Loslassen. Es ist der Weg der Spiritualität, des Zulassens der Energie des Universums und des

Wünschens. Unabhängig vom Geschlecht entscheiden wir uns mal für den weiblichen, mal für den männlichen Weg, da wir beide Anteile in unserer Seele haben. Ab und zu legen wir uns ins Zeug und versuchen mit aller Kraft, unser Ziel zu erreichen, gehen also den männlichen Weg. Bei anderer Gelegenheit versuchen wir durch Selbstliebe und Geduld, zum Ziel zu kommen und entscheiden uns daher für den weiblichen Weg. Jeder Mensch sollte für sich selbst entscheiden, wann welcher Weg für ihn der richtige ist.

Wenn ein Mann – ein Mensch mit überwiegend männlichen Seelenanteilen und starkem Charakter – seine Ziele verfolgt, geht er energetisch aus sich heraus und strengt sich an. Eine Frau dagegen – eine Person mit überwiegend weiblichen Seelenanteilen und einem eher weichen Charakter – realisiert ihre Ziele, indem sie in sich taucht.

Beides, Wünsche zu manifestieren und die Selbstliebe zu aktivieren, geschieht über den weiblichen Weg, da Sie hierzu Intuition und Glauben brauchen. Sie stellen sich das, was Sie erreichen wollen, einfach als bereits erfüllt vor. Wichtig ist, wirklich daran zu glauben.

Ein Beispiel: Eine Frau, die noch nie in einer Beziehung gewesen ist und einen Hund besitzt, verändert ihre Gedanken. Früher ging sie abends nach der Arbeit nach Hause, aß etwas, fütterte den Hund führte ihn aus. Doch nun verspürt sie den Wunsch, einen Mann kennenzulernen. Dazu stellt sie sich Folgendes vor: »Ich komme nach Hause, der Mann wartet auf mich, er war bereits mit dem Hund spazieren. Ich koche für meinen Partner etwas Neues.« Diese Frau hat Ihr Denken bereits erfolgreich transformiert. Es ist daher sehr wahrscheinlich, dass sich ihr Wunsch erfüllen wird.

Oder stellen Sie sich Folgendes vor: Sie wollen in den Sommerurlaub verreisen, doch gerade ist es Winter. Trotzdem besuchen sie einige Geschäfte und schauen sich nach neuen sommerlichen Accessoires um. In Ihrem Kopf findet demnach ein gedanklicher Prozess statt, den kein anderer Mensch sehen kann: Sie bereiten sich schon jetzt auf die Sonne und den Strand vor – und wandeln damit Ihren Alltag.

Unsere Selbstliebe entsteht in uns selbst durch den weiblichen Weg der Wahrnehmung. Was die Selbstliebe allerdings zerstören kann, ist beleidigt zu sein. Dabei handelt es sich um eine irdische Energie des Egos, die wir durch Erziehung und Erfahrungen erwerben. Doch Liebe zu sich selbst hat mit dem Ego nichts zu tun, denn sie ist kosmisch und nicht irdisch. Bitte merken Sie sich das. Wer in der Selbstliebe angekommen ist, ist niemals beleidigt. Nur derjenige kann beleidigt werden, der Probleme mit seinem Ego hat.

Beleidigt zu sein besteht aus mehreren Schichten: verschiedenen Energien, die wir durch eine zu hohe Meinung von uns selbst, Aufgeblasen- und Egozentrischsein oder auch Depression zeigen können. Es bringt sowohl seelische als auch körperliche Leiden mit sich. Menschen, die beleidigt sind, leiden oft an Lungenerkrankungen, Herzbeschwerden und psychischen Störungen. Diese Energien kann jeder selbst neutralisieren, und zwar durch die Liebe zu sich und anderen. Schließlich ist die Liebe ein egofreier Zustand. »Lege deine Erwartungen anderen Menschen gegenüber ab, und du wirst nie mehr beleidigt sein«, sagte mir meine Oma häufig.

Was kann uns überhaupt beleidigen? Beinahe alles. Ein und dieselbe Information wird von jedem von uns anders aufgenommen. Den einen kann sie beleidigen, den anderen nicht. Das hängt immer von der individuellen seelischen Entwicklung ab. Wenn das Beleidigtsein zu einem Dauerzustand wird, schalten sich weitere Programme der Selbstzerstörung ein. Lernen Sie daher unbedingt, anderen und sich selbst zu verzeihen. Denken Sie immer nach, ob es Ihnen etwas bringt, beleidigt zu sein. Sie schulden niemandem etwas und niemand schuldet Ihnen etwas. Es gibt keine Feinde, sondern nur Lehrer in Ihrem Leben. Diese banalen karmischen Gesetze gab es schon immer – und wird es immer geben.

An dieser Stelle möchte ich Ihnen ein kleine Meditation vorstellen, die Ihnen dabei hilft, nicht beleidigt zu sein.

Meditation zum Verzeihen und Loslassen

- Setzen Sie sich bequem hin und schließen Sie Ihre Augen.
- Stellen Sie sich vor, derjenige der Sie beleidigt hat, sitzt direkt vor Ihnen. Sagen Sie innerlich: »Ich verzeihe dir und lasse dich gehen. Ich entschuldige mich bei allen, die ich gedemütigt habe.«
- Erhalten Sie diesen Zustand fünf bis zehn Minuten lang aufrecht und öffnen Sie anschließend Ihre Augen. Sie werden sehen, dass es Ihnen merklich besser geht.

Beleidigt zu sein ist zudem in einer gewissen Weise mit Ihren Lebenszielen und Werten verbunden. Was ist tatsächlich von Belang? Echte Werte sind nicht materiell, sondern geistig. Menschen, die das begriffen haben, kennen den Zustand des Beleidigtseins nicht. Sie ziehen auch keine Situationen im Leben an, die beleidigen könnten. Das ist das Resonanzgesetz des Universums. Begreifen Sie daher, dass es keine Grenze zwischen Gut und Böse gibt. Es gibt nicht schwarz *oder* weiß. Es gibt beides.

Nehmen wir eine Scheidung als Beispiel. Wen trifft dabei die Schuld? Es gehören immer beide Parteien dazu. Wenn die Frau sagen würde: »Er hat mich und unsere Kinder verlassen. Ich kann ihm unmöglich verzeihen«, dann hat sie vermutlich die Situation und ihre Entstehung nicht gründlich genug analysiert. Sie sieht sich als Opfer und ihren Mann als Täter, was jedoch nicht der Realität entspricht. Auch hier liegt ein Mangel an Selbstliebe vor, und viele Ängste wirken zudem aus dem Hintergrund. An der Stelle der Frau in diesem Beispiel kann natürlich auch ein Mann stehen.

Übrigens: Was meinen Sie, ist eine Scheidung etwas Gutes oder eher Schlechtes? Ich finde, dass sie neutral zu bewerten ist. Sie ist nicht angenehm, aber befreiend. Man geht getrennte Wege und bekommt die Chance, etwas Neues zu erleben. Ist das nicht gut? Außerdem geht man sich gegenseitig nicht mehr auf die Nerven. Auch das ist positiv.

In meinen Beratungen habe ich festgestellt, dass Kinder nach einer Scheidung meistens mehr Aufmerksamkeit von beiden Elternteilen erhalten als vorher. Denn die Eltern streiten nun nicht mehr und können so dem Kind mehr Liebe schenken. Bei einer Scheidung ist wichtig, dass man sich in Ruhe und Zuversicht trennt, ohne einen Rosenkrieg zu führen. Beide Partner sitzen hier im gleichen Boot. Das kann nur gelingen, wenn beide in ihrer eigenen Selbstliebe angekommen sind. Bei einer Scheidung gibt es keine Schuldigen. Daher sollte man lernen, umsichtig zu denken und zu handeln, statt beleidigt zu sein oder andere zu beleidigen.

Das Beleidigtsein zerstört unsere Aura und die Seele. Jede Emotion lagert sich hier ab. Jeder entscheidet jedoch für sich allein: »Will ich glücklich sein oder will ich recht haben und beleidigt bleiben?«

Beleidigungen deformieren die Aura.

Auch die Organe sind betroffen. Je länger sich die Beleidigung in Ihrem Körper manifestiert, desto schlimmer sind die Folgen. Sie drückt einem auf die Brust oder nimmt die Luft zum Atmen. Machen Sie sich jedoch keine Vorwürfe, wenn Sie Beleidigungen in sich tragen, denn der Mensch ist nicht nur ein Träger der kosmischen Energien, sondern auch ein Transformator der niederen. Wir erschaffen unsere Realität also auch, indem wir negative Programme transformieren und hierdurch positive Energie freisetzen. Dies geschieht durch die Liebe zu sich und anderen.

Energie als solche ist immer neutral. Es gibt also an sich keine guten oder schlechten Energien. Diese entstehen durch uns Menschen und unsere Emotionen. Sie werden programmiert. Vielleicht ist Ihnen dieses Experiment mit Wasser bekannt: Wenn man einen Tropfen Quellwasser in ein Glas mit belastetem Wasser gibt, wird der ganze Inhalt positiv gestimmt. So verhält es sich auch mit der Liebe: Wenn Sie Liebe in eine schwierige Situation einbringen, wird sie leichter. Dazu müssen Sie gezielt und bewusst handeln wie auch negative Situationen akzeptieren und zu verstehen lernen. Jede Situation sollte dankbar angenommen werden.

Verraten zu werden kann auch Ihre Selbstliebe beinträchtigen und Sie Energie kosten. Doch nur dann, wenn Sie zu wenig Liebe für sich selbst empfinden. Sollten Sie genug in sich haben und werden Sie doch verraten, dann können Sie hierdurch, energetisch gesehen, eine Stufe höher steigen. Klingt das paradox für Sie? Ich erkläre es Ihnen: Nehmen wir an, dass Sie von jemandem verraten werden und diese Person aus Ihrem Leben verschwindet – aus Ihrem Alltag und irgendwann auch aus Ihren Gedanken. So entsteht Platz für Neues. Sie können sich nun endlich bewegen und weiterentwickeln, auch wenn der Verrat schmerzhaft gewesen sein mag. Sie verlassen dadurch alte Programme und kreieren mehrere neue, sodass neue Möglichkeiten entstehen und sich neue Perspektiven eröffnen. Zudem ziehen Sie automatisch neue Menschen in Ihr Leben an und Ihnen kommen neue Ideen. Viele Menschen haben Angst davor, ihre Bequemlichkeit aufzugeben, denn sie ist unsere Sicherheit. Doch es gibt nichts Sicheres im Leben. Entscheiden Sie sich zwischen der Angst und der Liebe! Vertrauen Sie dem Universum. Das bringt Sie weiter.

Einige Ziele, die wir uns setzen, stehen nicht in Resonanz mit der göttlichen Quelle. Das gilt vor allem für Programme, die mit unserem Ego zusammenhängen. Dazu gehört beispielsweise Kontrolle über unsere Mitmenschen oder den Alltag haben zu wollen. Solche Programme führen stets zu Enttäuschungen. Zunächst wird die Angst aktiviert. Daher ist es unmöglich, ohne Leiden zu bleiben, wenn man nicht an das eigene Schicksal glaubt und nicht dem Universum vertraut. Auch hier liegt ein Mangel an Selbstliebe vor. Letztlich verstehe ich Verrat als eine Prüfung des Glaubens an das eigene höhere Selbst.

Unser Leben ist ständig im Wandel. Nichts bleibt so, wie es ist. Wir alle kennen das Auf und Ab wie auch die guten und schlechten Zeiten. Etwas stört uns in unserem Alltag immer dabei, unsere Ziele zu erreichen, und zudem gibt es immer etwas, was man erledigen muss. Um zu sich zu kommen und bei sich zu bleiben, besonders in stressigen Momenten des Lebens, bieten sich folgende Energieübungen an.

Energie tanken und negative Gedanken loslassen

Wir nehmen unsere Umwelt vorrangig durch unsere Augen wahr. Durch sie erhalten wir Informationen, die im visuellen Cortex des Gehirns verarbeitet werden. Viele Schamanen arbeiten daher gern mit der Vision.

- Schließen Sie Ihre Augen.
- Stellen Sie sich eine verschneite Naturlandschaft mit einem Fluss vor. Sehen Sie sich dort sitzen. Atmen Sie tief ein und aus und entspannen Sie Ihre Sinne.
- Stellen Sie sich nun vor, dass das Wasser im Fluss gefriert und eine weiße Farbe annimmt. Das Weiß ist jetzt überall und fließt in Sie hinein, sodass auch Sie in der Vision weiß wie Schnee werden. Fühlen Sie die erfrischende Kühle. Genießen Sie sie eine Minute lang.
- In Ihrer Vorstellung erscheint jetzt die Sonne am Himmel. Sie taut den Fluss auf, worauf er wieder die Farbe wechselt. Auch Sie ändern wieder die Farbe. Das Wasser des Flusses fließt nun wieder. Es nimmt alle negativen Gedanken mit sich.

- Öffnen Sie nun wieder Ihre Augen. Sie fühlen sich gereinigt und aufgetankt mit frischer Energie. Auch Ihre Ängste sind kleiner geworden.

Sich von Sorgen und Kummer befreien

Diese kurze Übung hilft uns, Alltagsstress zu verarbeiten und schafft damit mehr Raum für die Selbstliebe.

- Nehmen Sie ein Handtuch und machen Sie es nass.
- Drücken Sie das Wasser nun aus ihm heraus. Stellen Sie sich dabei vor, dass Sie alles Negative mit dem Wasser verlässt: Sie werden frei von Sorgen und Kummer – und spüren eine tiefe Entspannung.

Sich mit der Erde, dem Herzen und dem Universum verbinden

Dies ist eine typisch russische schamanische Übung. Sie wird für ein gesteigertes Wohlbefinden, mehr Energie und Glück sowie zur Aktivierung der Selbstliebe empfohlen und umfasst diese drei Bereiche des Körpers: (1) Unterkörper – Erdung, (2) Mittelkörper – Selbstliebe, (3) Oberkörper – Verbindung zum Kosmos.

- Entspannen Sie sich und stellen Sie sich gerade hin. Die Beine sind schulterbreit voneinander entfernt, die Knie etwas angewinkelt. Halten Sie Ihren Kopf gerade.
- Stellen Sie sich nun vor, dass Ihre Wirbelsäule aus Eisen besteht und wie eine Eisenstange aussieht. Der ganze Körper hängt an dieser Stange (wie Hühnchen in einem Grillofen).
- Strecken Sie Ihre Arme im Bauchbereich nach links und rechts aus und bewegen Sie sie im Kreis. Werden Sie dabei

zunehmend schneller. Kreisen Sie eine Minute im Uhrzeigersinn und eine gegen ihn. Bewegen Sie Ihren Körper gleichzeitig nach links und rechts. Das aktiviert Ihre Unterkörper-
energie, sodass Sie geerdet werden.

- Konzentrieren Sie sich nun auf Ihre Atmung. Atmen Sie
  ruhig und entspannt. Bringen Sie Ihre Arme auf Schulter-
  höhe und bewegen Sie sie weiter im Kreis. Immer schneller.
  Kreisen Sie eine Minute im Uhrzeigersinn und eine gegen
  ihn. Bewegen Sie Ihren Körper gleichzeitig nach links und
  rechts. So steigt die Energie in den Mittelkörper. Sie können
  nun Ihr Herz hören. Alle Organe nehmen ihren ursprüng-
  lichen Platz im Körper ein. Das Herz wird immer heller. Sie
  spüren eine ausgeprägte Liebe zu sich selbst.

- Atmen Sie ruhig weiter. Bringen Sie Ihre Arme auf Kopfhöhe
  und bewegen Sie sie weiter im Kreis. Werden Sie zunehmend schneller. Kreisen Sie eine Minute im Uhrzeigersinn
  und eine gegen ihn. Bewegen Sie Ihren Körper gleichzeitig
  nach links und nach rechts. Auf diese Weise steigt die Energie in den Oberkörper, sodass Ihre Kanäle zum Universum
  aktiviert werden.

- Sie können diese Übung entweder wie beschrieben ausführen, oder Sie konzentrieren sich pro Tag auf einen der drei
  Körperbereiche.

Ihre Selbstliebe hängt mit Ihrer Körperenergie zusammen. Der
größte Teil davon befindet sich im Solarplexus. Er vertritt Ihr
Karma. Manche Geistheiler nennen diese Gegend das »Bauchge-
hirn«. Es unterstützt auf der Körperebene die Arbeit des Herzens
sowie die Atmung, den Kreislauf und Ihre Emotionen. Schamanen
nennen den Solarplexus auch das »Magnetzentrum«, da es eine
Verbindung zur Außenwelt darstellt und für eine gute Kommunika-

tion sorgt. Zudem ist darin Ihre unbewusste Ebene beheimatet, die auch das innere Kind genannt wird. Dieses ermöglicht es Ihnen, sich selbst liebevoll zu akzeptieren. Es ermöglicht zudem, dass Sie Geschenke annehmen können und Freude daran haben.

Der Solarplexus muss stets gepflegt werden, damit Ihre Selbstliebe wachsen kann. Beispielsweise mit der folgenden Übung.

Solarplexuspflege

- Wenn Sie einen Wunsch haben, jemanden helfen wollen oder einen Selbstliebemangel verspüren, konzentrieren Sie sich auf Ihren Solarplexus.
- Am besten stellen Sie sich dabei gerade hin, halten Ihre Füße zusammen und atmen ruhig nur durch die Nase.
- Sagen Sie sich innerlich: »Ich liebe mich und meine Umgebung. Ich tanke Energie auf. Ich bin die Güte.«
- Machen Sie diese Übung zehn Minuten täglich, mehrere Tage am Stück. Dann werden Sie merken, dass Sie für viele Menschen sichtbar und von ihnen angesprochen werden.

Viele meiner Schüler fragen mich: »Wie kann ich Kontakt mit meinem inneren Kind aufnehmen?« Das innere Kind – die Solarplexusgegend und der Bereich des Unbewussten – beschäftigt heutzutage viele Menschen. Denn dort befinden sich die Boykottprogramme, Ängste und Panik. Diese Programme kann man durch den direkten Kontakt zu dieser Ebene löschen.

Es gibt mehrere Türen zum inneren Kind oder inneren Ich. Es ist Ihr Unbewusstes, die Türen zu ihm befinden sich in Ihrer Seele. Sprechen Sie immer wieder mit dieser Ebene, indem Sie Ihre Hand auf den Solarplexus legen und folgende Frage stellen: »Was tut dir heute gut?« Sie werden wichtige Antworten erhalten. Denn das innere Kind weiß immer, was Sie brauchen. Zwischen der Seele und ihm besteht ein ständiger Austausch, ohne dass wir daran denken. Das Unbewusste sendet uns ständig Nachrichten, häufig in unseren Träumen. Achten Sie daher auf sie.

Wenn Sie sich mit Ihrem inneren Kind beschäftigen, es ansprechen und sich bewusst mit ihm unterhalten, werden Sie schnell merken, dass Sie hierdurch immer mehr Leichtigkeit spüren. Ihre Selbstliebe kann sich ungehindert entfalten, und Sie verlieren viele überflüssige und einschränkende Ängste. Ihnen wird auf einmal klar, dass Sie frei sind und Ihre Ängste nur Boykottprogramme waren. Ihr Bewusstsein wird wachsen und lässt Sie Ihre Selbstliebe erkennen. Das Ich des inneren Kindes ist daher enorm wichtig für Sie.

Eigentlich gibt es drei Ichs in Ihnen: Ihr inneres Kind (Solarplexus), Ihr erwachsenes Ich (Herzchakra) und Ihr Eltern-Ich (Kopf). Sie alle sind verbunden und können als drei Schubladen in Ihrem großen Ich angesehen werden. Die wichtigste Schublade ist jedoch immer das innere Kind. Bleiben wir also zunächst bei ihr; auf die anderen kommen wir später noch zu sprechen.

Das innere Kind mit Licht und Liebe heilen

- Stellen Sie sich die Schublade Ihres inneren Kindes vor. Sie befindet sich in Ihrem Solarplexus.
- Öffnen Sie sie geistig und stellen Sie sich vor, dass ein Strahl aus Licht und Liebe aus dem Universum in sie hineinleuchtet. Er füllt die Schublade nach und nach ganz aus, sodass auch sie zu leuchten beginnt.
- Schließen Sie die Schublade nun wieder.
- Nehmen Sie sich fünf Minuten pro Tag Zeit für diese Übung. Sie wirkt schnell, denn das innere Kind braucht Licht und Liebe. Binnen 30 Tagen haben Sie es geheilt.

Auch die folgende sehr hilfreiche Übung kann das innere Kind aktivieren und entlasten.

Das innere Kind umarmen und ihm zuhören

- Schließen Sie Ihre Augen und stellen Sie sich vor, Sie stehen im Regen. Er reinigt Sie, doch Sie werden nicht nass, denn Sie haben einen Regenmantel an.
- Nun kommt ein Kind Ihres Geschlechts zu Ihnen. Das Kind ist klein und hat Angst. Es ist Ihr inneres Kind, also Sie selbst.
- Begrüßen Sie es mit Ihrem eigenen Vornamen. Signalisieren Sie ihm, dass es Ihnen vertrauen kann, und laden Sie es mit den folgenden Worten ein, zu Ihnen zu kommen: »Komm doch zu mir, hab keine Angst, ich liebe und schütze dich.«
- Das Kind kommt Ihnen daraufhin näher. Versuchen Sie, es vor dem Regen zu schützen. Lassen Sie hierzu das Kind unter Ihren Regenmantel schlüpfen und umarmen Sie es.
- Geben Sie ihm danach eine Blume oder ein Spielzeug und sagen Sie ihm, dass Sie es von Herzen über alles lieben.
- Fragen Sie es anschließend, ob es etwas auf dem Herzen hat. Hören Sie gut zu, denn es wird Ihnen wichtige Informationen geben.
- Öffnen Sie nun wieder Ihre Augen.

Jede Begegnung mit dem inneren Kind vertieft Ihren Zugang zu Ihrer Seele und Selbstliebe und hilft Ihnen, sich besser in verschiedenen Lebenssituationen zurechtzufinden. Indem Sie Letztere analysieren, löschen Sie die alten Muster, die Ihr Leben bisher schwer gemacht haben, und gewinnen an Freiheit. Sie erschaffen sich und Ihr Leben neu und beginnen, souverän und selbstbestimmt zu agieren. Ist das nicht wundervoll?

Während Sie am Morgen langsamen erwachen, können Sie Ihr inneres Kind am besten erreichen. Denn dabei verändert sich die Frequenz der Gehirnwellen (Berger-Effekt). Die folgende Übung zeigt, wie Sie diesen Moment nutzen können, um die Beziehung zu Ihrem inneren Kind zu pflegen.

Sich um das innere Kind kümmern

- Bleiben Sie im Bett liegen, nachdem Sie aufgewacht sind, und sprechen Sie Ihr inneres Kind in diesem Moment in Gedanken an.
- Bitten Sie es um Frieden und Klarheit. Sprechen Sie offen mit ihm und äußern Sie klar Ihre Wünsche. Das Kind wird Ihnen sämtliche Ihrer Fragen beantworten und seine Liebe und Zuneigung zeigen.
- Zeigen auch Sie Ihre Liebe, indem Sie ihm ein paar von Herzen kommende Worte sagen.
- Stehen Sie danach auf. Wenn Sie möchten, können Sie nun für sich und Ihr inneres Kind etwas Besonderes machen. Wenn Sie einen Kaffee oder Tee trinken, sagen Sie Ihrem inneren Kind beispielsweise einfach, dass das Getränk ein Geschenk für es ist. Wenn Sie etwas Besonderes essen, dann sprechen Sie es an und sagen ihm, dass diese Speise ihm guttun wird.

Wie bereits erwähnt, hängt das innere Kind auch mit Ihrem Karma zusammen, also dem Vorleben. Hier befinden sich alte Erinnerungen aus früheren Existenzen. Wenn Sie sich mit dem inneren Kind beschäftigen, lassen Sie daher nicht nur die Selbstliebe wachsen und schaffen Platz für neue Erlebnisse, sondern verarbeiten auch das eigene Karma aus der Vergangenheit sowie Ihre Ängste.

Was spielt noch eine Rolle in Bezug auf Ihre Energie und Selbstliebe? Ihre Gefühle, Ziele und Ihr Charakter. Man sollte stets gütig zu anderen und auch zu sich selbst sein. Haben Sie Freude am Leben? Genießen Sie die kleinen Freuden des Alltags? Denken Sie ab und zu daran, wie wundervoll Sie sind und wie wichtig in dieser Welt? Denken Sie daran, was Sie bis heute bewegt oder auf die Beine gestellt haben? Bestimmt eine ganze Menge! Loben Sie sich dafür. Denken Sie auch immer wieder an Ihre aktuellen Ziele. Auch sie vermehren Ihre Selbstliebe.

Der wichtigste Mensch in Ihrem Leben sind Sie, also lieben Sie diesen Menschen! Glauben Sie an die Kraft des Universums! Wenn ein Mensch an sich arbeitet und an das Universum glaubt, findet er immer eine Antwort auf seine Fragen. Früher oder später wird er von der geistigen Welt unterstützt. Finden Sie daher Ihren Glauben! Und vergessen Sie nicht: Auf jede Frage existiert eine Antwort. Man muss nur lernen, die Fragen richtig zu stellen.

Machen Sie täglich etwas, was Ihnen und anderen Freude bereitet. So können Sie später im Alter sagen: »Ich habe mein Leben gelebt.«

Der Mensch sollte sich selbst und alles, was ihn umgibt, lieben. Lieben Sie sich also von Herzen! Lernen Sie, sich zu entspannen und zu leben. Lernen Sie, das Leben zu lieben. Bedanken Sie sich beim Universum für jeden neuen Morgen, den Sie erleben dürfen. So mache ich es auch. Ich bedanke mich für die frische Luft und die Sonne oder den Regen. Ich bedanke mich für mein Dasein und programmiere dadurch meinen Tag auf positive Erlebnisse und schöne Begegnungen.

Wenn man Menschen auf der Straße beobachtet, kann man ihnen manchmal ihre innere Hässlichkeit ansehen. Sie könnten Schilder tragen mit der Aufschrift »Ich bin hochnäsig«, »Ich bin der Beste«, »Ich bin ein Mobber«, »Ich bin ein Lügner« oder »Ich bin ein Besserwisser«. Das einzige Schild, das jedoch getragen werden sollte, ist folgendermaßen beschriftet: »Ich bin ein Mensch, der sich liebt«. Was macht Sie zu einem Menschen? Sind Sie ein Mensch, weil Sie einen menschlichen Körper haben? Oder doch eher, weil Sie fühlen, denken und lieben können? Vielleicht sind Sie ein Mensch, weil Sie viel Mitgefühl für sich und andere haben, Ihre Selbstliebe in der Welt verbreiten und damit auch andere Menschen glücklich machen?

Trauer und Misserfolge gehören zum Leben. Doch es gibt auch schöne Augenblicke der Liebe und des Erfolges, die sich häufen, wenn man viel Liebe für sich empfindet. Freuen Sie sich also und bedanken Sie sich für Ihr Dasein! Wenn Sie in einer Beziehung sind, bedanken Sie sich bei Ihrem Partner, dass er für Sie da ist. Er begleitet Sie, das ist nicht selbstverständlich. Auch wenn eine Beziehung vorbei ist, sollten Sie dankbar sein für die schönen Momente, die Sie mit Ihrem Partner erlebt haben. Alles ist vergänglich. Genießen Sie daher immer den Moment. Betrachten Sie das Leben dabei nicht so kompliziert. Fragen Sie sich beispielsweise nicht, ob Sie zu jemandem passen, sondern ob diese Person zu Ihnen passt. Das ist die korrekte Sichtweise.

Verlieren Sie nie den Respekt vor sich selbst. Respektieren Sie sich so, wie Sie sind! Haben Sie keine Angst vor dem, was andere über Sie sagen, sondern nur vor dem, was Ihr Gewissen, ihre innere Stimme, sagt. Man ist erst wirklich frei, wenn man aufhört, sich darüber Gedanken zu machen, was andere über einen denken. Unglück erfährt man umso stärker, je mehr Angst man vor ihm hat. Befreien Sie sich also von Ihren Ängsten! Sie haben in Ihrem Leben nichts zu suchen.

Es gibt mehrere Möglichkeiten, die eigene Entwicklung zu beobachten und zu steuern. Halten Sie sich immer Ihre höheren Ziele vor Augen. Hierfür eignen sich Listen.

Was sind meine Ziele?

- Erstellen Sie eine Liste der Ziele, die Sie im nächsten Jahr erreichen wollen. Sie kann beliebig lang sein.
- Fertigen Sie anschließend eine zweite Liste für die kommenden fünf Jahre an.
- Fragen Sie sich: »Welche Ziele haben mit meinem alltäglichen Leben zu tun und welche mit meiner spirituellen Entwicklung?« Es ist wichtig, sich darüber klar zu werden.
- Stellen Sie sich auch Fragen wie »Was tut meiner Seele gut?«, »Was bringt meine Seele weiter?«, »Was kann meine Seele in meiner Umgebung bewirken?« oder »Was habe ich bis heute erreicht?«. Beschäftigen Sie sich zudem mit der Frage, was Sie dafür tun oder bereits getan haben.

Probieren Sie im spirituellen Bereich gelegentlich etwas Neues aus, beispielsweise eine Heilmethode oder Karten zu legen. Beschäftigen Sie sich auch kreativ, vor allem mit den Händen. Handarbeit stärkt das Gehirn. Denn Sie erschaffen dabei auch etwas mit dem Geist. Ich persönlich male Bilder, stricke, gestalte Makramee oder Schutzbänder sowie Traumfänger und Baguas (eine Art Lageplan des Lebens). Ich habe meine Bilder noch nie ausgestellt, habe aber beinahe 400 Stück in meinem Keller stehen. Ich mache das ausschließlich für meine Seele und nehme mir ausreichend Zeit dafür. Genau darum geht es: Sie nehmen sich Zeit für sich – denn das ist Ausdruck gesunder Selbstliebe.

Jeder von uns hat unterschiedliche Lebensziele; jedes sollte dabei mit der Selbstliebe zusammenhängen. Da sie mit Ihrem Vorleben zusammenhängt, gehört sie in diesem Leben zu Ihren karmischen Aufgaben. Anders formuliert: Wenn Sie an einem Selbstliebemangel leiden, hatten Sie ihn auch schon in Ihrem Vorleben. Meistens basiert er auf verschiedenen Ängsten aus der Vorinkarnation. Das können Todes-, Verlust- oder Versagensängste sein oder auch finanzielle Ängste sowie jene, nicht angenommen oder geliebt zu werden. Beschäftigen wir uns an dieser Stelle mit der Urangst vor dem Tod. Warum haben sie so viele Menschen? Oft sind es nur Projektionen, also Energien, die von außen kommen: Man hat etwas gehört oder gesehen, meist etwas Schreckliches, und denkt, dasselbe erleben zu müssen. Also entstehen diese Ängste im Außen und siedeln sich dann in uns an. Je mehr man sich mit ihnen beschäftigt, desto mehr fressen sie sich in die Seele hinein und manifestieren sich als Erkrankungen und Depressionen. Häufig gibt es jedoch überhaupt keinen Grund für sie, da sie nicht Teil Ihres Lebensplans sind. Anders gesagt: Sie werden nie Realität.

Die Angst vor dem Tod wird durch dunkle Kräfte des Universums erschaffen. Viele Menschen denken nicht an ihren Alltag oder ihr Leben, sondern an den Tod. Das ist jedoch eine energetische Falle. Sie geht zudem oft auf Trauer und den natürlichen Alterungsprozess zurück. Dabei sollte jedem klar sein, dass wir alle irgendwann die Erde verlassen werden und unser Körper nicht ewig ist. Schamanen sagen, dass wir geboren werden, um zu sterben. Der Prozess des Sterbens beginnt daher mit dem ersten Atemzug. Wenn uns das klar ist, wieso haben wir dann Angst zu sterben? Es ist pure Zeitverschwendung. Wir sollten die uns gegebene Zeit lieber für das Leben selbst nutzen, um mehr zu erleben und uns zu entwickeln. Menschen, die Ängste haben, leben nicht wirklich. Sie existieren eher.

Es gibt eine schöne Geschichte über Zwillinge, die an dieser Stelle passt:

Zwillinge unterhalten sich im Bauch:
»Sag mal, glaubst du eigentlich an ein Leben nach der Geburt?«, fragt der eine Zwilling.

»Ja, auf jeden Fall! Hier drinnen wachsen wir und werden für das, was draußen kommen wird, vorbereitet«, antwortet der andere.

»Ich glaube, das ist Blödsinn!,« erwidert der erste darauf. »Es kann kein Leben nach der Geburt geben – wie soll das denn aussehen?«

»So ganz weiß ich das auch nicht. Aber es wird sicher viel heller als hier sein. Und vielleicht werden wir herumlaufen und mit dem Mund essen.«

»So einen Unsinn habe ich ja noch nie gehört! Mit dem Mund essen, was für eine verrückte Idee. Es gibt doch die Nabelschnur, die uns ernährt. Und wie willst du herumlaufen? Dafür ist die Nabelschnur viel zu kurz.«

»Doch, es geht bestimmt. Es wird eben alles ein bisschen anders sein.«

»Du spinnst! Es ist noch nie einer zurückgekommen nach der Geburt. Mit der Geburt ist das Leben zu Ende, Punktum.«

»Ich gebe ja zu, dass keiner weiß, wie das Leben nach der Geburt aussehen wird. Aber ich weiß, dass wir dann unsere Mutter sehen werden, und sie wird für uns sorgen.«

»Mutter? Du glaubst doch wohl nicht an eine Mutter? Wo ist sie denn bitte?«

»Na hier – überall um uns herum. Wir sind und leben in ihr und durch sie. Ohne sie könnten wir gar nicht sein!«

»Quatsch! Von einer Mutter habe ich noch nie etwas bemerkt, also gibt es sie auch nicht.«

»Doch, manchmal, wenn wir ganz still sind, kannst du sie singen hören. Oder spüren, wenn sie unsere Welt streichelt.«

Diese Geschichte gibt zu überlegen. Meine geliebte Lehrerin Baba Walja sagte einmal Folgendes zu mir: »Du warst im Mutterbauch und hast dort die Plazenta gesehen. Sie war deine Sonne im Bauch, als deine Mutter mit dir schwanger war. Nun bist du hier auf der Erde und siehst die Sonne am Himmel, da das Universum mit dir schwanger ist. Wenn du die Erde verlässt, siehst du danach die nächste Sonne. Sie wartet auf dich, und so geht es immer weiter – bis in alle Ewigkeit. Es gibt schließlich Millionen von Sonnen, die dich lieben. Du solltest dich also glücklich schätzen.«

Alles, was Sie bis heute erlebt, getan, gefühlt und gedacht haben, hat Sie zu dem gemacht, der Sie heute sind. Wenn Sie lernen, anders zu fühlen und zu denken, können Sie Ihr Leben positiv verändern. Indem Sie lernen, sich zu lieben, können Sie dafür sorgen, dass Ihr Leben glücklich verläuft.

Wir leben in einer energetischen Welt, in der jeder seine energetische Rolle hat. Es gibt positive wie auch negative Rollen, wir nennen es Gut und Böse. Beide Anteile sind in jedem Menschen vorhanden. Wir erlernen sie teilweise in unserem Vorleben, teilweise nach der Geburt durch die Erziehung und unsere Erfahrungen. Jeder von uns spielt demnach eine selbstkreierte Rolle und entwickelt sie so schnell, wie er kann oder will. Man kann also behaupten, dass das Leben ein Spiel mit vielen Darstellern ist. Doch der Hauptdarsteller in diesem Theaterstück sind immer Sie selbst. Wenn Sie das begriffen haben, können Sie Ihre Rolle gut spielen, empfinden genug Selbstliebe und sind glücklich im Hier und Jetzt.

Unsere Gesellschaft besteht aus unterschiedlichen Spielen, in denen jeder seine Rolle spielt. Es gibt beispielsweise Unterdrücker und Unterdrückte, Aktive und Passive, Hassende und Liebende. Viele Menschen bekleiden darin die Rolle eines negativen Charakters. Warum nur? Solche Spiele basieren auf Ängsten, die Teil jeder Gesellschaft sind. Sie haben ihre Wurzeln tief in alle Lebensbereiche gegraben und betreffen in erster Linie unsere Herzen, in der die Selbstliebe ihren Platz haben sollte. Doch die Ängste hindern uns daran, unser Leben so zu gestalten, wie wir es uns vorstellen. Wir können ihretwegen die Welt ohne Spiele nicht fühlen.

Einige Menschen empfinden große Freude, wenn Sie in ihrer Karriere weiterkommen, andere, wenn sie mehr Geld verdienen oder etwas erben. Diese Menschen leben für das Geld – und das ist mehr als traurig. Denn es ist eigentlich nur ein Werkzeug, um frei zu sein. Viele Menschen freuen sich nicht, wenn sie ihre Liebsten treffen oder in die Natur gehen, sondern wenn sie ihr Geld zählen. Das ist äußerst unklug, da nicht das Geld unser Lebensziel ist, sondern uns selbst zu entwickeln. Es gibt jedoch genug Menschen, die denken, wenn sie genug Geld besitzen, sterben sie später oder nie. Es ist überflüssig anzumerken, wie naiv oder sogar dumm diese Annahme ist.

Ich habe in meinem Leben sehr viele Menschen beraten. Wirklich glückliche Menschen kann ich an meinen Fingern abzählen. Kaum einer ist darunter, der reich und zugleich glücklich ist. Die wenigen, die viel Geld verdient haben und trotzdem glücklich sind, haben es gelernt, sich an normalen Dingen zu erfreuen und sehen das Geld eher als eine Beilage im Leben an. Sie haben gelernt zu lieben und zu geben. Es ist ihnen gelungen, gesunde Selbstliebe zu empfinden.

Menschen, die auf ihre spirituelle Entwicklung bedacht sind, bauen ihr Leben auf Liebe auf. Sie werden als Magier bezeichnet und haben selbst entschieden, diesen Weg zu gehen. Ein Magier lebt in universaler Liebe und gibt sie freizügig, er kennt keine Angst vor dem Tod und freut sich seines Lebens. Der Tod wird von ihm als Verbündeter gesehen und nicht als Feind. Seine Liebe sorgt dafür, dass er immer über genug Geld verfügt, um all seine Vorhaben umzusetzen. Denn auch das Geld ist eine Energie und hat seine Gesetze.

In vielen Ländern – beispielsweise in einigen asiatischen, aber auch in Mexiko – wird der Tod als Übergang auf die nächste Stufe der Seelenevolution gefeiert. In Mexiko werden an vielen Feiertagen Totenköpfe aus Keramik verschenkt. Jedes Kind bekommt so einen kleinen Schädel. Er spendet Schutz und Lebensfreude. In der schamanischen Welt gehört der Tod zum Leben. Menschen, die die richtige Einstellung zu ihm haben, haben auch die richtige zum Leben. Der Tod ist Gottes Gnade, ein Geschenk der Weiterentwicklung. Zudem ergibt es keinen Sinn, Angst vor etwas zu haben, was man nicht verändern kann. Ängste können Sie zerstören, sodass Sie anderen Menschen nicht helfen können. Liebe ist dagegen ein Werkzeug, das Sie und andere glücklich macht. Ich führe Sie in diesem Buch nach und nach zu diesem, damit Sie mit ihm arbeiten können.

Wenn Sie Angst vor dem Tod haben,
mangelt es Ihnen an Liebe.

In diesem Fall können Sie kaum Liebe empfangen und keine schenken. Diese Angst ist sehr schmerzhaft, und sie gebärt Karma. Wenn Sie glücklich sein und auch andere glücklich machen wollen, können Sie das nur durch Ihre Selbstliebe erreichen. Dann leben sie wirklich, anstatt nur zu existieren.

Ein Heiler oder ein Magier ist jemand, der sich erforscht. Er verjagt seine Ängste und überwindet sie. Er steht immer im Austausch mit kosmischen Kräften, lebt in seiner Realität und ist der Macher seines Lebens. Er lebt durch seine Selbstliebe. Er ist glücklich, weil er durch seine Liebe in der Lage ist, Energien zu transformieren, anzusammeln und weiterzugeben. Es gibt gar nicht so viele echte Heiler und Magier. Magisches Wissen, wie Sie es in diesem Buch finden, bewirkt nach und nach eine Veränderung des Individuums, es transformiert sein Denken und Sein.

DEN LEBENSSINN FINDEN:
WAS TUT MEINER SEELE GUT?

Was ist Ihr Lebenssinn? Was tut Ihrer Seele gut? Von unserer Einstellung hängen unser Leben und das Maß unserer Selbstliebe ab. Das wissen Sie auch ohne dieses Buch. Die Realität entsteht schließlich in Ihrem Kopf.

Unser Leben ist so, wie wir es gestalten und betrachten. Vieles hängt dabei mit unserer Vergangenheit und unserer Erziehung zusammen. Wir beklagen uns oft und sind unzufrieden mit uns selbst. Dies geschieht aus Mangel an Selbstliebe. Lernen Sie Ihre Schwächen und Stärken kennen, und seien Sie der, der Sie sind. Haben Sie einfach Freude an sich und Ihrem Leben. Das ist der Sinn des Seins.

Jeder Mensch erlebt in seinem Leben viel Negatives. Doch wichtig ist, wie wir mit dieser Erfahrung umgehen. Können wir sie liebevoll annehmen und sagen »Ich bin durch diese Erfahrung reicher geworden« oder beklagen wir uns? Zur Aufarbeitung unserer Vergangenheit gehören Begriffe wie Aufräumen, Loslassen und Verzeihen. Nur hierdurch können wir zur Selbstliebe zurückfinden.

Was hält Sie an Ihrer Vergangenheit fest? Menschen, Erfahrungen, Erinnerungen sowie Gegenstände, die meistens irgendwo bei uns im Keller landen. Fangen Sie jetzt an aufzuräumen. Misten Sie Ihren Tisch oder Schrank, Ihren Keller oder Ihre Wohnung aus, und Sie werden sich gut fühlen. Schaffen Sie mehr Ordnung. Versuchen Sie dabei nicht, gleichzeitig Dutzende Probleme zu lösen, sondern gehen Sie eins nach dem anderen an.

Eine meiner Klientinnen war ein Messie. Sie sammelte alles, was man nicht gebrauchen kann, in Ihrem Haus an: alte Zeitungen und Kleidung, leere Hundefutterdosen und vieles mehr. Irgendwann konnte sie sich in ihrem Haus nicht mehr frei bewegen und kontaktierte mich. Ihr Haus war zum Bersten gefüllt!

Ich fragte sie, warum sie das mache. Sie antwortete: »Ich habe Angst, den Bezug zur Vergangenheit zu verlieren, und ich spüre keine Gegenwart.« Für mich war sofort offensichtlich, dass es ihr an Selbstliebe mangelt. Ich riet ihr, einen Müllsack zu nehmen und mit dem zu füllen, was sie lange nicht gebraucht hatte. Ich gab ihr die Aufgabe, in der ersten Woche einen Sack zu füllen und zu entsorgen. Dabei sollte sie sagen: »Ich liebe mich und befreie mich vom Müll der Vergangenheit.« Danach hat sie zwei und später vier Säcke pro Woche gefüllt und entsorgt. Es funktionierte: Innerhalb eines Jahres nahm der Inhalt ihres Hauses um 280 Säcke voll Müll ab. Meine Klientin gewann ihre Leichtigkeit zurück und auch den Respekt vor sich selbst. Zudem erkannte Sie, dass ihre Seele keinen Müll mehr braucht, sondern Freude und Sauberkeit. In der Beraterpraxis hat man täglich mit dem Thema Loslassen zu tun. Meistens geht es dabei um Ängste, was immer mit fehlender Selbstliebe zusammenhängt. Befreien Sie sich also von dem, was Sie energetisch aussaugt, sprich von Dingen, die Sie nicht mehr brauchen.

Wenn Sie Ihre Wohnung von negativen oder überflüssigen Erinnerungen befreit haben, gehen Sie einen Schritt weiter. Versuchen Sie nun, Ordnung in Ihrer Seele herzustellen.

In der Seele Ordnung schaffen

- Nehmen Sie ein Blatt Papier und erstellen Sie eine Liste belastender Erfahrungen aus der Vergangenheit. So haben Sie einen guten Überblick.

- Gehen Sie nun jeden Punkt einzeln durch und überlegen Sie, was Sie tun können, um das Problem loszulassen. Menschen sterben nicht durch Belastungen von außen, sondern durch jene von innen und durch Sorgen. Machen Sie sich das klar.

- Schreiben Sie zu jeder Belastung, was Sie gegen sie unternommen haben oder werden.

- Ein Beispiel: Sie sind Sie geschieden und können Ihrem Ex-Partner nicht verzeihen, weil er Sie für jemand anderen verlassen hat. Notieren Sie sich in diesem Fall: »Ich verzeihe dir und mir und wünsche dir Glück. Ich beschenke mich heute mit Blumen.« Gehen Sie anschließend in einen Laden und kaufen Sie sich einen Blumenstrauß. Werfen Sie alle Fotos von Ihrem Ex-Partner weg und wünschen Sie ihm Glück und Segen.
- Vielleicht haben Sie eine Kündigung erlebt und noch nicht verarbeitet. Schreiben Sie in diesem Fall auf die Liste: »Ich bin dankbar für diese Kündigung und gehe neue Wege. Ich bin glücklich, weil ich dadurch die Möglichkeit für einen Richtungswechsel bekommen habe. Ich liebe mich sehr.« Kaufen Sie sich dann Strümpfe oder Schuhe und betrachten Sie sie als Vehikel, die Sie in Ihre neue Zukunft tragen.
- Womöglich haben Sie jemanden verloren und sind traurig, dass diese Person nicht mehr unter uns weilt. Schreiben Sie auf die Liste Folgendes: »Ich wünsche dir Leichtigkeit im Himmel und viel Glück. Ich lasse dich los und bitte dich, mich zu beschützen.«

Wenn wir trauern, denken wir oft, dass wir die verstorbene Person nicht mehr anrufen oder umarmen können. Das ist unser Ego. Wir vergessen dabei jedoch, dass der Verstorbene sein Leben erfolgreich hinter sich gebracht hat und energetisch gesehen weiter ist als wir. Es geht ihm besser als uns. Wir sollten uns daher freuen, dass er den Himmel erreicht hat. Behalten Sie nur positive Erinnerungen an diese Person. Ehren Sie sie durch kurze Gespräche mit anderen über ihr Leben oder zünden Sie für sie eine Kerze an. Besuchen Sie ihr Grab und legen Sie ein paar Blumen nieder. Freuen Sie sich dabei für den Verstorbenen. Sagen Sie ihm, dass Sie ihn mögen oder lieben und bitten Sie ihn, dass er Sie dabei unterstützen soll, Selbstliebe zu empfinden.

Zu denken macht uns nicht müde. Müdigkeit wird immer durch emotionale Anspannung hervorgerufen. Diese hängt meistens mit der Vergangenheit zusammen. Sie raubt uns unsere Selbstliebe und kostet uns Kraft! Was uns wirklich müde macht, sind:

- Langweile,
- geringes Selbstwertgefühl,
- Ärger und Wut,
- Gefühl der Sinnlosigkeit,
- Beleidigtsein,
- Eile,
- Unruhe,
- Mürrischsein,
- Unzufriedenheit,
- Erwartungen etc.

Diese Liste kann so lang wie eine Tapete werden. Hier habe ich eine Übung für Sie, die Ihnen hilft loszulassen.

Die Seele durch Loslassen heilen

Diese Übung wirkt heilend auf Ihre Seele und unterstützt Sie dabei, Ihren Lebenssinn zu erkennen.

- Legen Sie sich bequem hin und entspannen Sie sich.
- Schließen Sie Ihre Augen und stellen Sie sich vor, das Sie ein mit Wasser gefüllter Luftballon sind.
- Lassen Sie nun den Ballon in der Vision platzen. Das Wasser fließt heraus, und Sie werden dadurch sofort leichter. Sie haben losgelassen. Ihnen geht es ab jetzt besser: Sie haben Platz für neue Dinge in Ihrem Leben geschaffen und freuen sich darüber. Sie fühlen Ihre Selbstliebe.

- Öffnen Sie nun Ihre Augen und stehen Sie auf. Versuchen Sie, Ihren Wandel wahrzunehmen.
- Sie können diese kurze Übung täglich ausführen, bis Sie genug Selbstliebe getankt haben.

Versuchen Sie, Freude und Spaß zu haben, und zwar an allem, was Sie tun. Wenn Ihnen Ihr Beruf beispielsweise nicht mehr gefällt, denken Sie an Menschen, die ihn gern machen und alles für ihre Position geben würden. Unser Leben besteht aus unseren Gedanken. Vielleicht gefällt Ihnen Ihre aktuelle Stelle doch. Aber wenn Sie feststellen, dass sie Sie krank macht und durch sie immer schwächer werden, müssen Sie sie loslassen und eine Alternative suchen. Fragen Sie sich, welche berufliche Tätigkeit Ihnen stattdessen Freude bereiten würde. Analysieren Sie Ihren Wunsch. Seien Sie aktiv.

Um die Vergangenheit loszulassen, ist es wichtig zu lernen, ganz im Hier und Jetzt zu sein. Denken Sie an das, was Sie besitzen und nicht an das, was Ihnen fehlt – und Sie werden glücklich. Achten Sie insbesondere auf die Kleinigkeiten des Alltags. In der Regel sind das für uns selbstverständliche Dinge. Trotzdem sind sie sehr wichtig für unser Glück: Sie haben ein Dach über den Kopf, genug zu essen und zu trinken. Sie haben vermutlich auch einige Bezugspersonen und Freunde, was nicht selbstverständlich ist. Freuen Sie sich deshalb über das, was Sie haben.

Wenn Sie meine Ratschläge in diesem Buch beherzigen, kommen Sie Ihrer Selbstliebe näher. Russische Schamanen haben vor Hunderten Jahren eine Technik entdeckt, die sogenannte emotionale Hygiene. Sie ermöglicht Ihnen, im Reinen mit sich zu sein, und erweckt die Selbstliebe in Ihnen. Ich möchte sie Ihnen nun vorstellen. Warum führen wir körperliche Übungen aus? Warum putzen wir uns die Zähne oder schneiden unsere Haare und Nägel? Warum waschen wir uns die Hände vor dem Essen und ebenso unseren

Körper und tragen frische Unterwäsche? Warum wechseln wir unsere Bettwäsche oder waschen das Geschirr nach dem Benutzen? Warum putzen wir unsere Wohnungen? Weil es zu unserer Hygiene gehört. Doch wir vergessen oft die Seelenhygiene. Was ist das überhaupt?

Emotionale Hygiene besteht aus Ritualen, die unsere Seele reinigen. Sie gehört zu unserem Leben, auch wenn wir sie oft vernachlässigen.

Haben Sie schon einmal unter einem Burn-out gelitten? Das ist ein Zeichen, dass Sie zu lange emotional überlastet waren. Mir sind viele Klienten bekannt, die dieses Leiden hatten, und ich kenne es auch aus eigener Erfahrung. Das ist eine schlimme Sache: Man ist energie- und lustlos und fühlt sich völlig ausgelaugt. Man erkennt sich selbst kaum wieder. In solchen Momenten braucht man sich nur eine Frage zu stellen: »Ist es das wert, so etwas zu erleben?« Natürlich nicht! Als ich in diesem Zustand war, stellte ich mir folgende Frage: »Warum ist es geschehen, und was kann ich dagegen tun?« Ich erkannte, dass ein Mangel an Selbstliebe vorlag, den ich beheben musste. Ich arbeitete damals 16 Stunden am Tag und hatte keine Zeit für mich eingeräumt, sprich meine Selbstliebe nicht gepflegt. Der Körper machte irgendwann einfach nicht mehr mit. Es war eine Art Warnung – und ich hörte auf sie. Ich schaffte es, mein Leben umzukrempeln und mich für die Selbstliebe zu entscheiden. Als wichtige Maßnahme führte ich die emotionale Hygiene ein. Seitdem bin ich gesund und glücklich. Sich selbst zu lieben ist der Sinn des Lebens, verstand ich damals. Wenn Sie so etwas nie erlebt haben, seien Sie froh. Ich treffe täglich Menschen mit dieser Krankheit und rate ihnen, an ihrer Selbstliebe zu arbeiten. Kommen wir nun zu den Ritualen der emotionalen Hygiene.

Emotionale Hygiene

Die folgenden Rituale geben Ihnen Energie und stärken Ihre Seele und Selbstliebe. Ich empfehle sie meinen Klienten seit Jahren und bin immer wieder selbst erstaunt, wie wirkungsvoll und heilsam sie sind.

1. Morgens

- Bedanken Sie sich nach dem Aufstehen beim Universum für den Ihnen geschenkten Tag. Dankbarkeit hat eine sehr hohe Frequenz und lässt Energie in Ihre Seele fließen. Sie lädt Ihre innere Batterie für den ganzen Tag auf.
- Sie können auch ein Dankgebet sprechen: »Liebes Universum, ich danke dir von Herzen dafür, dass ich diesen Tag erleben und Mutter Natur ehren darf. Ich bedanke mich für jeden Atemzug und jede Erfahrung. Amen.«
- Denken Sie gleich morgens an das, was Sie im Laufe des Tages erledigen möchten. Denken Sie auch an Ihre Träume und Wünsche.
- Wenn Sie möchten, können Sie auch etwas Salz anwenden: Reiben Sie nach dem Zähneputzen Ihre Hände mit Salz und Wasser ab. Das unterstützt Sie energetisch.
- Apropos Zähne: Nehmen Sie sich Zeit für sie. Menschen, die genug Liebe für sich selbst empfinden, haben normalerweise gesunde und schöne Zähne. Ich zeige Ihnen eine Methode aus Indien, mit der man seine Zähne festigen kann. Die Inder nennen sie »Hamster«.
Nehmen Sie am Morgen einen Zweig eines beliebigen Baumes, beispielsweise Buche, Eiche oder Birke, und kauen Sie auf ihm, bis er faserig wird. Nach einer Weile sieht der Zweig wie eine Zahnbürste aus. Putzen Sie sich mit ihm die Zähne. Beißen Sie zum Abschluss noch auf ihn und bewe-

gen Sie Ihren Kiefer dabei hin und her. Führen Sie dieses Zahnputzritual täglich für die Dauer von drei Wochen aus. Nach einer Weile können Sie es erweitern, indem Sie den Zweig mit Ihren Zähnen festhalten und nach vorn ziehen. Das stärkt ihre Kiefer.

2. Tagsüber

- Finden Sie im Alltag eine Quelle für Freude. Sie führt dem Körper wie auch der Seele sehr viel Energie zu. Versuchen Sie, die Freude vollständig zu fühlen und kosten Sie sie aus. Lachen Sie mindestens zehnmal am Tag.
- Spüren Sie in sich hinein. Wenn Sie Unzufriedenheit in sich entdecken, versuchen Sie, mit ihr zu arbeiten. Analysieren Sie, woher sie kommt. Fragen Sie sie, was Sie tun können, damit sie verschwindet. Versuchen Sie dabei bewusst, die positive Seite jedes Geschehens zu erkennen.
- Vergessen Sie auch nicht die anderen: Machen Sie pro Tag mindestens einen Menschen glücklich.

3. Abends

- Analysieren Sie, was Sie über den Tag geschafft haben und loben Sie sich dafür. Gönnen Sie sich eine Kleinigkeit als Belohnung. Umarmen Sie sich selbst und sagen Sie sich: »Das hast du toll gemacht. Ich bin stolz auf dich.« Psychologen sagen, dass vier Umarmungen pro Tag zum Überleben, acht für die Harmonie und zwölf für die Selbstliebe nötig sind. Sie können auch andere Menschen umarmen.

4. Monatlich

- Einmal im Monat können Sie das folgende Ritual ausführen, um Ihr Energielevel zu steigern: Nehmen Sie ein Foto von sich und legen Sie es auf einen Teller.

Geben Sie eine Handvoll Salz darauf. Stellen Sie drei Kerzen als Dreieck um den Teller.

Zünden Sie sie nun an und lassen Sie sie brennen. Wenn die Kerzen heruntergebrannt sind, nehmen Sie drei Streichhölzer und stecken Sie sie in das Salz. Zünden Sie sie an und sagen Sie leise: »Energie komm zu mir.«

Das Salz sowie die Streichholz- und Kerzenreste werden weggeworfen.

Auch Gebete bringen die Energie der Selbstliebe und helfen, die Vergangenheit loszulassen. Als Schamane arbeite ich gern mit ihnen. Sie sind nach verschiedenen Formeln konstruiert. Die folgende vierteilige ist die gängigste:

1. Das Gebet beginnt in der Regel mit einer Begrüßung des Universums, Gottes oder der Engel, beispielsweise so: »Liebes Universum, ich ehre dich und bitte dich um Unterstützung. Nicht ich, sondern meine Seele bittet um mehr Selbstliebe.«

2. Es folgt der Eingang zur geistigen Welt. Manche Schamanen lesen viermal Bibelgebete, andere stellen eigene Gebete zusammen. Dieser Gebetsteil verstärkt die Energie zwischen dem Betenden und dem Universum. Ein Beispiel: »Ich bin in meinem Leben ein Zeitreisender. Ich reise von der Geburt ins Jetzt und immer weiter. Ich treffe das Universum und viele Engel auf meiner Reise und bin dankbar für diese Erfahrungen. Ich stehe auf und gehe zu meinem Gott (Engel, Krafttier, Ahne etc.). Ich laufe auf Mutter Erde, bedeckt mit Nebel und Wolken. Ich treffe dich.« Dabei ist es wichtig, das Gesagte zu visualisieren.

3. Es folgt die eigentliche Vision, in der alle Wünsche aufgezählt werden: »Lieber Gott (Engel, Krafttier, Ahne etc.), so, wie du diese Erde erschaffen hast, so, wie Mutter Natur sich um alle kümmert, so, wie ich dich liebe und ehre, so, wie das Salz salzig

und der Zucker süß ist, erfülle meinen Wunsch, bring mir meine Selbstliebe, vermehre sie und lösche negative Ereignisse aus meiner Vergangenheit. Ich verzeihe und lasse los. Amen.«

4. Das Gebet schließt mit der sogenannten Abdankung: »Liebes Universum, ich bedanke mich bei dir, es ist geschehen, und so sei es. Amen.«

Ich habe eine Frage an Sie. Was würden Sie bevorzugen: unendliches Wissen oder ein Zimmer, in dem Sie Ihre Kinder beobachten können? Wir isolieren uns oft von der Welt. Auch kleine Kinder verstecken sich unter dem Tisch und verschließen die Höhle, die sie gebaut haben, mit einer Decke. In einem Zimmer mit den Kindern zu sitzen bringt Sie auf Dauer nicht weiter. Denn auch sie werden irgendwann erwachsen und gehen ihrer Wege. Sie bleiben dann allein zurück. Entscheiden Sie sich deshalb für das Wissen: Arbeiten Sie an Ihrer Entwicklung und entfalten Sie Ihre Selbstliebe. Ihre Kinder werden Sie dabei begleiten.

Eine weitere Frage: Jemand kommt zu Ihnen und sagt, dass Sie ein schöneres Haus als ihr jetziges geschenkt bekommen – was denken Sie als Erstes? Es ist schade darum, das alte Haus zu verlassen? Ich habe doch so viel Zeit und Geld investiert? Wie entscheiden Sie sich? Werden Sie Ihr Haus behalten oder umziehen? Denken Sie nach.

Die letzte Frage: Was machen Sie, wenn ein Raumschiff von einem anderen Planeten kommt und Sie abholen möchte? Werden Sie sich mit der Erde so verbunden fühlen, dass Sie nicht mitfliegen wollen? Sind Sie bereit für die Reise oder sagen Sie doch eher »Ich bin doch nicht verrückt!«?

Diese Fragen verunsichern Sie vielleicht gerade, zeigen Ihnen jedoch den Zustand Ihrer Selbstliebe. Wenn Sie genug davon besitzen, werden Sie sich für unendliches Wissen, das neue Haus und die Reise mit dem Raumschiff entscheiden. Sie entscheiden sich für sich. Dies hat nichts mit Egoismus zu tun, sondern mit gesunder Selbstliebe.

Es hängt auch mit der Balance im Leben zusammen. Daher möchte ich Ihnen jetzt eine Übung hierfür zeigen.

In die Balance kommen

- Setzen Sie sich bequem hin und richten Sie sanft Ihre Wirbelsäule auf.
- Entspannen Sie sich und schließen Sie Ihre Augen.
- Richten Sie nun Ihre Aufmerksamkeit auf Ihr Steißbein und geben Sie in Ihrer Vorstellung ein Licht mit den folgenden Farben in es hinein: Rot – Orange – Gelb – Grün – Blau – Hellblau – Violett – Weiß – schimmerndes Hellblau. Dies erwärmt Ihr Steißbein. Versuchen Sie, die Wärme zu spüren. Sie ist wie ein Ball, der im Steißbein liegt.
- Wandern Sie mit Ihrer Aufmerksamkeit nun in Richtung des Unterleibs. Geben Sie auch hier dieselben Farben hinein: Rot – Orange – Gelb – Grün – Blau – Hellblau – Violett – Weiß – schimmerndes Hellblau. Erspüren Sie das Licht in Ihrem Magen. Verbinden sie nun visuell die beiden Chakren – Steißbein und Unterleib – mit einem blauen Faden. Atmen Sie ein und aus und lassen Sie den Faden wachsen.
- Konzentrieren Sie sich nun auf Ihren Solarplexus und geben Sie auch hier wieder die Farben hinein.
- Nun gelangen Sie zu Ihrem Herzen. Ab hier fließt die Energie von allein weiter zu den oberen Chakren.
- Genießen Sie den Moment. Öffnen Sie danach Ihre Augen.

Wie können wir alte Verhaltensmuster erfolgreich loslassen? Man bezeichnet sie auch als Dogmen oder Boykottprogramme. Mit der folgenden Übung gelingt es Ihnen leicht.

Alte Muster loslassen

Muster aus unserer Vergangenheit, die uns in unserer Entwicklung behindern, lassen sich durch eine Selbstanalyse löschen. Wenn Sie ein Muster bei Ihnen gefunden haben, sei es Angst vor etwas oder ein bestimmtes Verhalten den Eltern gegenüber, machen Sie Folgendes:

- Legen Sie Ihre linke Hand auf Ihr Herz und konzentrieren Sie sich auf den Herzschlag. Schließen Sie Ihre Augen und stellen Sie sich das Muster bildlich vor. Es kann wie ein Gegenstand, ein Tier oder ein Mensch aussehen.
- Verabschieden Sie sich anschließend mit den folgenden Worten von ihm: »Ich verabschiede mich von dir. Danke für die Erfahrungen, die ich durch dich machen konnte. Vergehe und lebe wohl.«
- Stellen Sie sich vor, dass der Gegenstand, das Tier oder der Mensch verschwindet.
- Öffnen Sie nun Ihre Augen.

Wiederholen Sie diese Übung öfter. Manchmal bereitet einem ein Arzt Schmerzen, um zu heilen. So ist es auch bei dieser Arbeit. Man kann dabei in Tränen ausbrechen oder Leid empfinden. Doch danach sind Sie ein neuer Mensch, der Freude und Selbstliebe empfindet.

Haben Sie sich schon einmal diese Frage gestellt: »Was sind meine Bedürfnisse?« Im Folgenden möchte ich mit Ihnen zusammen Ihr Leben erforschen. Was sind Ihre geheimen Wünsche? Was haben Sie unternommen, damit sie in Erfüllung gehen? Was haben Sie in Ihre Gegenwart investiert? Sind Sie bereit, Ihr Leben zu verändern und sich zu entwickeln? Was stresst Sie gerade am meisten? Meine Oma sagte immer: »Du selbst bist das, was dich stresst.« Gehen Sie gegen Ihren Stress vor, um die eigenen Bedürfnisse zu erkennen und zu erfüllen. Hier gebe ich Ihnen ein paar Tipps und Techniken dazu an die Hand.

Sich von Stress lösen und die Selbstliebe einladen

- Stellen Sie sich die Frage, was Sie stresst. Handelt es sich dabei um eine Situation, eine Person oder etwas aus Ihrer Vergangenheit?
- Trennen Sie sich nun geistig von Ihrem Stress. Sagen Sie: »Hiermit lasse ich dich los. Ich brauche Ruhe und lade die Selbstliebe in mein Leben ein.«
- Sagen Sie dem Stress, dass er überflüssig ist und keinen Platz mehr in Ihrem Leben hat: »Stress, verschwinde für immer.«
- Überdenken Sie die Stressfaktoren. Analysieren Sie sie im Detail.
- Trennen Sie sich anschließend von ihnen. Sagen Sie: »Auf nimmer Wiedersehen.«
- Bedanken Sie sich auch für die Erfahrungen. Sagen Sie sich: »Mein Lebenssinn ist die Selbstliebe.«

Ihre Gedanken erschaffen Ihre Realität. Wie sieht diese aus? Welche Rolle spielen Ihre Gedanken dabei? Wie ist der Anteil positiver und negativer? Oft ist es so, dass negative Gedanken mit bis zu 70 Prozent überwiegen. Doch woher kommen sie?
Analysieren Sie Ihre Ängste und sagen Sie ihnen: »Ade!« Fast alle entstehen im präfrontalen Cortex, der sich hinter dem dritten Auge befindet. Falls Sie an Ängsten leiden, arbeiten Sie deswegen mit Letzterem. Hier ist eine kleine Übung dazu.

Das dritte Auge aktivieren

Diese Übung aktiviert Ihr drittes Auge und löscht einige Ängste. Sie unterstützt auch Ihre Selbstliebe.

- Setzen Sie sich vor einen Spiegel und sehen Sie sich drei Minuten an.
- Schließen Sie nun Ihre Augen und versuchen Sie, sich weiter zu sehen.

Ihr Gehirn hat sehr viel Potential und arbeitet mit verschiedenen Wellen. Bei Kindern herrschen bis zum siebten Lebensjahr Theta-Wellen vor. Daher haben sie eine ausgeprägte Fantasie und befinden sich in einer Art Hypnose. Erwachsene weisen eher die schnelleren Beta-Wellen im Gehirn auf. Doch wir allen könne unsere Gehirnwellen, beispielweise durch verschiedene Meditationen, beeinflussen. Hier ist eine Übung dazu:

Herz und Gehirn miteinander verbinden

- Setzen Sie sich bequem hin und konzentrieren Sie sich auf Ihren Herzschlag.
- Stellen Sie sich vor, dass Ihr Herz durch eine Leitung mit Ihrem Gehirn in Kommunikation tritt. Verbinden Sie dazu beide geistig miteinander und beobachten Sie das Gespräch zwischen ihnen.
- Berühren Sie dabei mit einer Hand das Herzchakra. Versuchen Sie, Geborgenheit, Dankbarkeit und Selbstliebe zu fühlen.
- Wiederholen Sie diese Übung täglich.

Sie sind ein besonderer Mensch, der mit einzigartigen Gaben auf die Erde gekommen ist: Sie haben Ihr Charisma und Ihre Ausstrahlung, Ihr Herz, Ihr Lächeln und Ihre Vorlieben, Ihre Freude an Kleinigkeiten und an anderen Menschen.

Sie sind ein Unikat mit eigenem Karma, eigener Familie,
eigenen Wurzeln und eigenen Erfahrungen.

An was glauben Sie? Wie leben Sie? Sie können sich und Ihre Selbstliebe durch verschiedene Faktoren weiterentwickeln: Ihre Spiritualität und Kreativität, Ihre Gedanken und Visionen. Sie entwickeln Ihre Seele durch Meditationen, gezielte Analyse, Denken und Kreieren sowie durch Übungen und Rituale.

Wahre Spiritualität hängt davon ab,
wie Sie leben und denken.

Beachten Sie immer die folgenden Punkte:
- Seien Sie authentisch.
- Bleiben Sie individuell und geheimnisvoll.
- Erkennen Sie Ihren Kern durch Meditationen.
- Sie sind der Hauptdarsteller in Ihrem Lebensfilm.
- Alle Menschen sind miteinander verbunden.
- Gehen Sie öfter in die Natur und verbinden Sie sich mit ihr.
- Heilen Sie Ihre emotionalen Wunden.
- Stärken Sie Ihre männlichen und weiblichen Seelenanteile durch Übungen.

Ich hoffe, dass ich Ihnen in diesem Kapitel vermitteln konnte, wie segensreich es ist, seinen inneren Magier zu wecken. Wenn er erst einmal erwacht ist, hat er die Macht, Ihr ganzes Leben kraftvoll und von Grund auf zu transformieren. Wenn Sie sich an die hier vorgestellten Übungen und Rituale halten, wird es Ihnen sicher leicht gelingen – und Sie werden verblüfft sein, wie freudig, leicht und lichterfüllt Ihnen Ihr Alltag plötzlich erscheint.

Hiervon berichten mir meine Schüler und Klienten immer wieder, wenn Sie erste Erfahrungen mit Ihrem inneren Magier machen. Erschien ihnen ihr Leben vorher noch problembelastet, freudlos oder langweilig, ist es auf einmal wie ausgetauscht – alles geht ihnen leicht von der Hand, sie verspüren mehr Energie und freuen sich, am Leben zu sein. Auch Sie können diese faszinierende Erfahrung machen!

Wie bereits erwähnt, ist Selbstliebe eine unabdingbare Voraussetzung für die Arbeit mit dem inneren Magier. Zögern Sie also bitte nicht, sich selbst mit Wohlwollen, Güte und Liebe zu sehen und zärtlich mit sich umzugehen. Denn je besser es Ihnen gelingt, sich selbst Liebe zu schenken, umso kräftiger und machtvoller wird Ihr innerer Magier werden – und umso schöner wird Ihr Leben.

KOSMISCHE KRÄFTE NUTZEN

Selbstliebe leben

~~~~~

KÖRPER & GEIST

SCHAMANISCHE HEILMETHODEN

Die Selbstliebe ist für Schamanen das A und O. Sie existiert in vielen Dimensionen, aber auch in unserem Herzen. Körper und Geist gehören daher zusammen.

Nach schamanischer Weltsicht gibt es viele verschiedene Dimensionen, insgesamt zwölf. Die drei ersten kennen Sie: unsere normale Alltagswelt, bestehend aus Länge, Breite und Tiefe. Die vierte und fünfte Dimension sind mit der geistigen Welt verbunden. Hier arbeiten Schamanen mit Ahnen und Naturgeistern. Die Selbstliebe hat hier ihren Ursprung. Die nächsten drei Dimensionen, also die sechste, siebte und achte, sind die sogenannten zwischenplanetarischen Dimensionen, die zu unserer Galaxie gehören. Hier findet man allumfassende Liebe und Engelwesen, die gechannelt werden können. Die Dimensionen neun bis zwölf sind die galaktischen Dimensionen Gottes. Hier lebt der Glaube an die göttliche Kraft und an Gottes Macht. In der rituellen Arbeit kann ein Schamane durch all diese Dimensionen reisen, doch meistens nutzt er die Dimensionen vier bis acht.

Der durchschnittliche Mensch aber lebt in einer dreidimensionalen Welt und glaubt in der Regel nur an das, was er mit der Hand anfassen kann. Andere Dimensionen bleiben für ihn verborgen und unzugänglich. Je mehr man sich mit dem Schamanismus beschäftigt, desto schneller gewinnt man jedoch einen Zugang zu ihnen.

Ich spreche an dieser Stelle von einem »Dimensionsbruch«. Er tritt schon auf, wenn man in einen Spiegel schaut, da man sozusagen in die vierte Dimension blickt. Wie erwähnt ist hier ist die Wiege der Selbstliebe zu finden. Wenn man sich daher im Spiegel betrachtet und dabei lobt oder Komplimente macht, kann man sie zum Wachsen bringen und auf Entwicklung programmieren. Ich gebe Ihnen einen Tipp: Loben Sie sich täglich drei Minuten vor dem Spiegel. Sie werden schnell merken, wie sich Ihre Energie dadurch verändert. Sie nimmt an Quantität und Kraft zu.

Nach und nach schreitet der Schamane in seiner Entwicklung voran und beseitigt seine Ängste. Er verarbeitet sein Karma, sammelt neue Erfahrungen und begleitet andere Menschen auf ihrem Weg. Es existieren viele geistige Gesetze, die er für sich nutzt, um gesund und glücklich zu sein. Sie sind zeitlos und können bei jedem Lebensthema angewendet werden. Durch sie entwickelt ein Schamane, Magier oder Heiler immer mehr Selbstliebe. Die folgenden zwei Gesetze sind die wichtigsten:

1. Alles lebt – sei es Pflanze, Stein oder Gedanke – und hat eine Schwingung oder besser gesagt eine Frequenz. Diese Frequenzen kommunizieren mit unserer Seele, unserem Geist und physischen Körper. Je nachdem, wie unsere eigene körperliche Frequenz gestaltet ist, können sie uns heilen oder krank machen. Die Schamanen nennen das die »energetische Matrix«. Sie erlaubt, dass man durch Gegenstände oder Gedanken die Selbstliebe nähren kann. Beispielsweise können Sie durch positive Gedanken Prozesse oder Ereignisse verändern oder durch einen Stein (genauer: den Geist des Steines) mehr Selbstliebe anziehen. Sie müssen nur den Stein direkt ansprechen und ihn bitten, Ihre Selbstliebe zu verstärken.

2. Wir stehen ständig in einem energetischen Austausch mit allem, was uns umgibt. Es gibt Tausende Energien um uns herum. Einige absorbieren wir von außen, andere sind bereits in uns vorhanden. Man könnte sich diese Energien auch als Computerprogramme vorstellen, die in unserem Hauptcomputer – im Körper – gespeichert sind. Sie befinden sich in bestimmten Ordnern – unseren Chakren und unserer Aura – und arbeiten zusammen mit unserer Seele und unserem Körper. Dazu gehören Glaubenssätze, unsere Fantasie, die Familiengeschichte, unsere Erziehung, alle Erfahrungen, die wir im Laufe des Lebens gemacht haben, aber auch Hunderte andere Programme. Unsere Ordner können mit solchen Programmen überfüllt werden. Sie beeinflussen uns dann negativ und bringen uns von unserem Lebensweg ab. Ein Schamane ist in der Lage, solche Boykottprogramme zu löschen und die richtigen Programme zu aktivieren. Das ist unsere Arbeit auf diesem Planeten. Um sie zu leisten, verwenden wir unseren Geist, unsere Vision, die Selbstliebe und verschiedene Werkzeuge. Wir arbeiten dabei mit Geistern (Frequenzen), den Kräften der Natur (Elementheilung), mit Magie (Ritualen) und dem Geistheilen (Programmieren).

Wir besitzen drei Hauptkörper: Geist, Seele und Körper. Ein Leiden kann in jedem von ihnen entstehen. Ein schamanischer Grundsatz ist daher, zunächst einmal herauszufinden, auf welcher Ebene die Ursache eines Leidens oder Problems angesiedelt ist. Steht dies fest, kann ein Heilvorgang in die Wege geleitet werden.

Viele Schamanen behaupten, dass es im Grunde nur eine Krankheit gibt: die Trennung des Menschen von Mutter Natur. Alles andere sind nur Symptome. Ich bin als russischer Schamane derselben Meinung. Es bedeutet, dass wir nicht genug Energie von Mutter Natur und dem Universum erhalten, sodass wir nur wenig Selbstliebe entwickeln können.

Zu einer Heilung kann es nur kommen, wenn man die Ursachen herausgefunden hat. Heilung besteht im Schamanismus aus drei Schritten:

1. Zuerst werden die Krankheitsursachen gereinigt.
2. Anschließend werden die Ursachen geheilt.
3. Schließlich wird die Heilenergie, die sich auf seelischer oder körperlicher Ebene ausbreitet, vermehrt. Dies ist die eigentliche Heilung der Wirkungen, also der Krankheit.

Jede Erkrankung, sei sie durch Seele, Geist oder Körper entstanden, hat für einen Schamanen auch eine Frequenz, also einen Geist. Dies ist die Ebene, auf der er arbeitet. Er versucht, die Frequenz der Erkrankung zu erhöhen, damit sie sich zu jener der normalen, gesunden Energie anhebt. Dies geschieht durch Gebete, Energiearbeit, Selbstliebeaktivierung oder auch Rituale.

Es gibt zudem drei verschiedene Aspekte von Leiden:

1. Krankheiten können durch Verschleiß entstehen, also durch Alterung des Körpers.
2. Krankheiten können durch Bakterien, Viren oder Fremdenergien entstehen, also durch Besetzungen.
3. Krankheiten können karmischer Natur sein. Etwas wurde von der Person bisher verkannt, sodass das Schicksal ihr durch eine Erkrankung einen Schub in die richtige Richtung gibt, um es schließlich doch erkennen zu können. Nach dem Motto: »Du hast dir keine Zeit für dich eingeräumt? Nun bekommst du genug Zeit zu überlegen – in einem Krankenhauszimmer.« Dazu gehören alle schleichenden Krankheiten, die wir kennen.

Zu welcher Gruppe eine Krankheit gehört, erfährt der Schamane durch eine schamanische Aufstellung (systemisches Aufstellen) oder eine schamanische Reise (Trommelreise, Trance). Das ist die schamanische Anamnese. Danach werden alle Leiden durch verschiedene Vorgänge energetisch behandelt. Ein Schamane entscheidet selbst, ob er dann eine Seelenrückholung (die verlorene Seelenanteile werden in einer Meditation zurückgeholt), Gebete, Besprechungen, Seelenschlüsselübungen (Übungen mit Energiekanälen; zu ihnen kommen wir gleich noch ausführlicher), Kräuterrituale oder andere Rituale anwendet. In erster Linie konzentriert er sich jedoch immer auf die Frequenz der Liebe und Selbstliebe.

Kommen wir nun zu den kosmischen Heilkanälen. Sie werden auch heilige Liebeskanäle genannt und sind für die Selbstliebe wichtig. Es gibt sieben, die man zur Heilung und Wunscherfüllung nutzen kann. Sie helfen zudem dabei, die Selbstliebe zu entfalten. Durch sie kann man die Energien des Kosmos direkt ansprechen. Das folgende Ritual zeigt Ihnen, wie.

Die Arbeit mit den sieben kosmischen Heilkanälen

Die kosmische Energie ist weit entwickelt und hat ihren eigenen Geist. Sie selbst sind ihr Leiter.

- Setzen Sie sich bequem hin und schließen Sie Ihre Augen.
- Sprechen Sie dann einen beliebigen Kanal direkt an. Sagen Sie: »Schutzkanal in (Farbe des Kanals nennen), hilf mir ... umzusetzen. Unterstütze mich und hilf mir sofort bei meinen Vorhaben. Unterstütze meine Kraft und Selbstliebe. Bewege das Geschehen.«
- Lassen Sie den Kanal in der Vorstellung erscheinen. Er ist wie ein Lichtstrahl, der in Ihren Körper dringt. Die optimale Dauer der Kanalnutzung liegt bei 10 bis 15 Minuten pro Kanal.
- Man kann auch alle sieben Kanäle nacheinander um Hilfe bitten. Die Dauer der Kanalnutzung liegt in diesem Fall insgesamt bei einer guten Stunde.

- Öffnen Sie am Ende wieder Ihre Augen, stehen Sie auf und genießen Sie den Tag.
- Sie können alle sieben Kanäle für sich selbst, aber auch für Ihre Mitmenschen nutzen. Wenn Sie die Kanäle für einen anderen einsetzen, stellen Sie sich vor, dass der Strahl in diese Person dringt.

Versuchen Sie, die Arbeit mit den Kanälen in Ihren Alltag zu integrieren. Auf diese Weise können Sie Ihre Selbstliebe schnell entfalten und Probleme aus Ihrem Leben verbannen. Ich arbeite seit über 20 Jahren mit den kosmischen Kanälen und weiß somit aus eigener Erfahrung um ihre Wirksamkeit.

Diese sieben kosmische Kanäle gibt es:

1. **Schutzkanal in Weiß**: Er schützt vor Besetzungen und aktiviert Heilung. Man kann diesen Kanal bei Belastungen aller Art und für allgemeine Heilzwecke einsetzen. Er unterstützt zudem die Selbstliebe. Zu den Besetzungen, die beseitigt werden, gehören: trübe Gedanken, Ängste sowie alte Muster und fremde Energien, die nicht zu Ihrer Aura gehören.
Besonders zu empfehlen ist dieser Kanal Menschen, die Pflegeberufen nachgehen, aber auch Beratern und Lehrern.
2. **Schutzkanal in Violett**: Dieser Kanal schützt vor falschen Vorstellungen und aktiviert Ihre Spiritualität. Man kann ihn bei verschiedenen Krisen einsetzen und zur spirituellen Arbeit nutzen. Wenn Sie mit vielen Menschen arbeiten, egal, in welcher Branche, sollten Sie den Kanal unbedingt verwenden. Er bringt die heilende Energie der Selbstliebe, die uns hilft, aus dem Herzen zu entscheiden.
3. **Schutzkanal in Blau**: Er schützt vor Manipulationen und Beeinflussungen, aktiviert Ihren Geschäftssinn sowie die

Selbstliebe und -achtung. Man kann den Kanal bei Neidern und falschen Freunden einsetzen. Diese bleiben dann fern von Ihnen, sodass sie Ihnen keine Energie mehr rauben können. Sie werden zudem sofort merken, dass Ihre Ideen bei anderen Anklang finden. Sie ziehen mehr Anerkennung in Ihr Leben an.

4. **Schutzkanal in Grün**: Er schützt vor negativen Gedanken und hilft, neue Informationen zu erhalten. Er kann auch genutzt werden, wenn man sich verwirrt fühlt. Dann entwickeln Sie neue Ideen, die Sie in die Tat umsetzen können. Ich persönlich wende diesen Kanal sehr oft in meiner Praxis bei ängstlichen und schlecht gelaunten Menschen an.

5. **Schutzkanal in Orange**: Dieser Kanal schützt vor negativen Menschen, öffnet Ihr Herz und lässt Sie neue Energie tanken. Man kann ihn beispielsweise nach einem schweren Arbeitstag oder auch einer Party, bei der viele Menschen anwesend waren, anwenden. Dieser Kanal macht Sie zudem intuitiver.

6. **Schutzkanal in Gelb**: Er schützt vor der Wirkung der Vergangenheit und bringt Ihnen neue Erkenntnisse. Zudem reinigt er Sie von magischen Beeinflussungen. Man kann mit dem Kanal Familienthemen bearbeiten und durch ihn die Selbstliebe aktivieren. Er hilft, eigenes Karma wie auch jenes der Familie zu verarbeiten, er löscht also negative Muster in Ihrer Seele. So wird man mutiger und offener sich selbst gegenüber.

7. **Schutzkanal in Rot**: Dieser Kanal schützt vor Unruhe und bringt Sicherheit und Gesundheit. Es ist der Kanal der Erdung und Stabilität. Er eignet sich für Menschen, die sich unsicher fühlen und immer wieder an sich zweifeln.

Jeder Magier ist ein Heiler und jeder Heiler ein Magier. Jeder Heiler beziehungsweise Magier muss wissen, dass er kein Gott ist und nicht alle Erkrankungen oder Leiden heilen kann. Er kann keine neuen Organe wachsen oder einen Toten auferstehen lassen. Er kann jedoch verschiedene Leiden und Schmerzen lindern und die Seele heilen. Heilung bedeutet schließlich nicht nur, die Krankheit zu überwinden, sondern sein Leben neu zu überdenken.

Die Schulmedizin beschäftigt sich mit dem Körper des Menschen, die Kirche mit seiner Seele. Ein Magier oder Heiler beschäftigt sich mit beiden Aspekten. Krankheit ist für ihn eine verletzende Information und fremde Energie. Er verändert diese und stellt die ursprüngliche Frequenz wieder her. Magier heilen demnach keine bestimmte Erkrankung, sondern sorgen lediglich dafür, dass Körper, Geist und Seele in der Frequenz der Gesundheit schwingen. Für diese Arbeit ist eine stark ausgeprägte Selbstliebe vonnöten.

CHAKRAHEILUNG UND SELBSTLIEBE

Wir bestehen aus drei Körpern: unserer körperlichen Hülle – sozusagen unser Kleid –, unserem Geist und der Seele. Letztere ist überall und beinhaltet alle Farben. Sie ist unbegreiflich und der vorgesehene Platz für die Selbstliebe.

Die drei Körper werden durch Chakren mit Energie versorgt. Menschen, die sich entwickeln und ihre Selbstliebe vermehren, haben Zugriff auf alle Energien dieser Welt und können sämtliche Chakren bewusst nutzen. Diese sind Energiezentren für Körper, Geist und Seele. Sie gehören zu unserem Mikrokosmos, wobei jedes Chakra von mehreren Planeten regiert und gesättigt wird. Die Planeten vertreten den Makrokosmos. Daher sind wir sowohl mit dem Mikro- als auch Makrokosmos verbunden und bilden mit beiden eine Einheit: Wir sind damit ein Teil der energetischen Welt. Es ist wichtig, gesunde Selbstliebe zu empfinden, um diese beiden Energiequellen nutzen zu können. Die Selbstliebe ist wie eine Brücke zwischen diesen beiden Welten. Sie verbindet sie miteinander und ermöglicht uns dadurch, wahrhaft glücklich zu sein.

Können Sie von sich behaupten, in allen Lebensbereichen ganz und gar erfüllt zu sein? Falls ja, gratuliere ich Ihnen, denn dies bedeutet, dass Ihre Selbstliebe in jedem Chakra vorhanden ist. Falls Sie jedoch auf die Frage mit »Nein« antworten, fragen Sie sich bitte, wo die Selbstliebe noch fehlt. Nehmen wir beispielsweise an, dass Sie in der Liebe sehr glücklich sind. Dann haben Sie genug Selbstliebe in Ihrem Herzchakra. Aber vielleicht kriselt es im Moment in Ihrem Beruf? Dann fehlt sie im Bereich des Wurzelchakras.

Alle Chakren sind mit Planetenimpulsen verbunden und werden von ihnen genährt. Ich möchte dieses Thema etwas näher erläutern, damit Sie verstehen, was genau in Ihnen energetisch vor sich geht und warum es lebenswichtig ist, die Selbstliebe in allen Chakren zu spüren.

Fangen wir mit den unteren Chakren an: Ihren Füßen. Diese tragen Sie den ganzen Tag und erden Sie, was bedeutet, dass man sicher im Leben steht. Dazu gehören Entscheidungsfähigkeit, ein sicherer Arbeitsplatz, genug Geld und Wünsche. Die Fußchakren haben keine Nummer, da sie als Nebenchakren gelten. Ihre Füße kommunizieren direkt mit dem ersten Chakra, dem Wurzelchakra. Dieses steht für dieselben Themen. Hier darf die Liebe keinesfalls fehlen, denn unterversorgte untere Chakren bringen Kummer, schlechte Laune und Unruhe. Das Wurzelchakra kommuniziert zudem mit dem Saturn, der die Energie der Sicherheit bringt. Er steht für geistige Macht und Geldverdienen.

Das zweite Chakra ist das Sexual- oder Sakralchakra. Es vertritt gesunde Sexualität, Kraft und Energie, allgemeines Wohlbefinden sowie Bewegung im Leben. Sollte in diesen Bereichen zu wenig

Selbstliebe vorhanden sein, kann es dazu kommen, dass man sich ausgelaugt fühlt, negative Menschen anzieht oder sexuelle Probleme hat. Dieses Chakra wird durch Pluto, einen karmischen Planeten, genährt und steht mit unserem Vorleben in Verbindung. Aber auch die Venus und der Mond senden diesem Chakra ihre Energien. Die Venus steht dabei für Sanftheit und Selbstliebe, der Mond für die weiblichen Aspekte der Psyche und Intuition.

Das dritte Chakra ist der Solarplexus. Es repräsentiert das innere Kind, in dem die Selbstliebe beheimatet ist, Kommunikation mit Mitmenschen, Harmonie in der Familie sowie im eigenen Wohnbereich. Fehlt in diesem Chakra die Selbstliebe, ist man ungeduldig, ängstlich und traurig. Der Solarplexus wird vom Uranus genährt, dem Planeten das Familienkarmas und der Ahnenreihe. Dieser Planet kann Unruhe stiften und alles auf den Kopf stellen, doch nicht, wenn man in der Selbstliebe angekommen ist.

Das vierte Chakra ist das Herzchakra. Es symbolisiert Liebe und Selbstliebe, Beziehungen und Geld. Von ihm hängen der Erfolg und die Anerkennung im Leben ab. Auch die Lebensfreude kommt aus dem Herzen. Sollte hier zu wenig Selbstliebe vorhanden sein, ist man in finanzieller Hinsicht erfolglos und spürt wenig Freude. Das Herz wird durch den Mond und die Venus genährt, also durch weibliche Planeten der Liebe und Intuition.

Das fünfte Chakra wird auch Kehlkopfchakra genannt. Es steht für Schutz, bringt Glück und ist eine Art Schutzschild gegen Stress. Wenn hier ein Mangel an Selbstliebe vorliegt, ist häufig die Kommunikation mit anderen gestört. Zudem lässt man sich vieles gefallen und steht nicht für sich ein. Genährt wird dieses Chakra durch den Merkur und den Neptun, die für Wirtschaft, Handel und Kommunikation sowie für neue Ideen stehen.

Das sechste Chakra ist das dritte Auge. Es symbolisiert Ihre Gaben und Talente, Spiritualität, Naturverbundenheit und das höhere Ich. Mangelt es in diesem Chakra an Selbstliebe, spürt man seine

Spiritualität nicht und ist kaum geschützt. Man kann auch aggressiv werden. Das dritte Auge wird durch den Mars unterstützt, der für Sicherheit sorgt.

Das siebte Chakra ist das Scheitelchakra. Es steht für den Kanal zum Universum sowie das Los- oder Zulassen. Hier geschieht die Regeneration der Seele. Bei zu wenig Selbstliebe in diesem Bereich kann man nur schlecht verzeihen und versteht die karmischen Gesetze nicht tiefgehend. Dieses Chakra wird durch die Sonne genährt, die in erster Linie für Heilung steht.

Die übergeordneten Chakren acht, neun und zehn stehen für verschiedene Bewusstseinsebenen. Das achte Chakra wird als Ich-Bewusstsein, das neunte als Wir-Bewusstsein und das zehnte als allumfassendes Bewusstsein bezeichnet. Das achte Chakra wird durch den Jupiter, der als Glücksplanet gilt, genährt, die anderen durch den Orion und den Sirius. Sie stellen den höheren Geist dar.

Alle Chakren sind miteinander verbunden und können die Selbstliebe in das jeweils nächsthöhere verschieben. Wenn alle mit ihr gesättigt sind, geht es uns in jeder Hinsicht gut. Wir empfinden Freude, sind glücklich und ehren uns. Wenn jedoch in einigen Chakren zu wenig Selbstliebe vorhanden ist, ist es, als ob uns eine Pechsträhnen verfolgt. Daher ist es wichtig, dass in sämtlichen Chakren genug Selbstliebe vorhanden ist.

Die Evolution unserer Seele (des Ichs) geht ununterbrochen mit der Bildung neuer Seelenebenen einher. Diese sind direkt mit den Chakren verbunden.

Im russischen Schamanismus gibt es übrigens den Begriff »Chakra« nicht; stattdessen wird hier von »Ziwa« gesprochen, was übersetzt »Lebensstelle« heißt. Sie entspricht jedoch dem westlichen Chakra-Begriff. Die Ziwas ernähren sich von Energien aus dem Makro- und Mikrokosmos, also von der Energie der Umgebung und jener der Seele, die durch die Selbstliebe entsteht.

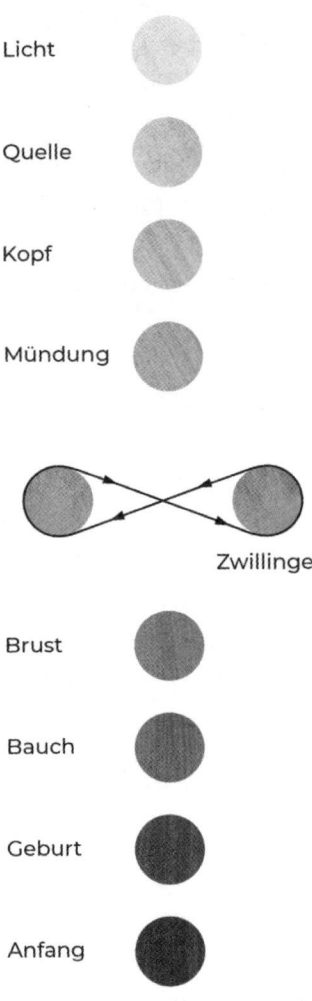

Licht

Quelle

Kopf

Mündung

Zwillinge

Brust

Bauch

Geburt

Anfang

Struktur der Ziwas

Folgende Ziwas existieren:

Die erste Ziwa ist unser Steißbein. Man nennt diese Stelle den »Anfang«, da sie die Erdenergie aus Mutter Erde aufnimmt und sie im ganzen Körper verteilt. Sie strahlt wenig Energie aus und wird daher grau-schwarz dargestellt. Hier befindet sich die Quelle für schlafende Feuerenergie, die mit der Kundalinikraft vergleichbar ist. Menschen, die an ihrer Selbstliebe arbeiten, können durch diese Ziwa viel Energie gewinnen, indem sie sich bewusst zehn Minuten am Tag mit ihren Füssen beschäftigen: barfuß laufen, die Füße massieren, mit ihnen sprechen, sie loben oder auch mit einem Bad verwöhnen sind Möglichkeiten dazu.

Die zweite Ziwa befindet sich an der Wirbelsäule in der Gegend des Schambeins. Man nennt sie die »Geburt« und stellt sie mit roter Farbe dar. Diese Stelle empfängt Energie vom Wasserelement und anderen Lebewesen. Sie steht für Vermehrung. Hier fließt die Lebensenergie des Familienkarmas von Ihnen und Ihrem Partner. Wenn Sie genug Liebe für sich empfinden, arbeitet diese Ziwa mit voller Kraft und regelt die Kommunikation mit anderen Menschen. Nehmen Sie sich daher täglich etwas Zeit für sich und Ihre Mitmenschen. Unterhalten Sie sich mit Ihrer Seele und fragen Sie sie, was ihr guttun würde.

Die dritte Ziwa befindet sich in der Bauchregion, neben dem Nabel an der Wirbelsäule. Sie wird als »Bauch« bezeichnet, orange dargestellt und verleiht Lebenskraft und Weisheit. Diese Lebensstelle ist die erste, die bei noch nicht geborenen Kindern aktiviert wird. Sie trägt das Feuerelement in sich und transformiert Energien schon während der Schwangerschaft durch die Nabelschnur des ungeborenen Kindes. Über diese Ziwa kann man viel Kraft von außen aufnehmen, vor allem durch Sexualität und Sport. Nehmen Sie sich daher Zeit für diese Aktivitäten.

Die vierte Ziwa befindet sich in der Brustgegend (Sonnengeflecht). Sie wird als »Brust« bezeichnet, ihre Farbe ist Gelbgold. Diese Stelle absorbiert und strahlt die Energie der Ideen, der Kunst und Kreativität aus. Sie ist wichtig für die Karriere und Kommunikation. Hier lebt das innere Kind, die unbewusste Ebene, die auch für die Selbstliebe verantwortlich ist. Man nährt diese Ziwa durch kreatives Arbeiten und Meditationen. Auch hierfür sollte man sich daher Zeit nehmen.

Die fünfte Ziwa sind unser rechter Arm und die rechte Hand, die sechste der linke Arm und die linke Hand. Beiden ist zudem das Herz zugeordnet. Sie werden »Zwillinge« genannt und befinden sich in der Schultergegend unter den Achseln. Die fünfte Ziwa hat eine grüne Farbe und kommuniziert mit der Sonnenenergie, die sechste ist blau und steht mit dem Mond in Verbindung. Beide Ziwas nehmen die Energie der Liebe und des Glücks auf. Zudem symbolisieren sie die Wahrnehmung der Welt, Intuition und Selbstliebe. Um diese Stellen zu nähren, ist es notwendig, aus dem Herzen zu handeln. Denken Sie also weniger über Angelegenheiten des Alltags nach, sondern spüren Sie mehr.

Die siebte Ziwa wird »Mündung« genannt. Diese Stelle befindet sich im Verbindungsbereich von Gehirn und Knochenmark (Atlas, Hals). Ihr ist die Farbe Blau zugeordnet. Diese Ziwa nährt den Ätherkörper, also die Aura, und steht für eine gesunde Kommunikation. Auch sie ist von der Selbstliebe abhängig. Nähren kann man sie durch harmonische Gespräche mit lieben Menschen, aber auch durch erholsamen Schlaf.

Die achte Ziwa wird als »Kopf« bezeichnet und befindet sich in der Nähe des Gehirns und dritten Auges. Violett ist die ihr zugeordnete Farbe. Die Stelle steht für die geistigen Fähigkeiten, die Vorstellungskraft und psychische Entwicklung eines Individuums. Menschen, die genug Selbstliebe empfinden, können diese Ziwa gut nutzen. Genährt wird sie durch Meditationen und geistige Beschäftigung, wie beispielsweise ein Buch zu lesen oder etwas Neues zu erschaffen. Ich empfehle meinen Klienten stets, Ideen und Tagesabläufe in einem Tagebuch festzuhalten. Auf diese Weise ist die achte Ziwa immer aktiviert.

Die neunte Ziwa befindet sich oberhalb des Kopfes und hat eine silberne Farbe mit einem Hauch von Violett. Sie wird »Quelle« genannt und ist der Kanal zum Universum und zur geistigen Welt. Wenn man genug Liebe für sich fühlt, steht der Kanal offen. Nähren kann man diese Ziwa durch meditative Beschäftigung mit den Ahnen und Dankbarkeit ihnen gegenüber.

Die zehnte Ziwa befindet sich circa 1,5 Meter oberhalb der neunten und hat eine weiße Farbe. Genannt wird sie das »Licht«. Diese Stelle tankt höhere Ideen aus der geistigen Welt. Auch diese können durch die Selbstliebe besser fließen.

Alle Ziwas sind wie Trichter geformt und transformieren Energien. Sie sind in der Lage, benötigte Energie von außen aufzunehmen und nicht benötigte aus dem Körper nach außen abzugeben.

Um die Ziwas herum befindet sich unsere Aura, die wiederum mit zwei weiteren Schichten, die für den Schutz der Seele verantwortlich sind, ummantelt ist. Eine der Schichten schützt unsere eigene Energie vor Fremdbesetzungen, die andere hat eine Filterfunktion und hilft uns zu entscheiden, welche Informationen wir im Moment brauchen und welche nicht. Diese beiden Schichten arbeiten automatisch, wenn wir genügend Selbstliebe in uns tragen.

Nun wissen Sie über Chakren und Ziwas Bescheid. Diese Energieschaltstellen sind unsere »Kabel«, über die wie unsere Selbstliebe und Seele ernähren. Doch es gibt in diesem Zusammenhang noch eine Besonderheit, die ich Ihnen nicht vorenthalten möchte.

Ich persönlich arbeite mit spezifischen Liebeskanälen des Universums, die auch Gotteslichtkanäle genannt werden. Alles in der Welt hat eine Hierarchie, sei es die Engelwelt, die Planeten oder die Gesellschaft. Das Universum kann man mit einem Krankenhaus vergleichen. Es arbeiten viele Ärzte dort, und es gibt Hunderte Zimmer. Daher ist es wichtig zu wissen, welche Energien man für seine Arbeit benötigt. Sie arbeiten mit göttlichen Lichtenergien.

Jeder Mensch produziert Energie und Information. Wir alle sind Teil einer Einheit, und jede Materie hat zwei Pole. Kosmische Helfer unterstützen uns dabei, unsere Pole zu finden. In kosmologischen Kreisen gibt es eine interessante Theorie, die sich auf die Entstehung des Menschen durch den Kosmos bezieht. Der Mensch ist ihr zufolge ein Experiment: Er bekam einen Körper (grobe Materie) und eine Seele (feine Materie). Für den Körper ist die dunkle Seite des Kosmos, für die Seele die helle verantwortlich. Beide kosmischen Seiten sind miteinander verbunden. Sie kommunizieren miteinander und haben ein kollektives Bewusstsein.

Auch im Menschen stehen die dunklen und hellen Seiten (unser Gewissen) in ständiger Kommunikation. Dieser Umstand bewirkt, dass unsre Seele sich entwickelt. Dies kann nur durch Selbstliebe geschehen. Daher ist es sehr wichtig, genug von ihr in sich zu haben. Ist das der Fall, sind die grobe und feine Materie in Balance, und das macht uns glücklich. Wir können unbeschwert und entspannt mit anderen Menschen kommunizieren und sind im Fluss. Die Schamanen sprechen an dieser Stelle von der bereits erwähnten goldenen Mitte. Sie ist der wichtigste Aspekt im schamanischen Denken, denn ohne sie ist es unmöglich, glücklich und gesund zu sein. Sie hängt wesentlich von dem Maß unserer Selbstliebe ab.

Unser Schicksal wird von kosmischen Helfern programmiert. Jeder Mensch ist dabei wie ein Computerprogramm, das sich erweitern lässt. Der Mensch ist auch nicht das einzige Wesen auf Erden, weitere Lebensformen existieren parallel mit uns. All diese Lebensformen haben eigene Aufgaben und Ziele. Was uns allerdings alle verbindet, ist die Evolution und Vorwärtsbewegung im Sinne einer Transformation der Energie und Information. Sie geschieht ständig und gelingt schneller durch die Selbstliebe. Menschen, die an ihrer Liebe zu sich arbeiten, können daher beispielsweise schneller lernen zu channeln oder Engelkontakte zu verstehen. Sie sehen Orbs, geheimnisvolle, runde Erscheinungen in der Natur. Vielleicht kennen Sie diese von Digitalfotos. Keiner weiß, was diese runden Formen sind, manche vertreten jedoch die Ansicht, dass es sich dabei um unsere Schützer, Ahnen oder Engel handeln könnte.

Es gibt viele Arten von Information. Jeder von uns erhält sie nach und nach, abhängig von der Reife und Bereitschaft. Auch hier ist es wichtig, dass genügend Selbstliebe vorhanden ist. Denn die Information wird von unserer Seele aufgenommen, je mehr Liebe in ihr existiert, desto mehr kann gespeichert werden. Die Seele ist eine Energie der Liebe. Sie entwickelt sich durch Informationen und Energien, die sie von außen aufnimmt oder selbst produziert.

Der Mensch ist besonders geschaffen. Hier hat sich Mutter Natur in kreativer Hinsicht ausgetobt. Unser physischer Körper ist eine selbständige energetische Einheit, die sich entwickelt.

Er ist aus Zellen aufgebaut, die aus Zellkern, -membran und -flüssigkeit bestehen. Unsere Zellen kommunizieren miteinander und tragen unterschiedliche Informationen in sich. Sie variieren hinsichtlich Größe und Aufgaben und gehören zu verschiedenen Organsystemen. All diese Systeme brauchen die Selbstliebe, um zu funktionieren und sollten daher gepflegt werden. Sehen wir uns diese Systeme einmal genauer an.

Beginnen wir mit dem Hautschutzsystem (dazu gehören Ihre Haut und alle Schleimhäute). Ihre Haut ist ein energetischer Filter gegen alle Gefahren und das größte Organ des Menschen. Zur Pflege dieses Systems gibt es die folgende Übung.

Durch die Haut atmen

- Stellen Sie sich gerade hin und konzentrieren Sie sich auf Ihren Atem.
- Berühren Sie Ihre Hüften mit den Händen und konzentrieren Sie sich auf Ihre Körperkontur. Fühlen Sie Ihre Haut, jede Linie der Hülle.
- Stellen Sie sich nun vor, dass Sie durch Ihre Haut Luft einatmen. Sie fühlt sich wie eine Energie an, die aufgenommen wird. Sie spüren, dass Ihre Haut anschwillt und dicker wird.
- Bleiben Sie in diesem Zustand etwa fünf bis zehn Minuten lang. Denken Sie an Ihre Haut und stellen Sie sich vor, dass Sie jeden Zentimeter von ihr mit Ihren Händen berühren. Sie lieben Ihre Haut, und sie liebt Sie.

Kommen wir nun zu Ihrem Bewegungsapparat (dazu gehören Ihre Knochen und Gelenke sowie alle Muskeln und Bänder). Dieses System verteilt die Energien durch Kanäle an jedes Organ und in der Aura. Es hält die Lebensenergie in Ihrem Körper. Knochen und Gelenke kann man mit einem Transformator vergleichen. Ihre Knochen speichern zudem Alltagsinformationen. Nicht umsonst sagt man, dass einem etwas in den Knochen steckt. Wie wir leben, denken und handeln – all das wird in unseren Knochen gespeichert. Denken Sie an etwa die Knochenreliquien von Heiligen, die von Gläubigen so gern berührt werden, weil sie an ihre heilende Kraft glauben. Auch hier habe ich eine Übung für Sie, die den Bewegungsapparat stärkt.

Skelettatmung

- Nehmen Sie bequem auf einem Stuhl oder Sofa Platz. Entspannen Sie sich.
- Schließen Sie Ihre Augen und konzentrieren Sie sich auf die Konturen Ihres Körpers.
- Atmen Sie nun durch die Nase ein und aus und stellen Sie sich vor, dass die Luft in jeden einzelnen Knochen Ihres Körpers hineinströmt. Sie fließt unbeschwert in jeden Knochen Ihres Skeletts und verbreitet sich auch in den Bändern und Muskeln. Diese Energie ist sehr angenehm und warm. Genießen Sie den Moment.
- Senden Sie Liebe in Ihre Knochen und Gelenke. Sagen Sie sich innerlich: »Ich liebe euch und mich.«
- Führen Sie die Übung zehn Minuten lang aus. Danach können Sie Ihre Augen wieder öffnen und den Tag genießen.

Das Verdauungssystem (dazu gehören Darm, Leber, Galle, Magen, Bauchspeicheldrüse, Zähne, Zunge und Speiseröhre) ist energetisch gesehen das System für Energiegewinnung von außen. Es sollte immer sorgsam gepflegt werden. Denn je mehr Energie Sie tanken, desto mehr Selbstliebe wird aktiviert. Zudem ist unser Verdauungssystem für unser Wohlbefinden und unsere Gesundheit äußerst wichtig. Bestimmt kennen Sie das auch aus eigener Erfahrung: Wenn etwas mit unserer Verdauung nicht stimmt, schlägt das häufig sofort auf unsere Stimmung. Dann fühlen wir uns energielos, niedergeschlagen und antriebslos. Ein Grund mehr, sich gut um unser Verdauungssystem zu kümmern! Auch hier habe ich eine Übung für Sie, die Sie sofort ausprobieren können.

Den Verdauungsorganen Liebe senden

- Setzen Sie sich bequem hin und schließen Sie Ihre Augen.
- Konzentrieren Sie sich auf Ihren Magen und stellen Sie sich vor, dass Sie eine Speise essen, die Sie mögen. Sie spüren, wie sie in Ihren Magen hinunterwandert.
- Beobachten Sie, wie der Magen sich verhält. Fühlt es sich angenehm an, passt diese Speise energetisch zu Ihnen. Sollte es jedoch zu einer unangenehmen Reaktion kommen, ist sie eigentlich für Sie ungeeignet. Bleibt eine Reaktion aus, ist die Speise als neutral anzusehen und kann ohne Bedenken gegessen werden.
- Nun können Sie Ihre Augen wieder öffnen. Wenn Sie diese Übung öfter ausführen, werden Sie Ihr Wohlbefinden schnell verbessern. Durch die Lieblingsspeise senden Sie viel Liebe zu Ihren Verdauungsorganen.

Das Kreislaufsystem (dazu gehören Herz, Arterien, Venen und alle Kapillaren) versorgt alle Organe mit Sauerstoff und wichtigen Elementen. Energetisch betrachtet bekommen alle Zellen genügend positive Energie durch dieses System. Blut transportiert nicht nur Stoffe, sondern auch Energien und Informationen. Auch Ihr eigenes Karma ist im Blut gespeichert, also Ihre Erfahrungen aus dem Vorleben. Ich gebe Ihnen auch hier eine Übung an die Hand.

Den Kreislauf mit Energie auftanken

- Stellen Sie sich gerade hin und halten Sie Ihre Hände ausgestreckt vor sich. Die Handflächen zeigen nach oben.
- Konzentrieren Sie sich auf Ihre Handflächen und stellen Sie sich vor, dass eine helle Energie von außen in sie einströmt. Sie verteilt sich auf den Handflächen und in Ihrem Körper. Erhalten Sie diesen Zustand zehn Minuten lang aufrecht. Sagen Sie sich: »Ich liebe mein Herz und meine Arterien.«
- Sie können übrigens mit jedem Organ sprechen. Schamanen nennen das »direkte Kommunikation«. Wenn Sie beispielsweise ein Leberleiden haben, können Sie Ihre Leber so ansprechen: »Liebe Leber, du sollst ab sofort korrekt arbeiten, denn ich liebe dich sehr.« Wenn Sie Kummer im Herzen haben, können Sie es wie folgt ansprechen: »Liebes Herz, ich liebe dich, arbeite für mich korrekt.«

Das Atemsystem (dazu gehören Lunge, Nase, Bronchien und Lungenbläschen) versorgt uns mit Sauerstoff und entfernt Kohlendioxid aus dem Körper. Es unterstützt unsere Aura, liefert Informationen aus der Umgebung und ermöglicht den Energieaustausch mit Mutter Natur. Auch hier habe ich wieder eine Übung für Sie, die das System unterstützt.

Energie einatmen und das Atemsystem stärken

- Setzen Sie sich bequem hin und schließen Sie Ihre Augen.
- Konzentrieren Sie sich auf Ihre Atmung und stellen Sie sich vor, Sie atmen pure Energie ein.
- Sie verteilt sich in Ihrem Körper und fließt in Bauch, Schultern, Rücken und Beine. Dabei erreicht sie jedes Organ.
- Wenn Sie körperliche Leiden haben, lenken Sie die Energie in die jeweilige Problemzone. Lassen Sie sie dort zehn Minuten lang arbeiten. Wenn es sich um seelische Leiden handelt, leiten Sie sie direkt in Ihr Herzchakra. Sagen Sie sich dabei innerlich: »Ich bin die Liebe.«
- Nun können Sie Ihre Augen wieder öffnen.

Das Ausscheidungssystem (dazu gehören Nieren und Nierenwege) ist ein Transformator von Energie. Es entfernt alles Negative aus Ihrer Aura. Durch folgende Übung können Sie es stärken.

Die Nieren von negativen Energien befreien

- Legen Sie sich bequem hin. Bei dieser Übung ist eine möglichst harte Unterlage günstig, da Sie so einen besseren Kontakt zwischen Ihrer Wirbelsäule und dem Boden haben.
- Konzentrieren Sie sich nun auf Ihre Nieren. Stellen Sie sie sich wie zwei große Bohnen vor. Atmen Sie nun tief ein und kraftvoll aus. Stellen Sie sich vor, dass beim Ausatmen alles Negative aus den Nieren geblasen wird.
- Spannen Sie nun sämtliche Muskeln des Körpers an und entspannen Sie sie anschließend wieder. Wiederholen Sie den Vorgang zehnmal. Sagen Sie sich dabei innerlich: »Ich liebe meine Nieren, ich liebe mich.«

Das sexuelle und das endokrine System (dazu gehören Unterleib, Geschlechtsorgane und Drüsen) sind direkt mit dem Karma und der Aura verbunden. Sie spiegeln unsere Persönlichkeit wider und stellen Qualitäten unserer Seele dar. Beide Systeme sind außerdem für unser Wohlbefinden bedeutsam. Eine gesunde Sexualität ist Ausdruck einer gesunden Selbstliebe. Ist das sexuelle System angeschlagen, verspüren wir jedoch wenig Lust. Das endokrine System wiederum reguliert unterschiedliche Stoffwechselvorgänge und sorgt dafür, dass alles reibungslos im Körper funktioniert. Mit der folgenden Übung können Sie diese Systeme stärken.

Sexappeal steigern und die Aura zum Strahlen bringen

- Stellen Sie sich gerade hin und richten Sie ihren Blick nach vorn.
- Konzentrieren Sie sich nun auf Ihren Unterleib und ziehen Sie den Anus ein. Atmen Sie ein und aus. Entspannen Sie danach die Schließmuskulatur wieder.
- Wiederholen Sie diesen Vorgang zehnmal. Sagen Sie sich währenddessen innerlich: »Ich fühle mich sexy und wirke anziehend auf meine Mitmenschen, weil ich mich ehre und liebe.«

Das Nervensystem (dazu gehören Nerven, Gehirn und Knochenmark) ist für die Arbeit der Chakren verantwortlich. Es absorbiert Energie von außen und verteilt sie im Körper. Zudem fungiert es wie ein Energiegenerator für die Chakren und die Aura. Da die Gesundheit der Psyche und Selbstliebe von ihm abhängen, sollte es täglich gepflegt werden, beispielsweise mit dieser Übung:

Das Nervensystem reinigen und die Selbstliebe stärken

- Schließen Sie Ihre Augen und stellen Sie sich Ihr Nervensystem vor: Vier große Nerven verlassen Ihr Gehirn und reichen in den Körper. Stellen Sie sich diese als vier Schläuche vor.
- Atmen Sie tief ein und stellen Sie sich dabei vor, dass Energie aus dem Gehirn durch die vier Schläuche in den Körper gelangt. Dies fühlt sich wundervoll an. Atmen Sie nun wieder aus.
- Wiederholen Sie die Übung zehnmal. Sagen Sie sich dabei Folgendes: »Die Selbstliebe wächst von Sekunde zu Sekunde in mir.«
- Öffnen Sie jetzt wieder Ihre Augen.

All diese Systeme manifestieren sich – mal mehr, mal weniger – in Ihrer Aura. Sie ist sozusagen eine Mischung der Energien dieser Systeme und wirkt daher wie ein Schutzschild, das den Körper umgibt. Doch auch jede Zelle und jedes Organ besitzen eine eigene Aura.

Die Aura ist das Ergebnis des Zusammenspiels aller menschlichen Energien. Durch die Selbstliebe stärken wir sie.

Man kann sich die Aura eines Menschen als eine kleine Zelle im Universum vorstellen. Jeder Mensch ist so eine Zelle wie auch alle anderen Wesen auf der Erde. Wir alle sind ein Teil dieses Planeten. Unsere Auren tauschen sich miteinander (Mitmenschen) aber auch mit der Aura des Planeten (kollektives Unterbewusstsein) aus. Dadurch erneuert und verändert sich die Aura ständig. Laut Schamanen vollzieht sich im siebten Lebensjahr, in der Pubertät sowie mit 33 und 47 Jahren jeweils eine totale Erneuerung. Zu der letzten kommt es in der Menopause. Jede Erneuerung bringt uns auf eine neue seelische Ebene, die von unserer Entwicklung und Selbstliebe abhängig ist. Je glücklicher und freier wir sind, desto heller scheint unsere Aura. Sie hängt zudem von unseren Emotionen und Gedanken ab. Wenn wir genügend Selbstliebe in uns tragen, ist die Aura groß und strahlend hell. Sie wirkt dann besonders schützend und stärkend.

An dieser Stelle möchte ich nochmals auf die bereits besprochenen Auraschaltstellen, die Chakren, zurückkommen und sie unter einem anderen Blickwinkel beleuchten. Sie sind mehrschichtig und stellen eine Verbindung zwischen dem Menschen und seiner Umgebung dar.

- Das erste Chakra ist für Erdung (das Element Erde) verantwortlich und sehr kraftvoll. Es wird vom Kleinhirn regiert und befindet sich im Unterleib. Die Erdung ist dabei von der Selbstliebe abhängig: Je mehr Sie empfinden, desto geerdeter sind Sie. Dann geht ihr ganzes Handeln aus einem Gefühl der Sicherheit hervor, das sich auch in ihrem Umfeld verbreitet. Ihre Mitmenschen profitieren demnach auch davon, wenn sie geerdet sind.

- Das zweite Chakra wird ebenso vom Kleinhirn kontrolliert und symbolisiert das Element Wasser. Es steht für Dankbarkeit sowie Gesunderhaltung und befindet sich im Unterleib. Die Selbstliebe ist auch für dieses Chakra unverzichtbar: Je mehr Sie empfinden, desto mehr Lebenskraft und Sexappeal haben Sie und wirken dadurch auf Ihre Mitmenschen anziehend.

- Das dritte Chakra steht mit der Lebensenergie in Verbindung und wird dem Element Feuer zugeordnet. Es wird vom Hypothalamus regiert und befindet sich im Solarplexusbereich. Durch dieses Chakra nehmen wir die Zeit wahr. Hier lebt Ihr Unbewusstes und die Selbstliebe. Es ist sozusagen ihre eigentliche Heimat.

- Das vierte Chakra ist in der Mitte des Körpers zu finden und symbolisiert das Element Luft. Es wird durch den Hypothalamus und die Zirbeldrüse regiert und steht für Intuition und Güte. Da es sich in der Herzgegend befindet, hat es mit Herzlichkeit zu tun: Je mehr Liebe Sie für sich empfinden, desto mehr Herzlichkeit können Sie ausstrahlen.

- Das fünfte Chakra sitzt im Hals und hängt mit gesunder Kommunikation mit der Umgebung zusammen. Es wird durch den Hypothalamus und die Zirbeldrüse regiert und gehört zu den kosmischen Chakren. Es bedarf viel Selbstliebe. Ohne sie können Sie nicht in gesunder Weise mit Ihren Mitmenschen kommunizieren und werden einsam.

- Das sechste Chakra ist das dritte Auge und befindet sich in der Stirngegend. Es hat mit Sicht und Intuition zu tun und ist direkt mit dem Kosmos verbunden. Das Chakra wird durch die Zirbeldrüse regiert. Gesunde Selbstliebe stärkt Ihre Hellsicht und kann Ihnen deshalb so manchen Fehler im Leben ersparen.

- Das siebte Chakra ist das Informationschakra: der Kanal nach oben. Es wird durch die Zirbeldrüse regiert und befindet sich oberhalb Ihres Kopfes. Auch für dieses Chakra ist die Selbstliebe sehr wichtig. Denn durch sie können Sie die Welt besser verstehen.

Warum habe ich die Chakren an dieser Stelle nochmals erwähnt? Wie Sie sehen, hängen sowohl Chakren, Ziwas als auch die Aura mit unserem Gehirn zusammen. Es verarbeitet Informationen und Energien, die von außen wie auch aus der Seele selbst stammen. Wenn wir genug Selbstliebe erzeugt haben, fördern wir damit zugleich auch unser Gehirn. Die Arbeit mit den Chakren beziehungsweise Ziwas stärkt unsere Aura. Dies wiederum fördert die Aufnahme neuer Energien und der Selbstliebe. Es handelt sich somit um einen Energiekreislauf. Wir Schamanen sagen, dass alles miteinander in einem Kreislauf verbunden ist. Diese Erkenntnis ist die Grundlage des Schamanismus. Alle Chakren sowie die Aura bilden zusammen eine Schicht, die sich mehrere Meter über der Erdoberfläche erstreckt. Sie enthält alle Informationen über uns. Man kann sie sich wie ein Zelt um den Körper vorstellen. Diese energetische Schicht kommuniziert direkt mit dem Kosmos und ist für die Inkarnation (Wiedergeburt) der Seele verantwortlich. Man nennt diese Schicht »Duplikat«, denn alle wichtigen Informationen werden noch einmal in ihr gespeichert. Hier lebt unser Intellekt. Nach unserem Ableben wandert er durch einen Kanal zum Universum.

Zwischen dem Intellekt und dem Kosmos gibt es zudem noch eine Extrastation. Sie ist wie eine Festplatte, die alle Informationen der Seele kopiert, verarbeitet und sichert. Durch Selbstliebe sowie magische und heilende Tätigkeiten kann sie positiv verändert werden. Nun verstehen Sie, warum die Selbstliebe so wichtig ist.

KOSMISCHE SCHUTZRITUALE

Im diesem Kapitel geht es um kosmische Rituale, die Sie in Ihren Alltag integrieren können, um mehr Selbstliebe, Gesundheit und Glück zu erhalten. Sie schützen Ihre Seele und machen Ihr Leben leichter.

Die Aura als Schutzschild sollte täglich gepflegt werden, beispielsweise indem Sie Ihre Aurakontur nachziehen. Hierzu gibt es einige unkomplizierte Übungen, die Sie überall ausführen können.

Die Aurakontur nachziehen

- Überkreuzen Sie Ihre Beine oder Arme, um Ihre Energiekreise zu schließen. Bleiben Sie für einige Minuten in dieser Haltung. Wenn Sie ein Gespräch mit einer unangenehmen Person führen, nehmen Sie diese übrigens häufig automatisch ein.

- Alternativ empfehle ich Ihnen den sogenannten »heiligen Ring«: Drücken Sie fünf Minuten lang den Daumen und Zeigefinger einer Hand an den Daumen und Zeigefinger der anderen. Diese einfache Übung stärkt Ihre Aura.

- Der »Ring der Güte« schützt Sie ebenfalls: Halten Sie den Daumen und Zeigefinger einer Hand zusammen, sodass sie einen Kreis bilden. Legen Sie diesen in die Mitte der Handfläche der anderen Hand und halten Sie ihn dort für fünf Minuten. Wechseln Sie anschließend die Hände.

- Die nächste Übung heißt »Schutzwand«: Stellen Sie sich vor, Sie befinden sich in einem Zimmer, dessen Wände schön tapeziert sind. Verlassen Sie nun das Zimmer und auch das Haus, in dem es sich befindet. Von außen sehen Sie die Wände des Hauses. Sie glänzen und bestehen aus Spiegeln. Gehen Sie nun wieder in das Zimmer hinein. Sagen Sie sich dabei: »Ich bin völlig sicher.« Diese Schutzübung sollte etwa drei Minuten dauern.

Die folgende Übung stammt aus dem schamanischen Bereich. Es ist wichtig, dass man sie sich nicht nur vorstellt, sondern auch fühlt.

Schutz durch ein imaginäres Ei

- Stellen Sie sich vor, dass sich an Ihrem Körper vier goldene Kugeln befinden: eine an Ihrer Brust, eine an der Wirbelsäule, die nächste ist an Ihrer rechten Schulter und die letzte an Ihrer linken. Sie bilden zusammen ein Kreuz.

- Die Kugel bewegen sich kreisförmig um Ihren Körper und bilden dabei ein Ei.

- Das Ei umgibt Sie nun vollständig. Seine Wände sind dicht und schützen Sie im Alltag vor allen negativen Einwirkungen.

Die nächste Übung kommt aus Sibirien, wo sie seit Hunderten von Jahren erfolgreich angewandt wird.

Schutz durch die Kraft der Kreuze

- Stellen Sie sich vor, dass vor, hinter und seitlich von Ihrem Körper vier Kreuze erscheinen. Sie sind sehr nah an ihm.
- Schieben Sie nun in Ihrer Vorstellung die Kreuze etwa zwei Meter von Ihrem Körper weg. Sie bilden eine unsichtbare Schutzwand um Sie herum.

Rotierende Energie ist auch eine effiziente Form von Schutz:

Schutz durch rotierende Energie

- Stellen Sie sich Ihre Aura vor. Sie ist wie die Schale eines Eis, die Ihren Körper umgibt.
- Stellen Sie sich nun vor, dass sich der Zwischenraum zwischen Ihrem Körper und dieser Schale mit Rauch füllt. Er rotiert sehr schnell im Uhrzeigersinn innerhalb dieser Schale. Sie sind dadurch geschützt.

Zum Schutz können Sie auch das Sticken lernen. Es gehört zu den heiligen Schutztechniken. Was genau Sie sticken, spielt kaum eine Rolle, was Sie dabei denken, jedoch schon. Während der Handarbeit fixieren Sie Ihre Wünsche und Gedanken in der Stickerei. Unsere Vorfahren waren der Ansicht, dass Stickereien eine Art Amulett sind. In jedem russischen Haus finden Sie mehrere davon. Einige werden von Generation zu Generation weitergegeben und sind sehr alt. Der Baumwollfaden gilt dabei als Schutz gegen negative Menschen, Seide steht für klare Gedanken, Wolle symbolisiert Gesundheit und Leinen steht für Sicherheit im Leben. Auch die Symbolik spielt bei einer Stickerei eine besondere Rolle:

- Kreuze symbolisieren Schutz vor bösen Dingen. Sie sind in fast jeder russischen Stickerei zu finden.
- Bäume stehen für Langlebigkeit und Familiensinn. Auch sie werden gern als Symbol verwendet.
- Blumen stellen Anmut, Schönheit, Liebe und eine starke Anziehungskraft dar.
- Sterne versinnbildlichen Mut, Selbstliebe und Weisheit. Sie symbolisieren die Weite der Seele und ihre Entwicklung im Kosmos.
- Kreise stehen für Vermehrung und Überfluss. Sie schützen die finanzielle Seite des Lebens, wirken jedoch auch als Kraftstellen.
- Quadrate stellen Güte und Schutz dar.
- Spiralen symbolisieren Weisheit und Unendlichkeit.
- Wellen versinnbildlichen: Anfang, Adoption, Spiritualität und eine schnelle Selbstentwicklung.
- Dreiecke stehen schließlich für den Menschen selbst und eine gute Kommunikation.

Wenn Ihnen Sticken nicht liegt, können Sie alternativ mit Pflanzen arbeiten. Denn auch einige Kräuter, am Körper getragen, stellen einen guten Schutz für die Seele dar. In der Antike wurden Kräuter für ihre starke Schutzkraft verehrt. Diese ist auch heute von Bedeutung. In Sibirien hat jeder Schamane seinen magischen Baum, mit dem er Energien austauscht.

Alle Pflanzen haben eigene Geister und eine Kraft, die auf den Menschen übertragen werden kann. Hierzu eignen sich die folgenden Pflanzen besonders gut: Schöllkraut, Salbei, Hagebutte, Anis, Birke, Eiche, Vogelbeere, Zeder, Klee, Brennnessel, Weide, Farn, Beifuß, Melisse und Rosmarin. Sie können einen Beutel mit drei Kräutern (oder drei Blättern davon) herstellen und ihn am Körper tragen oder auf einem Foto von sich platzieren. Dieser Beutel bringt Ihre gesunde Selbstliebe zur Geltung und verleiht Ihnen Schutz gegen negative Energien.

Die Weisen sagen, dass der Schutz des Menschen in der Kindheit beginnen sollte. Eine alte Überlieferung besagt: Wenn eine Seele sich inkarniert und als Baby auf die Welt kommt, kämpfen die Licht- und Schattenkräfte um diese Seele. Deshalb haben schwangere Frauen früher einige Regeln befolgt: Knoblauch, Weide, Eichenrinde und Nüsse wurden zum Schutz im Haus der Schwangeren verteilt; einen Teil davon trug sie am Körper in einem Beutel. Nach der Geburt wurde die Nabelschnur an einem Fruchtbaum getrocknet und anschließend, in einen Baumwollstoff gewickelt, im Haus aufbewahrt.

Ein wichtiger Aspekt von Schutz
betrifft Ihre Gedankenwelt. Hier sollte Ordnung herrschen.
Die Selbstliebe ist ein Bestandteil davon.

Versuchen Sie daher, nicht alles Mögliche zu lernen oder in Ihrem Kopf zu behalten. Entscheiden Sie sich für das, was Sie bereichert und Ihnen Freude bereitet! Das ist sehr wichtig. Um besser zu lernen, brauchen Sie etwa neun Stunden Schlaf. Sie sind nötig, um das Gelernte zu speichern.

Konzentrieren Sie sich auf Ihre Gedanken. Versuchen Sie nicht zu verstehen, wie andere Menschen denken. In einen fremden Kopf sehen zu wollen ist vergleichbar mit einem Wald bei Nacht: Man sieht nicht viel. Erst mit der Zeit gewöhnen sich Ihre Augen an die Dunkelheit und erkennen die Umrisse dessen, was sich vor Ihnen befindet.

Alles, was wirklich kostbar ist, wächst sehr langsam, sagen die Weisen. Ihre Seele reift von Tag zu Tag. Das Seelenwachstum hängt von mehreren Aspekten ab, vor allem von Ihrer Umgebung. Sie ist der Schlüssel zu Ihrem Schicksal.

Ihr Schicksal wird von folgenden Umstände beeinflusst:

- **Sterne und Planeten**: Sie stehen für Ihre vergangenen Leben und die seelische Erfahrung. Bei der Geburt werden sie kombiniert und strahlen daraufhin verschiedene Frequenzen ab. Ihre individuelle Sternenfrequenzmischung unterstützt Sie bei Ihrem Start ins Leben. Einige Frequenzen geben Ihnen Kraft, andere nehmen sie Ihnen. Jeder Planet hat seine Plus- und Minuspole. Man nennt diese Symbiose »Matrix«. Somit sind Geben und Nehmen in jedem Leben vorhanden.

- **Eltern und Erziehung**: Diese beeinflussen auch Ihr Schicksal. Sie sind sozusagen eine Abbildung Ihrer Eltern und erhalten von ihnen durch das Karma eine Informationsmatrix, die Familienkarma genannt wird. Diese Energie prägt Ihr ganzes Leben.

- **Wille**: Ihm kommt eine große Rolle in Ihrem Schicksal zu. Einen starken Willen zu haben bedeutet, frei zu sein. Willenskraft zu entwickeln muss jedoch gelernt werden.

- **Energieaustausch mit den anderen Menschen**: Die Kommunikation mit Ihren Mitmenschen beeinflusst Ihren Lebensweg. Auch sie gehört zur Matrix.

- **Vorstellungskraft**: Sie beeinflusst ebenso Ihr Schicksal. Je mehr Sie von Ihr Gebrauch machen, desto mehr können Sie in Ihrem Dasein erschaffen und manifestieren.

Wir tauschen ständig mit unseren Mitmenschen Energien aus und öffnen ihnen unser Herz. Hierdurch können wir unser Schicksal beeinflussen. Versuchen Sie daher stets, mit Ihrem Herzen zu fühlen sowie aus ihm zu sprechen und zu entscheiden. Es ist zudem wichtig, anderen mit dem Herzen zuzuhören. Fühlen Sie die Energie dieses Austausches! Es ist eine gewaltige Kraft, die Sie und Ihre Selbstliebe nährt.

Meine Oma hat mir einmal gesagt: »Willst du siegen, zum Ziel kommen, dir oder anderen etwas beweisen, dabei sein und dazugehören? Dann merke dir Folgendes: Du läufst für dich selbst und besiegst dich und nicht die anderen. In dem Moment, wo du es für andere tust, hast du den Marathon verloren.« Ein Sieg ist immer ein Sieg über sich selbst. Das Ziel des Lebens und sein Sinn hängen mit Ihrer Selbstentwicklung und Ihrem Wachstum zusammen. Positive Emotionen sind dabei Ihre Ressourcen. Sie sind ständig mit dem Universum, mit Gott oder dem höheren Bewusstsein, auch Quelle genannt, verbunden. Stellen Sie sich diese Verbindung vor. Ihre Mitmenschen sind ein Teil von ihr. Öffnen Sie sich emotional für diese bereichernde Beziehung.

Was ist wichtig, damit Sie sich entwickeln und wachsen können?
Die Antwort lautet: Inspiration und Selbstliebe.

Betrachten Sie Ihre Mitmenschen mit Begeisterung. So wird neue Energie zu Ihnen fließen. Lernen Sie auch von anderen. Jeder Mensch hat seine eigenen Talente, und wir sind alle verschieden. Diese »fremden« Talente helfen Ihnen dabei, sich weiterzuentwickeln. Suchen Sie auch Inspiration in der Natur und bemühen Sie sich hier, das Leben um Sie herum bewusst wahrzunehmen.
Ein anderes Mal sagte mir meine Oma: »Für was oder für wen lebst du? Du lebst für deine Träume, Mitmenschen und Gefühle – und vor allem, um glücklich zu sein. Um dein Leben genießen zu können, musst du einige Dinge lernen: in erster Linie deine Ängste zu überwinden und dich selbst zu lieben.«
Positives Denken verdrängt Ängste. Wie auch der Glaube an höhere Mächte, Vertrauen an die göttliche Kraft, Gebete, höhere Ziele, Dankbarkeit, Verzeihen – die Liste ist schier unendlich. Können Sie

verzeihen? Mein Tipp: Machen Sie es wie die Sonne: Sie ist auch niemals beleidigt und scheint einfach stetig weiter. Verzeihen gelingt leichter, wenn Sie lernen, Ihre Ängste zu verlieren und sich selbst zu lieben.

Liebe kann man als eine spezielle Form des Lebens – genauer: eine Lichtform – ansehen. Sie ist selbständig, transformiert alles um sich herum und unterstützt alle anderen Lebensformen und Emotionen. Die Liebe ermöglicht einen universalen Informationsaustausch und ist das Gegenmittel für Angst. Sie ist der Kosmos. Unsere Liebe ist auch ein Werkzeug, um sich selbst und die Gegenwart zu verändern. Sie ist das Potential, das uns zur Verfügung steht, um uns zu entwickeln. Dies alles gilt auch für die Selbstliebe.

Ich arbeite sehr oft mit Kerzen. Mit dem folgenden Ritual habe ich sehr gute Erfahrungen gemacht:

Kerzenritual: Schmerzen lindern

- Nehmen Sie ein Blatt Papier und drei Kerzen. Schreiben Sie auf das Blatt, was Sie beunruhigt oder stört.
- Zünden Sie nun die Kerzen an und lassen Sie sie brennen.
- Verbrennen Sie daraufhin das Blatt in den Kerzenflammen und sagen Sie leise: »Es verbrennen alle Leiden und vergehen alle Schmerzen. Die Selbstliebe kommt zu mir.«
- Werfen Sie die Asche draußen in die Luft und wiederholen Sie dabei den Satz.
- Lassen Sie die Kerzen herunterbrennen und entsorgen Sie anschließend die Kerzenreste.

Nun möchte ich Ihnen ein besonderes Amulett vorstellen, das seit Jahrhunderten genutzt wird, um Glück anzuziehen:

GGGG-Amulett

Das GGGG-Amulett

Bei diesem Amulett handelt es sich um eines der ältesten für: Gesundheit – Glück – Gaben – Geld. In ihm sind viele geometrische Formen vereinigt. Kreise stehen dabei für Gesundheit, Sterne für Glück, das Kreuz für Ihre Gaben, Oktagone für Geld und das Quadrat für Schutz. Das Dreieck ermöglicht eine gute Kommunikation mit Ihren Mitmenschen. Die Frequenz 185 gilt als heilend und wird in diesem Amulett berücksichtigt. Sie können das Amulett einfach auf ein Blatt Papier abmalen und zu Hause platzieren. Alternativ können Sie ein Foto vom Amulett schießen und ausdrucken oder in Ihrem Smartphone speichern.

MEDITATIONEN & BLOCKADENLÖSUNG

Blockaden stehen unserer Selbstliebe häufig im Wege. Das Wort »Blockaden« verwende ich übrigens in meiner Praxis äußerst selten. Ich nenne sie lieber »Energiestauungen«. Diese können durch magische Arbeit, aber auch Meditationen gelöst werden, die ich Ihnen in diesem Kapitel vorstellen möchte. Sie gehören zu meinem Leben und sind ein integraler Bestandteil von ihm. Wer meditiert, eröffnet sich viele neue Möglichkeiten und generiert dabei auch Selbstliebe. Was sind überhaupt Meditationen? Was bewirken sie? Meditieren bedeutet, sich Zeit für sich zu nehmen, um sich zu entspannen und zu fokussieren. Meditationen bewirken Ruhe und inneren Ausgleich. Es handelt sich also um eine Art geistige Entspannung: Unser Geist ist in Balance, und wir konzentrieren uns auf das Wesentliche. Sie ermöglichen uns, Körper und Geist ganz zu lockern. Dies bringt uns in Kontakt mit unserer geistigen Welt. Man kann das als eine Vorstufe der Trance sehen. Sie müssen übrigens nicht stundenlang meditieren. Ich meditiere täglich dreißig Minuten oder kürzer. Folgendes ist bei einer Meditation zu berücksichtigen:

- Man kann im Liegen, Sitzen oder beim Laufen meditieren. Manche Menschen bevorzugen auch das Stehen. Ich persönlich ziehe Meditationen im Liegen und Sitzen vor. Welche Haltung man auch wählt, es sollte bequem sein.
- Einschlafen sollte vermieden werden.
- Die Gliedmaßen sollten stets entspannt sein.
- Körperteile bitte nicht überkreuzen. Der Energiefluss im Körper wird sonst gebremst.
- Man darf sich dabei bewegen.
- Man sollte ruhig und gleichmäßig atmen. Kommen Sie daher vor der Meditation fünf Minuten lang zur Ruhe.
- Musik kann im Hintergrund laufen. Es gibt aber auch stille Meditationen ohne Musik und Worte.

Vielen Menschen fällt es schwer zu meditieren, da ihnen zu viele Gedanken durch den Kopf gehen. Es ist wie ein Kopfkarussell. Kennen Sie auch dieses Problem? Zu viele umherkreisende Gedanken kosten Energie. Man kann jedoch die eigenen Gedanken schnell sortieren. Folgende Tipps werden Ihnen dabei bestimmt helfen. Schamanen sprechen in diesem Zusammenhang vom »Abschalten des inneren Dialoges«.

- **Tipp 1**: Setzen oder legen Sie sich bequem hin. Konzentrieren Sie sich auf eine einzige Frage: »Was wird mein nächster Gedanke sein?« Sie werden merken, dass Ihre Gedanken schwächer werden und sich eine Art Leere in Ihrem Kopf einstellt. Ihr Gehirn ist nicht in der Lage, diese Frage zu beantworten, und führt daher sozusagen einen Reset aus. Schon nach wenigen Minuten können Sie sich über einen freien Kopf freuen und meditieren. Diese Methode ermöglicht es Ihnen übrigens auch, negative Gedanken auszublenden beziehungsweise zu löschen. So entsteht mehr Platz für positives Denken und die Selbstliebe.

- **Tipp 2**: Setzen Sie sich bequem hin und konzentrieren Sie sich auf Ihre Pobacken. Denken Sie dabei nur eins: Ihre Pobacken berühren den Stuhl, und es kann Ihnen nichts geschehen. Auch hier werden Ihre Gedanken vergehen. Ihr Gehirn ist nur mit Ihrem Gesäß beschäftigt, was ebenfalls zu einer Art Reset führt.

- **Tipp 3**: Fragen Sie sich, woher Ihre Gedanken kommen und wohin sie gehen. Das transformiert Sie und macht den Kopf frei. Analysieren und rationales Denken bringen das Kopfkarussell zum Stehen.

- **Tipp 4**: Setzen Sie sich hin und stellen Sie sich einen schwarzen Kreis – oder eine schwarze Kugel – vor. Der Kreis hängt vor Ihnen in der Luft. Er ist zentriert und kommuniziert mit Ihren Gedanken. Immer wenn ein Gedanke auftaucht, verlässt der Kreis sein Zentrum: Er fängt an hin und her zu schweben. Versuchen Sie, ihn in Gedanken wieder zu zentrieren und zu stabilisieren. Sie werden merken, dass diese Visualisationsübung schnell das Gedankenkarussell anhält und Sie klar denken können.

- **Tipp 5**: Setzen Sie sich bequem hin und konzentrieren Sie sich nur auf Ihre Atmung. Horchen Sie in sich: In Ihrem Kopf ist ein Rauschen zu hören. Konzentrieren Sie sich auf dieses innere Rauschen. Auch diese Methode sorgt innerhalb kurzer Zeit für einen klaren Kopf.

Nun ist der Kopf geleert, und wir können uns langsam an die Meditationen trauen. Bevor wir jedoch mit ihnen beginnen, möchte ich Ihnen noch einige Energieübungen zeigen, die dafür sorgen werden, dass die Meditationen kraftvoll und schön werden. Sie sind kurz und knackig, wirken jedoch wie eine Energiespritze für Ihre Seele.

Feuerenergie tanken und Negatives verbrennen

- Zünden Sie eine Kerze an und beobachten Sie die Flamme.
- Versuchen Sie nun, sich in die Flamme zu versetzen. Sie lösen sich in ihr auf. Bewegen Sie sich dazu geistig in die Flamme hinein und vereinigen Sie sich mit ihr. Stellen Sie sich dabei vor, dass Sie ein Teil von ihr sind.
- Ihr ganzer Körper ist nun eins mit der Flamme. Ihre Energie fließt in Sie hinein. Sie spüren sie als Wärme, die jede Zelle Ihres Körpers wahrnimmt. Sie verbrennt alles Negative – Ihre Krankheiten, Ihre Trauer etc. –, und Sie tanken neue Energie.
- Die Energie fließt nun in Ihnen und erreicht Ihre Seele. Sie fühlen Kraft und sind bereit, all Ihre Aufgaben zu erledigen. Sie spendet Ihnen auch Selbstliebe.
- Führen Sie diese Übung fünf Minuten lang aus. Anschließend können Sie mit einer Meditation beginnen.

Die nächste Übung dient Ihrer Erdung. Auch sie ist fürs Meditieren wichtig und hilft in die Entspannung zu kommen.

Sich erden und positive Energie aufnehmen

- Setzen Sie sich bequem auf den Boden und spüren Sie Ihre Pobacken.
- Ihr Po wächst nun in Ihrer Vorstellung mit dem Boden und der Erde, die sich unter ihm befindet, zusammen. Sie spüren, wie Ihre Pobacken zunehmend schwerer werden. Sie sind nun eins mit der Erde! Sie sind die Erde.
- Sie sind ruhig und gelassen. Alles Negative fällt von Ihnen ab. Ihr Körper ist nun geerdet und nimmt die positive Energie der Erde auf. Genießen Sie es.
- Führen Sie diese Übung fünf Minuten lang aus.

Die folgende Übung ist auch sehr empfehlenswert.

Die reinigende Energie des Windes spüren

- Schließen Sie Ihre Augen und stellen Sie sich vor, sie stehen auf einem Berg.
- Der Wind weht, Sie spüren die Kraft der Luft. Der ganze Körper ist von einem Lufthauch umgeben.
- Versuchen Sie nun, den Wind zu hören, und sehen Sie, wie der Wind die Bäume bewegt. Er trägt alle krankhaften Energien, die sich in Ihrem Körper befinden, davon.
- Spüren Sie den Wind. Sie sind eins mit ihm. Sie werden immer leichter. Kosten Sie dieses wunderbare Gefühl aus.
- Führen Sie auch diese Übung fünf Minuten lang durch und öffnen Sie danach wieder Ihre Augen.

Hier ist noch eine weitere hilfreiche Übung für Sie, mit der ich sehr gute Erfahrungen gemacht habe.

Sich mit der Kraft des Wassers verbinden

- Reiben Sie beide Hände aneinander. Sie werden warm.
- Versuchen Sie, eine energetische Kugel zwischen Ihren Händen zu spüren. Legen Sie sie in Ihren Bauch.
- Schließen Sie nun Ihre Augen. Sie stehen in Ihrer Vorstellung vor einem Fluss. Gehen Sie mit Ihren Füssen ins Wasser. Stellen Sie sich vor, wie es Ihre Füße berührt und alles Negative fortspült.
- Sie spüren, wie Sie immer leichter werden und frische Energie tanken. Sie empfinden Selbstliebe und Leichtigkeit.
- Auch für diese Übung empfiehlt sich eine Dauer von fünf Minuten. Öffnen Sie anschließend Ihre Augen.

Sie können diese vier kurzen Übungen entweder einzeln oder am Stück ausführen, ganz wie Sie wollen. Es ist jedoch empfehlenswert, alle vier nacheinander an einem Tag zu praktizieren, am besten für die Dauer von mindestens drei Tagen. So sind Sie für die gleich folgenden Meditationen bestens vorbereitet. Manche meiner Schüler machen diese vier Übungen sogar jeden Tag.

Wie Ihnen sicherlich aufgefallen ist, arbeiten diese Übungen mit den vier Elementen: Feuer, Erde, Luft und Wasser. Da Sie Ihre Energie durch sie umfassend aktiviert haben, können Sie nun auch mit der Energie der Sonne arbeiten. Führen Sie die folgende Übung täglich aus, nachdem Sie die vorangegangenen Übungen drei Tage lang praktiziert haben.

Sich mit der Sonnenenergie vereinigen

- Stellen Sie sich gerade hin und schließen Sie Ihre Augen.
- Heben Sie Ihre Hände zum Himmel und stellen Sie sich die Sonne vor.
- Bitten Sie nun die Sonne siebenmal, Ihnen ihre Energie zu schicken. Sie spüren, wie Sie die Sonnenstrahlen aufnehmen. Die Sonnenkraft füllt Ihre Aura und Ihren Körper vollständig auf. Sie sind nun mit der Sonne vereint. Sie sind die Sonne.
- Öffnen Sie nun Ihre Augen und bedanken Sie sich bei der Sonne.
- Sie können diese Übung übrigens auch direkt draußen bei Sonnenschein ausführen.

Ich führe sämtliche eben beschriebenen Übungen einmal im halben Jahr für die Dauer von zehn Tagen durch. Folgen Sie meinem Beispiel. Sie werden feststellen, dass Sie vor Energie strotzen und Ihre Selbstliebe zunimmt.

Kommen wir nun zu den Meditationen – ich habe für Sie einige meiner liebsten ausgesucht. Sie verschönern Ihren Alltag, bringen Ihnen Ruhe, Erfolg und Ausgeglichenheit und lassen Ihre Selbstliebe wachsen. Wichtig vor einer Meditation ist Ihre Bereitschaft, alle Alltagsprobleme für eine Weile zu vergessen und um Verzeihung zu bitten. Denken Sie nach, wer Ihnen heute begegnet ist und erinnern Sie sich an die Menschen, die Sie vielleicht beleidigt haben. Bitten Sie diese Menschen innerlich um Verzeihung. Nun können Sie mit der Meditation beginnen.

»Goldener Tempel«-Meditation für mehr Dankbarkeit, Einheit und Liebe

Setzen Sie sich bequem hin.

Richten Sie Ihre Aufmerksamkeit auf Ihr Herzzentrum und hören Sie auf Ihren Herzschlag. Legen Sie dazu einfach eine Hand auf die Herzgegend und lauschen Sie ihr.

Schließen Sie nun Ihre Augen.

Atmen Sie tief ein und aus.

Stellen Sie sich einen wunderschönen Tempel vor.

Der Tempel glänzt und ist aus Gold. Er ist erhaben und steht direkt vor Ihnen.

Der Tempel ist göttlich. Etwas Schöneres haben Sie in Ihrem ganzen Leben noch nicht gesehen. Seine Wände sind mit Figuren verziert.

Sie gehen nun durch ein goldenes Tor in ihn hinein.

Lassen Sie sich genug Zeit dabei: Gehen Sie langsam voran.

Nun sind Sie im Tempel. Er wirkt magisch auf Sie.

In seinem Zentrum sitzt ein Lichtwesen auf einem Thron.

Dieses Wesen strömt viel Liebe aus.

Gehen Sie langsam vorwärts zu diesem Wesen.

Das ist Ihr Seelenselbst.

Es umarmt Ihre Seele. Sie fühlen eine große Wärme.

Ihr Herzzentrum sprudelt vor Liebe.

Sie spüren sehr viel Liebe in sich: Liebe zu Ihren Mitmenschen, zu diesem Wesen und zu sich selbst.

Lassen Sie das Wesen nun los und drehen Sie sich um.

Sie sehen ein anderes Lichtwesen, das auf Sie zukommt.

Es ist Ihr Überbewusstsein oder höheres Selbst.

Sie sehen es als ein wunderschönes Kind.

Fühlen Sie die kraftvolle Energie und Freude, die von ihm ausgeht.

Versuchen Sie, Liebe für dieses Wesen zu empfinden. Es lächelt Ihnen zu.

Umarmen Sie das Kind und sagen Sie ihm, dass Sie es von Herzen lieben.

Lassen Sie das Kind nun los und schauen Sie sich im Tempel um. Er ist hell und einladend.

Es sind viele Gegenstände in ihm vorhanden. Sie sehen Bücher, Statuen, Ikonen und viele Blumen.

Vor Ihnen steht eine wunderschöne Kristallpyramide. In ihr ist viel Licht vorhanden.

Gehen Sie zu ihr und sehen Sie sich die Pyramide an.

Strecken Sie Ihre Hände aus und legen Sie sie auf sie.

Das Licht durchfließt Sie.

Es verbreitet sich in Ihrem Körper.

Sie spüren Dankbarkeit, Einheit und Liebe.

Sie sehen ein herrliches, helles Licht, eine Art Polarlicht.

Atmen Sie dieses Licht tief ein und aus.

Die Selbstliebe entfaltet sich.

Genießen Sie den Moment.

Kommen Sie nun langsam in die Wirklichkeit zurück.

Nehmen Sie Ihre Hand von der Herzgegend und öffnen Sie Ihre Augen.

Atmen Sie tief ein und aus.

Bleiben Sie noch fünf Minuten sitzen.

Nun können Sie aufstehen.

Nun möchte ich Ihnen eine Meditation vorstellen, die meinem Herzen besonders nahesteht: die schamanische Krafttiermeditation mit Bär, Puma, Wolf, Eule und Schwan. Sie erneuert Ihre Seele und gibt Ihnen Kraft für neue Projekte. Sie vermehrt auch Ihre Selbstliebe und verleiht Ihnen das Gefühl, wichtig zu sein.

Haben Sie sich schon einmal gefragt, wie wichtig Sie sind? Sie sind sehr wichtig für diese Welt und haben Ihren ganz besonderen Auftrag auf der Erde. Wenn Sie nicht wissen, was er beinhaltet, hilft Ihnen diese Meditation, genau das herauszufinden.

Schamanische Krafttiermeditation der Erneuerung und Selbstliebe

Legen Sie sich bequem hin.

Entspannen Sie sich voll und ganz.

Lassen Sie all Ihre Sorgen los.

Ihr Kopf ist frei von Gedanken.

Es kann Ihnen nichts geschehen.

Sie verspüren innere Ruhe und Harmonie.

Atmen Sie bitte siebenmal tief ein und aus.

Schließen Sie nun Ihre Augen und zählen Sie von 10 rückwärts.

10

9

8

7

6

5

4

3

2

1

0

Denken Sie nun an eine schöne, grüne Wiese.

Sie liegen ganz entspannt auf ihr.

Sie ist voller Kräuter und Blumen.

Die Wolken am Himmel ziehen vorbei.

Die Luft ist frisch.

Atmen Sie sie ein.

Verspüren Sie diese Frische.

Atmen Sie ein und aus.

Der Sauerstoff erreicht beim Einatmen jede Ihrer Zellen.

Sie fühlen sich immer stärker und sicherer.

Atmen Sie Ihre Sorgen aus.

Mit jedem Ausatmen nimmt Ihre Ruhe und Gelassenheit zu.

Es kann nichts geschehen.

Sie sind sicher.

Erinnern Sie sich an die schönsten Momente Ihres Lebens.

Erinnern Sie sich an die Natur.

Stehen Sie nun in Ihrer Vision auf und gehen Sie einige Schritte nach vorn.

Denken Sie an einen Wald.

Er ist stark und mächtig.

Jeder Baum dieses Waldes hat seine besondere Geschichte.

Jeder Baum ist weise.

Stellen Sie sich vor, dass eine alte Eiche vor Ihnen steht.

Gehen Sie zu ihr.

Umarmen Sie die Eiche und bitten Sie sie um Hilfe.

Sie gibt Ihnen nun Kraft und Zuversicht.

Genießen Sie den Moment.

Legen Sie sich nun auf die Erde vor der Eiche.

Haben Sie Vertrauen.

Sie sind nun vollends entspannt und für eine schamanische Meditation bereit.

Stellen Sie sich vor, dass ein großer Bär auf Sie zukommt.

Er ist langsam.

Er ist Ihr Freund.

Er ist bei Ihnen.

Umarmen Sie den Bären und bitten Sie ihn, Ihnen Ihre Leiden abzunehmen.

Lassen Sie den Bären los.

Der Bär wird Sie von Ihren Leiden befreien. Er gilt als Krafttier,
das neue Energie spendet.

Der Bär fängt mit seiner Arbeit an Ihrem Körper an.

Er leckt ihn zuerst ab.

Nun frisst der Bär Ihre Haut.

Stück für Stück.

Sie sehen sich ohne Haut daliegen.

Sie sehen Ihre nackten Muskeln.

Sie fühlen sich erleichtert.

Nun frisst der Bär die Muskeln.

Sie sehen, wie ein Muskel nach dem anderen verschwindet.

Der Bär frisst nun Ihre Organe:

die Lunge,

das Herz,

die Leber,

die Nieren,

die Bauchspeicheldrüse,

den Darm.

Sie fühlen sich immer leichter.

Sie spüren Licht.

Der Bär ist mit seiner Arbeit fertig.

Von Ihrem physischen Körper ist nur das Skelett geblieben.

Die Knochen liegen unter der Eiche.

Der Bär geht.

Er hat Ihre Sorgen, Probleme und Schmerzen mitgenommen.

Bedanken Sie sich gedanklich bei ihm.

Stellen Sie sich nun vor, Ihre Organe bilden sich neu:

die Lunge,

das Herz,

die Leber,

die Nieren,

die Bauchspeicheldrüse,

der Darm.

Nun sehen Sie, dass auch Ihre Muskeln neu wachsen und die Organe bedecken.

Sie sind frisch.

Jetzt bildet sich auch neue Haut um die Muskeln.

Stück für Stück hat sich Ihr Körper erneuert.

Er ist wie neugeboren und gesund.

Nun sehen Sie den Bären wieder.

Er kommt zu Ihnen und Sie umarmen ihn.

Bedanken Sie sich bei ihm für seine Arbeit und lassen Sie ihn gehen.

Bleiben Sie eine Weile liegen.

Genießen Sie den Moment.

Blicken Sie nun in die Ferne.

Sie sehen einen Puma auf Sie zulaufen.

Er ist schnell und graziös.

Der Puma ist nun bei Ihnen.

Umarmen Sie ihn.

Er gibt Ihnen Kraft und Schnelligkeit im Denken.

Nun geht er wieder.

Bedanken Sie sich bei ihm für seine Kräfte, die nun auf Sie übergegangen sind.

Jetzt sehen Sie, wie sich Ihnen ein Wolfsrudel nähert.

Lassen Sie zu, dass es zu Ihnen kommt.

Umarmen Sie die Wölfe.

Sie geben Ihnen eine gute Intuition und beschenken Sie mit Familiensinn.

Die Wölfe gehen wieder ihres Weges.

Sie sind voller Kraft und Zuversicht.

Sie fühlen Ihre Transformation.

Bleiben Sie liegen.

Sie sehen nun eine Eule auf der Eiche sitzen.

Bitten Sie sie zu sich.

Die Eule fliegt herunter und landet auf Ihrem Bauch.

Bitten Sie die Eule, Ihnen Weisheit zu schenken.

Sie wird Sie bei Ihrer spirituellen Entwicklung unterstützen.

Genießen Sie den Moment und lassen Sie die Eule wegfliegen.

Bedanken Sie sich bei ihr.

Stehen Sie nun gedanklich vom Boden auf und gehen Sie ein paar Schritte nach vorn.

Sie sehen eine Schwanenfamilie in einem Teich.

Begrüßen Sie sie.

Bitten Sie die Schwäne, Ihnen Selbstliebe zu spenden.

Sie geben Ihnen das Gefühl, geliebt zu werden.

Bedanken Sie sich bei der Schwanenfamilie für die Kraft des Charismas, das Sie von ihr erhalten haben.

Gehen Sie zurück zur Eiche.

Legen Sie sich nun gedanklich wieder hin.

Atmen Sie tief ein und aus.

Bedanken Sie sich bei der Eiche und allen Krafttieren.

Kommen Sie in die Realität zurück.

Langsam.

Öffnen Sie Ihre Augen und sehen Sie sich um.

Spüren Sie Ihre neuen Kräfte.

Ihre Zellen sind mit enormer Kraft und Energie aufgetankt.

Atmen Sie tief ein und aus.

Willkommen zurück.

Eine andere Möglichkeit, die eigene Kraft und Selbstliebe wachsen zu lassen, ist das astrale Reisen. Ihr Astralkörper kann sich ohne Ihren physischen bewegen. Er ist unabhängig von ihm und ähnelt einer Festplatte mit vielen Programmen.

Astralreisen für mehr Kraft und Selbstliebe

- Legen Sie sich bequem hin und versuchen Sie, mit der Umgebung zu verschmelzen. Sie sind ein Teil von ihr.
- Entspannen Sie sich voll und ganz und stellen Sie sich nun eines der folgenden Szenarien vor:
- Sie fallen in die Tiefe. Während des Fallens verlieren Sie Ihr Gewicht und haben das Gefühl zu fliegen. Sie fühlen sich leicht und wissen nicht, wie lange es dauert, bis sie landen werden. Sie spüren Ihre Selbstliebe und eine große Leichtigkeit. Es geht Ihnen gut. Sie lachen und sind stolz auf sich, diesen Schritt getan zu haben.
- Sie reisen durch den Kosmos und besuchen verschiedene Planeten. Sie können ohne Rakete fliegen: Sie sind eine Rakete. Diese ist überaus schnell und wendig. Sie spüren Ihre Kraft und Selbstliebe.
- Sie sind eine Schlange. Sie bewegen sich schlängelnd vorwärts und können dabei jeden Stein fühlen. Sie bewegen sich graziös und kommen in jedes noch so kleine Loch hinein. Sie sind ein Meister der Bewegung, niemand kommt Ihnen darin gleich. Sie sind stolz auf sich und lieben Ihre Beweglichkeit.
- Sie drehen sich in Gedanken und verlassen den Körper. Sie sind leicht, steigen in die Luft und können nun alles von oben sehen. Sie betrachten sich selbst und Ihre Mitmenschen aus der Vogelperspektive. Sie sind stark und können alles geistig steuern. Sie lieben sich und Ihre Einzigartigkeit.
- Betrachten Sie sich selbst in Ihrer Vorstellung. Oberhalb Ihres Kopfes erscheint ein Tunnel, den Sie zum astralen Reisen nutzen können. Ihre Seele fliegt durch den Tunnel und freut sich über ihre Leichtigkeit und Grenzenlosigkeit. Sie kann alles machen, was sie will. Sie lieben Ihre Seele, und sie liebt Sie.

- Stellen Sie sich vor, Sie stehen aus Ihrem Körper auf und fliegen ins Licht. Das ist sehr angenehm. Sie haben das Gefühl, ein wichtiger Teil dieser Welt zu sein, und sind voller Liebe für sich. Diese Selbstliebe ist Ihr Treibstoff für den Lichtflug.
- Seien Sie kreativ: Sie können beispielsweise astral eine Stadt besuchen, in das Nachbarhaus gehen, Ihren Wohnort vor 100 Jahren ansehen, in ein anderes Land oder zu einem anderen Planeten fliegen. Genießen Sie diese Momente.

Viele meiner Klienten fragen mich oft, wie sie ihre Ziele im Alltag verwirklichen können. Es gibt speziell für diesen Zweck eine Meditation, die aus dem Schamanismus kommt. Man führt sie am besten morgens aus.

Schamanische Meditation: Ziele verwirklichen

Legen Sie sich bequem hin und schließen Sie Ihre Augen.
Stellen Sie sich vor, Sie sind ein Puma und durchstreifen den Wald.
Sie sind stark und mutig.
Ihre Familie ist bei Ihnen.
Plötzlich hören Sie Jäger, die Sie verfolgen.
Sie suchen nach Ihnen und Ihrer Familie, um Sie zu erlegen.
Sie fliehen, hören jedoch, dass die Jäger rasch immer näher kommen.
Um Ihre Familie zu retten, entscheiden Sie sich für den Kampf.
Sie bleiben stehen, drehen sich um und greifen Ihre Verfolger mutig an.
Sie werden angeschossen, doch es gelingt Ihnen, den ersten Jäger außer Gefecht zu setzen.

Anschließend auch den zweiten.

Sie sind verletzt, doch Sie haben es geschafft: Sie leben und auch Ihre Familie.

Zusammen gehen Sie nun in Richtung Ihrer Höhle.

Bewegen Sie sich nach vorn, hin zu Ihrem Ziel.

Sie haben vollen Einsatz für Ihre Familie gezeigt.

Sie sind tapfer gewesen, und nun leckt Ihnen Ihre Familie die Wunden ab.

Dadurch kommen Sie allmählich wieder zu Kräften. Sie genesen.

Sie haben nun wieder genug Kraft, um mit Ihrer Familie zusammen weiter durchs Leben zu gehen.

Öffnen Sie nun Ihre Augen.

Stehen Sie auf und beginnen Sie Ihren Tag.

Verfolgen Sie heute Ihre Ziele.

Sie werden diese nun bestimmt endlich erreichen.

Die Zeit der Meditation ist die Zeit für unsere Selbstliebe. Gönnen Sie sich diese daher täglich. Leider sind wir oft in Eile. Doch für diesen Fall gibt es eine Lösung: Kurzmeditationen, die nur ein paar Minuten in Anspruch nehmen. Hier sind drei Beispiele:

Kurzmeditation 1: Feuerpost

Diese Meditation unterstützt Sie dabei, durch Atmen Ihre emotionalen Blockaden zu lösen. Sie dauert nur wenige Minuten und wirkt den ganzen Tag über. Sie werden merken, dass es Ihnen nach der Meditation sofort besser geht. Ich führe die Feuerpostmeditation gewöhnlich im Frühling durch, für zehn Tage am Stück. Das ist ausreichend, um die Seele für das ganze Jahr zu stärken. Sie dürfen sie jedoch gern öfter wiederholen.

- Atmen Sie fünfzigmal nacheinander ein und aus.
- Wählen Sie selbst, ob Sie dabei Ihre Augen offen oder geschlossen lassen.
- Stellen Sie sich beim Einatmen vor, dass Sie ein helles Licht einatmen, das sich in Ihrem Körper verbreitet. Das Licht löst alle Blockaden in ihm.
- Stellen Sie sich beim Ausatmen vor, dass Sie diese Blockaden in Form eines dunklen Rauchs ausatmen. So schaffen Sie Platz für Ihre Selbstliebe.

Kurzmeditation 2: Das innere Kind beschenken

Das innere Kind, die unbewusste Ebene, ist die Heimat der Selbstliebe. Je mehr Sie sich mit dem inneren Kind beschäftigen, desto mehr Selbstliebe können Sie empfinden. Nehmen Sie sich für diese Meditation etwa fünf Minuten täglich Zeit. Auch in diesem Fall empfehle ich, sie zehn Tage am Stück durchzuführen. Ich persönlich arbeite einmal alle drei Monate mit meinem inneren Kind, damit es immer in Verbindung mit mir bleibt.

- Notieren Sie all Ihre Ziele auf einem Blatt Papier und lesen Sie sie täglich dreimal durch.
- Legen Sie sich nun bequem hin und schließen Sie Ihre Augen.
- Stellen Sie sich vor, dass Sie diese Ziele Ihrem inneren Kind, das in Ihrem Solarplexus wohnt, übermitteln.
- Gleichzeitig schenken Sie ihm Ihre Liebe in Form von Süßigkeiten oder Blumen. Geben Sie ihm immer wieder eine Blume und sagen Sie dabei: »Diese Blume ist die Selbstliebe für dich.«
- Öffnen Sie nun wieder Ihre Augen.

Kurzmeditation 3: Mit geometrischen Formen die Aura aufladen

- Setzen Sie sich bequem hin und schließen Sie Ihre Augen.
- Stellen Sie sich ein violettes Dreieck oberhalb Ihres Kopfes vor. Es schwebt in der Luft. Nun fängt das Dreieck zu arbeiten an und sendet violette Lichtstrahlen in Ihre Aura. Es ist pure Liebesenergie. Tanken Sie diese mit Ihrer Aura auf und seien Sie dankbar für sie.
- Nach einigen Minuten verschwindet das Dreieck wieder. Sie sehen an seiner Stelle nun einen blauen Kreis oberhalb Ihres Kopfes. Er steht für Ruhe und Zuversicht. Atmen Sie entspannt und stellen Sie sich vor, dass er ein blaues Licht ausstrahlt, das von Ihrer Aura aufgenommen wird. Tanken Sie es einige Minuten lang auf.
- Nun löst sich der Kreis wieder auf, und eine dritte geometrische Form erscheint: eine gelbe Kugel. Sie repräsentiert Klarheit, Freude und Selbstliebe. Auch sie sendet Strahlen in Ihre Aura, die Sie dankbar auftanken. Als Folge fühlen Sie sich nun sicher und beflügelt. Die Kugel verschwindet wieder.
- Atmen Sie tief durch und öffnen Sie Ihre Augen. Bleiben Sie noch eine Minute lang sitzen, bevor Sie aufstehen.

SCHAMANISCHE KRÄUTERESSENZEN FÜR DIE SELBSTLIEBE

Ein gute Methode, die unterschiedlichen Aspekte der Selbstliebe zu aktivieren, sind schamanische Kräuteressenzen. 33 verschiedene Kräuterauszüge können hierzu genutzt werden. Sie basieren auf den Erfahrungen, die Schamanen mit den Elementen und dem sogenannten Botanikum, der Seele der Pflanze, gemacht haben. Die Zahl 33 steht dabei für das Alter, das Jesus erreicht hat. Sie wird im Schamanismus sehr verehrt.

Pflanzen sind in der Lage, durch ihre eigenen Energien unsere Seelenzustände zu korrigieren. Wir nehmen diese in unsere Aura auf, es sind sozusagen pflanzliche Energiespritzen. Schamanen haben im Laufe der Zeit 33 Pflanzen entdeckt, die auf unser Empfinden und unsere Gefühlszustände wirken und so zu innerem Gleichgewicht und zur Selbstliebe führen können. Ihre Essenzen werden mit Alkohol (Wodka) hergestellt und äußerlich auf die Haut (Hände) aufgetragen. Wichtig: Sie sind nicht für die innere Einnahme bestimmt! Bitte beachten Sie diesen Punkt, da einige der Pflanzen für den Menschen giftig sind. Die Essenzen sind breit einsetzbar. Man kann sie beispielsweise zur Selbsthilfe, Lösung von Blockaden, Freisetzung von Potenzialen und zur Harmonisierung der Psyche anwenden. Der Vorteil dabei: Es gibt keine Nebenwirkungen, und die Essenzen können in jedem Alter verwendet werden.

Zunächst erkläre ich Ihnen, wie die Essenzen hergestellt werden. Die Rezeptur ist ziemlich einfach. Sie brauchen für die Herstellung frische oder getrocknete Teile der jeweiligen Pflanze. Diese werden in Wodka eingelegt. Ich bevorzuge frische Pflanzenteile, da die Essenzen dann aromatischer und intensiver riechen. Nehmen Sie ein beliebiges Glas und geben Sie die zerkleinerten Pflanzenteile hinein. Achten Sie dabei darauf, es ganz auszufüllen. Füllen Sie nun das Glas bis zum Rand mit Wodka auf und lassen Sie es anschließend zehn Tage lang offen stehen. Seihen Sie danach die Essenz ab und füllen Sie sie in eine dunkle Flasche ab. Fertig.

Die Pflanzen werden am besten morgens gepflückt – so sind sie mit dem Botanikum gut aufgeladen – und unmittelbar danach im Wodka ausgezogen. Die daraus gewonnene Essenz (Auszug) kann nach zehn Tagen mit Wasser verdünnt werden. Ich lasse das Wasser jedoch meistens weg. Es dürfen alle Pflanzenteile verwendet werden: Blätter, Blüten, Zweige, Wurzeln oder auch Samen. Sie können frei entscheiden.

Schamanen vertreten die Auffassung, dass Störungen auf der geistigen, seelischen oder emotionalen Ebene zu Krankheiten führen können. Alles basiert auf der Selbstliebe. Die äußerliche Verabreichung dieser Pflanzenextrakte sorgt nach unserer Meinung für eine positive Veränderung der Liebesessenz in der Seele.

Zur Dosierung: Sie können pro Tag drei bis vier Tropfen Essenz direkt auf die Haut auftragen oder sie in die Aura sprühen. Dafür brauchen Sie einen Zerstäuber. Bei Kindern reichen zwei Tropfen täglich. Es empfiehlt sich, pro Tag eine Essenz anzuwenden, bis man sämtliche durchgegangen ist. Man kann sich jedoch auch für eine bestimmte Essenz entscheiden und ausschließlich mit ihr arbeiten oder drei beliebige miteinander mischen. Folgen Sie einfach Ihrer Intuition. Sie müssen übrigens nicht alle Essenzen herstellen. Suchen Sie sich einfach Ihre Lieblinge aus.

An dieser Stelle folgt ein Überblick der einzelnen Essenzen mit ihren Eigenschaften.

- **Essenz 1 – Herzsame**: Sie aktiviert die Selbstliebe im Herzchakra und löscht alte Muster und Hemmungen, die aus der Kindheit stammen. Verdrängte Gefühle wie Angst oder Aggression werden mit dieser Essenz aus der Aura gelöscht. Dadurch gewinnt man einen direkten Zugang zum eigenen Herzen. Die Herzsame gilt von alters her als Amulettpflanze und wurde häufig sogar getrocknet oder ihr Samen am Körper getragen. Die Samen der Pflanze sehen schön aus. Sie sind schwarz und haben ein weißes Herz in der Mitte. Die Herzsame bringt die Selbstliebe dorthin, wo keine mehr zu finden ist, sagen Schamanen. Ihre Essenz duftet nicht allzu stark und weist eine Note von Tomatenblättern auf. Ich verwende sowohl Zweige als auch Blüten zu ihrer Herstellung. Man kann jedoch auch die Samen nutzen.

- **Essenz 2 – Flieder:** Diese Essenz bekämpft Ängste und aktiviert rasch die Selbstliebe in der Seele. Der gewöhnliche Flieder gilt im Schamanismus als eine sogenannte Anerkennungsessenz: Durch ihre Verwendung kann man sich selbst so annehmen, wie man ist. Ein Mangel an Selbstvertrauen wird behoben und eine realistische Selbsteinschätzung aktiviert. Schamanen sind der Ansicht, dass der Flieder unsere Seele reanimiert und die Lebenslust weckt. Diese Essenz riecht sehr frisch und hebt die Laune. Ich verwende sowohl Zweige als auch Blüten zu ihrer Herstellung.

- **Essenz 3 – Magnolie:** Sie unterstützt die Selbstliebe dabei, sich schnell zu entfalten. Dies gilt insbesondere, wenn sie in der Kindheit zwischen dem dritten und siebten Lebensjahr verdrängt wurde, beispielsweise durch Ablehnung des Kindes von den Eltern. Die Magnolie gilt als eine Glückspflanze und wird im schamanischen Bereich seit vielen Jahrhunderten verwendet. Sie steht für die Vermehrung der Selbstliebe und ihrer Verankerung in uns. Ihre Essenz duftet ausgesprochen gut. In meinem Garten steht eine alte Magnolie, die jährlich Hunderte von Blüten treibt. Ich nutze sie und auch ihre Blätter, um aus ihnen die Magnolienessenz zu gewinnen. Es ist eine gewöhnliche Tulpenmagnolie, doch jede Magnolienart kann für die Herstellung dieser Essenz verwendet werden.

- **Essenz 4 – Aster:** Im Schamanismus gilt die Aster als eine Astralenergie. Astral bedeutet »Aura«: Durch diese Essenz kann man also seine Aura stärken und nähren. Dieser Aspekt ist für die Selbstliebe durchaus wichtig. Zu empfehlen ist sie bei Angst, mangelnder Selbstliebe, Schüchternheit und zu geringer Abgrenzung von anderen. Diese Essenz stabilisiert Ihre Seele und lässt Sie darin das finden, was Sie bisher übersehen haben. Menschen, die sich selbst missachten oder kleinmachen, werden von ihrer Wirkung erstaunt sein. Sie duftet zudem sehr angenehm. Ich nutze meistens nur die Blüten bei der Herstellung. Man kann jedoch auch die Blätter verwenden.

- **Essenz 5 – Lorbeer**: Der Lorbeer ist für die Selbstliebe sehr wichtig. Denken Sie an den Lorbeerkranz: das Symbol besonderer Ehre im alten Griechenland. Der Lorbeer ist tatsächlich ein Geschenk der Natur. Er unterstützt die Selbstliebe und zieht neue Liebe von außen an. Für alle, die sich neu verlieben möchten, in sich selbst oder einen anderen, ist diese Essenz genau richtig. Sie riecht mild und würzig. Zudem ist der Lorbeer in der Lage, Bakterien in der Luft zu bekämpfen. Deswegen wird diese Essenz auch als Raumauraspray empfohlen. Ich stelle sie aus dem Portugiesischen Kirschlorbeer her (nicht essbar). Aus meiner Erfahrung kann man aber jede Lorbeerart verwenden. Ich nutze meistens nur die Blätter zur Herstellung. Doch wenn Sie auch Lorbeerblüten dazu nehmen, riecht die Essenz noch angenehmer. Die Samen werden meistens nicht verwendet. Noch ein Hinweis: Lorbeer ist schwach bis mäßig giftig, wenden Sie diese Essenz wie alle anderen auch also bitte nicht innerlich an!

- **Essenz 6 – Thymian**: Der Thymian ist eines der wichtigsten Kräuter hinsichtlich der Selbstliebe. Er bringt frischen Wind in Ihre Seele. Durch die Arbeit mit dieser Essenz können Sie fehlendes Selbstbewusstsein ausgleichen und eine neue Realität erschaffen. Schamanen sagen, dass der Thymian die Aura erweitert, sodass sie mehr Liebe tanken kann: Man wird anderen gegenüber offener und fähig, die eigene Liebe zu teilen. Dadurch bekommt man auch mehr Liebe zurück, was wiederum den Selbstwert steigert. Diese Essenz ist sehr aromatisch. Man kann sie auch dazu verwenden, um auf dem Kopf das Haarwachstum anzuregen. Schamanen sagen nicht umsonst, dass unsere Kopfhaare Antennen zum Universum darstellen und daher immer gepflegt werden sollten. Ich verwende meistens nur die Zweige zu ihrer Herstellung. Doch auch die Blüten eignen sich gut.

- **Essenz 7 – Rosmarin**: Der Rosmarin ist ein altes, allseits bekanntes Kraut, das früher als Mittel gegen Verhexung genutzt wurde.

Das ist verständlich, zieht man den sehr intensiven und scharfen Duft in Betracht. Seine Essenz wirkt reinigend auf die Aura. Sie aktiviert die Liebe zu sich selbst und hilft, dass die Liebe ins Haus einzieht. Bei ihrer Verwendung sollte man jedoch vorsichtig sein, da sie die Haut reizen kann. Daher verdünnt man sie in der Regel mit Wasser im Verhältnis eins zu eins. Auch bei meinen Räucherungen zur Verbesserung der Aura eines Hauses verwende ich den Rosmarin gerne. Er klärt die Energien in der Seele wie auch im Haus und bringt innere Ruhe. Der Rosmarin hilft zudem, wenn Sie nicht loslassen können. Die Essenz riecht sehr angenehm, aber stark. Ich verwende sowohl Zweige als auch Blüten zu ihrer Herstellung.

- **Essenz 8 – Löwenzahn**: Wer kennt den Löwenzahn nicht, diesen Boten des Frühlings? Auch diese Pflanze aktiviert die Selbstliebe in Ihrer Seele und stärkt das Herzchakra, sodass Sie für neue Erfahrungen offen sind. Der Löwenzahn verleiht zudem Mut und Zuversicht. Er aktiviert die männliche Seelenanteile sowie das Bedürfnis nach Liebe. Seine Essenz kann ruhig öfter verwendet werden. Sie gilt im Schamanismus als eine der am schnellsten wirkenden. Ihr Duft ist blumig und angenehm. Ich verwende sowohl die Zweige als auch die Blüten zur Herstellung. Man kann jedoch auch nur die Blüten nehmen. Folgen Sie hier am besten einfach Ihrer Intuition.

- **Essenz 9 – Kastanie**: Die Kastanie ist einer der wichtigsten Bäume im Schamanismus. Sie steht für die weiblichen Aspekte der Seele: Intuition und Fantasie. Daher wird sie bei einem Selbstliebemangel sehr oft verwendet. Sie motiviert im Alltag, hilft uns, aus dem Herzen zu entscheiden, und stoppt das Kopfkarussell. Sie zeigt uns, wie schön unsere Seele ist und wie viele Schätze sich in ihr befinden. Die Kastanienessenz ist sehr mild, und wenn man nicht nur die Blätter, sondern auch die Blüten verwendet, dazu äußerst aromatisch. Für eine bessere Energie im

Haus kann sie als Raumduft eingesetzt werden. Auch hier gilt: Diese Essenz bitte nicht innerlich anwenden, denn die Kastanie ist für den Menschen giftig.

- **Essenz 10 – Ginster:** Der Ginster ist eine sehr wichtige Pflanze, um die Selbstliebe zu aktivieren. Er kommuniziert mit dem inneren Kind, also dem Unterbewusstsein. Seine Blüten sind gelb und symbolisieren den Solarplexusbereich. Hier wohnt die Seele. Die Essenz riecht sehr angenehm. In meinem Garten stehen einige Ginsterbüsche, um die Energie des Gartens zu verbessern und böse Energien zu vertreiben. Beim Sammeln der Pflanzenteile sollte man unbedingt Handschuhe tragen, da der Ginster mitunter stechen kann, was allergische Reaktionen hervorruft. Ich verwende die Zweige wie auch die Blüten zur Herstellung dieser Essenz. Aber auch ohne Blüten wird sie stark genug. Achtung: Der Ginster ist sehr giftig, die Essenz daher bitte keinesfalls innerlich anwenden.

- **Essenz 11 – Salbei:** Der Salbei ist aus der Küche und als Räucherung bekannt. Doch viele Schamanen arbeiten auch mit seiner Essenz, um die Liebe zu Mutter Natur und die Selbstliebe zu unterstützen. Der Salbei wirkt erfrischend, weckt neue Hoffnung und wärmt die Seele. Er reinigt Ihre Aura von feinstofflichen Parasiten und Besetzungen, also von Fremdenergien. Seine Essenz lässt Sie Ihre Kraft entdecken. Sie aktiviert zudem Ihren Lebensmut, bringt Leichtigkeit in den Alltag und erhöht den Selbstwert. Sie ist sehr stark duftend und sollte daher eins zu eins mit Wasser verdünnt werden. Da sie sehr dunkel ist, rate ich davon ab, sie auf Kleidung zu sprühen. Ich verwende sowohl die Blätter als auch die Zweige zu ihrer Herstellung.

- **Essenz 12 – Pfefferminze:** Die Pfefferminze wird vermutlich bereits seit Tausenden von Jahren vom Menschen verwendet. Sie bringt Frische und Leichtigkeit. Als Essenz stärkt sie die Verbindung zum eigenen Körper und der eigenen Seele und aktiviert das

Bedürfnis nach mehr Liebe. Sie hilft zudem Menschen, deren Ego zu schwach ausgebildet ist oder die zu oft verzichten. Die Essenz riecht angenehm frisch und kann daher auch zur Raumbeduftung verwendet werden. Die Minze ist in der Lage, weibliche Seelenanteile zu aktivieren: beispielsweise die eigene Intuition oder die Liebe zu den schönen Dingen im Leben wie delikates Essen oder erfüllender Sex. Die Essenz stärkt jedoch auch den Glauben an sich selbst – nicht umsonst hat sie die Nummer 12, die Zahl der Heiligen. Ich verwende die Blätter wie auch die Blüten zur Herstellung dieser Essenz. Ab und zu gebe ich auch andere Minzarten dazu.

- **Essenz 13 – Basilikum**: Diese Essenz ist insbesondere für Frauen geeignet, deren Liebe zu sich selbst nur schwach ausgeprägt ist. Sie hilft, in die eigene Kraft zu kommen sowie Selbstrespekt zu entwickeln, und lässt eigene Bedürfnisse in den Vordergrund treten. Das Basilikum aktiviert den Fokus auf das, was im Leben wirklich von Bedeutung ist: Es lässt Sie erkennen, dass Sie die wichtigste Person in Ihrem Leben sind und nicht jemand anders. Es unterstützt auch bei Einsamkeit, wobei diese meistens ein Zeichen mangelnder Selbstliebe ist. Der Duft der Essenz ist angenehm und kraftgebend. Ich nutze sowohl die Zweige als auch die Blüten zu ihrer Herstellung. Dabei spielt es keine Rolle, welche Basilikumsorte Sie bevorzugen. Ich mische in der Regel drei zusammen.

- **Essenz 14 – Tanne**: Die Tanne ist ein Lieblingsbaum der Schamanen. Sie symbolisiert Standhaftigkeit und den Ursprung (die Familie). Als Essenz für die Selbstliebe bewirkt sie eine innere Befreiung der Seele, indem sie Blockaden löst. Sie entspannt und spendet Leichtigkeit, sodass wir uns mehr erlauben. Dies wiederum stärkt die Selbstliebe. Diese Essenz riecht sehr intensiv und kann als Raumduft genutzt werden. Sie beseitigt zudem Bakterien in der Luft. Ich persönlich finde den Duft etwas zu stark und verdünne daher die Essenz eins zu eins mit Wasser. Zur Herstellung verwende ich ausschließlich frische Zweige.

- **Essenz 15 – Apfel**: Der Apfel ist ein Symbol des Lebens. Wenn man ihn quer aufschneidet, kann man ein Pentagramm (fünfzackigen Stern) in ihm erkennen. Daher glauben alle Schamanen, dass der Apfel von negativen seelischen Mustern befreit und uns viel Liebe spendet. Seine Essenz aktiviert den Glauben an die eigene Einzigartigkeit und stärkt ein zu schwaches Ego. Schamanen sind der Meinung, dass sie auch verschiedene Traumata löschen kann und dadurch mehr Platz für die Selbstliebe in der Seele schafft. Der Apfel zieht zudem die männliche Energie an und vertritt die maskuline Seite der Seele. Die Essenz wird gewöhnlich aus den Blüten und Blättern des Baumes bereitet. Sie riecht erfrischend, aber nicht allzu intensiv.

- **Essenz 16 – Birne**: Diese Essenz ist wie jene des Apfels eine der Selbstliebe. Sie symbolisiert jedoch die weibliche Seite der Seele und die Nähe zu Mutter Natur. Wenn wir diese zulassen, werden wir nahbar für andere. Die Birne öffnet das Herz für neue Erfahrungen und stimmt dankbar dafür, dass man lebt. Verwendet werden meistens die Blüten und die Blätter. Diese Essenz ist sehr mild und riecht angenehm.

- **Essenz 17 – Birke**: Es gibt kaum einen Schamanen, der nicht mit der Birke arbeitet. Sie gehört zu den stärksten Energieträgern in der Natur und steht für seelische Reinigung. Die Birke vertritt die weibliche Seite der Seele und gilt als Bringerin der Selbstliebe. Ihr Duft belebt die Seele. Sie ist zudem sehr wirksam gegen Einsamkeit. Ihre Essenz ist sehr stark und riecht angenehm beruhigend. Sie kann daher auch als Raumduft verwendet werden. Ich verwende die Zweige und Blätter zu ihrer Herstellung.

- **Essenz 18 – Eiche**: Auch ohne Eiche ist der Schamanismus nicht denkbar. Sie symbolisiert die männliche Kraft sowie Mut. Ihre Essenz macht die Seele stark und beständig. Die Selbstliebe kann durch sie verankert werden, vor allem wenn Sie immer wieder ins Schwanken geraten. Sie unterstützt energetisch die Psyche und sorgt für mehr Vertrauen zu sich selbst. Schamanen empfehlen, beim Saunieren sowohl die Birke als auch die Eiche zu verwenden. In Russland ist das gang und gäbe: Hier werden in der Banja (Sauna) Bündel aus beiden Pflanzen genutzt. Sie werden ins heiße Wasser gelegt, sodass es in der Sauna wundervoll duftet. Danach wird der Körper mit ihnen sanft bis hart abgeklopft, um ihn zu entgiften. Ich verwende nur die frischen Zweige und Blätter zur Herstellung dieser Essenz.

- **Essenz 19 – Rose:** Rosen werden dem Herzchakra zugeordnet und sind die bekanntesten Blumen, um die Selbstliebe zu aktivieren. Ihre Essenz wird nur aus den Blüten hergestellt. Sie duftet sehr angenehm, aber nicht so intensiv wie das ätherische Rosenöl. Manche Schamanen geben daher ein paar Tropfen ätherisches Öl dazu. Die Essenz aktiviert in erster Linie Ihre Lebensfreude: Sie genießen die schönen Dinge im Leben und freuen sich auf jeden Tag. Auch die Dankbarkeit wächst durch sie. Mit ihr können zudem Räume beduftet werden. Der Duft der Rose kann jedoch auf die Dauer etwas reizen, da er sehr süßlich ist.

- **Essenz 20 – Weinrebe:** Die Weinrebe symbolisiert die Süße des Lebens. Jeder Schamane arbeitet mit dieser Pflanze in seinen Ritualen zur Aktivierung der Liebe beziehungsweise Selbstliebe. Mit ihrer Essenz können alle Enttäuschungen verarbeitet werden. So wächst die Selbstverantwortung und daher auch die Selbstliebe schneller. Für diese Essenz werden nur die Blätter und keine weiteren Pflanzenteile oder Früchte verwendet. Sie riecht eher mild.

- **Essenz 21 – Walnuss:** Die Walnuss steht im Schamanismus für das Gehirn und daher den Geist. »Gesunder Geist – gesunde Seele«, sagen die Schamanen. Ihre Essenz hat eine Kraft in sich, die Ihre Selbstliebe im Handumdrehen aktivieren kann. Für sie werden die Blätter und grüne Nussschalen verwendet. Sie riecht ziemlich stark, insbesondere wenn sie mit unreifen, also grünen Nüssen hergestellt wird. Sie ist auch bei schlechter Laune oder Trauer zu empfehlen. Manche Schamanen verzichten bei der Herstellung auf die Nüsse und verwenden ausschließlich die Blätter für diese Essenz.

- **Essenz 22 – Buche:** Die Buche ist ein Symbol der Vermehrung und des Schutzes für die Seele. Sie hilft bei Minderwertigkeitskomplexen. Ihre Essenz kann Ihre Emotionen stabilisieren und Sie aus der Opferrolle herausholen. Daher gilt sie als eine der wichtigsten Essenzen für die Selbstliebe. Hergestellt wird sie aus Buchenblättern. Sie riecht eher mild. Da eine Buche auf meinem Grundstück steht, fertige ich die Essenz jährlich an.

- **Essenz 23 – Gingko:** Kennen Sie diesen Baum? Seine Inhaltsstoffe sind sogar in der Schulmedizin bekannt und werden zur Stärkung des Gehirns und bei Vergesslichkeit empfohlen. Doch der Gingko ist auch in der Lage, die Seele erblühen zu lassen. Dadurch bewirkt er, dass die Selbstliebe sich schnell entfaltet. Seine Essenz weckt die Lebenslust und aktiviert die Selbstachtung. Sie wird aus den Blättern hergestellt und riecht sehr angenehm. Ich verwende meistens nur die frischen Blätter des Baumes, andere bevorzugen die getrockneten.

- **Essenz 24 – Pappel:** Die Pappel gehört zu den weichen Holzarten und steht im Schamanismus für das Loslassen. Sie gilt als heiliger Baum, der uns Ausgeglichenheit schenkt. Durch diese findet man wiederum schneller zur Liebe zu sich selbst und kann glücklich werden. Die Pappelessenz stimmt leicht und lockert die Seele. Denken Sie nur an die Pappelwatte, wie leicht sie durch die Luft schwebt. Die Essenz wird aus den Blättern hergestellt und riecht neutral. Manche Schamanen fügen auch Rinde bei.

- **Essenz 25 – Johannisbeere:** Diese Essenz hilft gegen Einsamkeit und reinigt die Aura. Die Einsamkeit geht auf mangelnde Liebe für sich selbst zurück. Genau dieser Aspekt wird in der Aura korrigiert, sodass sich die Selbstliebe kraftvoll entfalten kann. Die Essenz wird aus den Blättern hergestellt, nicht den Beeren, und riecht sehr angenehm.

- **Essenz 26 – Stachelbeere:** Die Stachelbeere wird im Schamanismus bei Sorgen empfohlen. Ihre Früchte besänftigen die Seele. Ihre Essenz, die sehr würzig riecht, wird aus den Blättern hergestellt, die Beeren selbst werden nicht verwendet. Sie ist bei fehlender Selbstliebe zu empfehlen, insbesondere wenn diese auf Erfahrungen in der Kindheit zurückgeht.

- **Essenz 27 – Lilie:** Lilien sind sehr intensiv duftende Blumen und helfen gegen Trauer. Nicht umsonst sind sie ein häufiger Bestandteil von Beerdigungen. Ihre Essenz wird aus den Blüten und Blättern gewonnen und duftet sehr blumig. Sie wird nur äußerlich auf die Kleidung aufgetragen, nicht auf die Haut, da Lilien sehr giftig sind. Bitte also keinesfalls innerlich anwenden! Schamanen verwenden sie, um die Selbstliebe und das Gefühl, geborgen zu sein, zu unterstützen.

- **Essenz 28 – Krokus:** Sie kennen den Krokus bestimmt aus dem Garten. Er ist eine der ersten Pflanzen, die im Frühling blüht. Die Krokusessenz wirkt beruhigend und hilft gegen Eifersucht. Sie stärkt Ihre Selbstliebe und das Bedürfnis, auf die eigene Seele zu hören. Zudem beseitigt sie die Angst zu versagen, lindert Eifersucht und festigt die Verbindung zur eigenen Seele. Hergestellt wird sie aus den Blüten und Blättern und ist deshalb ist sehr aromatisch. Auch der Krokus ist giftig, daher wie alle Essenzen bitte nicht innerlich anwenden.

- **Essenz 29 – Kaffee:** Diese Essenz ist eine der ältesten im Schamanismus. Früher hat man sie aus grünen Kaffeebohnen hergestellt. Heute wird sie aus den normalen zerkleinerten, gerösteten Kaffeebohnen bereitet. Sie ist sehr aromatisch und riecht angenehm beruhigend. Sie unterstützt die Selbstliebe und beseitigt viele negative Gefühle.

- Essenz 30 – grüner Tee: Der grüne Tee ist nicht nur für den Körper gesund, sondern auch für die Seele. Er bringt Harmonie, Mut, Leichtigkeit und Frische in Ihr Leben. Seine Essenz wird aus den getrockneten Blättern hergestellt und riecht sehr würzig. Bei zu wenig Selbstliebe und zu viel Kummer bewährt sie sich seit Hunderten von Jahren.
- Essenz 31 – Brennnessel: Die Brennnessel ist als Heilkraut allseits bekannt. Sie kann bei Gefühlen körperlicher und seelischer Schwere sowie bei Unbeweglichkeit verwendet werden. Man wird geistig mobiler und körperlich aktiver. Die Brennnessel aktiviert die Selbstliebe sogar dort, wo sie kaum vorhanden ist. Ihre Essenz wird aus den Blättern der Pflanze bereitet. Sie riecht äußerst angenehm.
- Essenz 32 – Pfingstrose: Die Pfingstrose ist eine sehr schöne Pflanze, die unsere Seele stärkt. Ihre Essenz ist bei Trauer, negativen Gefühlen und Verbitterung zu empfehlen. Sie befreit uns von Sorgen, ermöglicht uns zu weinen und loszulassen und aktiviert die gesunde Selbstliebe. Ihre Essenz wird nur aus den Blüten der Pflanze gewonnen und riecht daher sehr intensiv und blumig. Die Pflanze ist leicht giftig, bitte nicht innerlich anwenden.
- Essenz 33 – Tulpe: Verspüren Sie genug Lebenslust? Wenn nicht, ist die Tulpe genau die richtige Pflanze für Sie. Ihre Essenz duftet wunderbar und verleiht ein Gefühl von Wärme und Geborgenheit. So kann Ihre Selbstliebe unbeschwert wachsen. Sie wird aus den Blüten hergestellt. Manche Schamanen geben noch die klein geschnittenen Zwiebeln dazu. Auch diese Pflanze ist giftig und daher ausschließlich zur äußeren Anwendung vorgesehen.

Die schamanischen Kräuteressenzen eignen sich auch für Rituale. Das folgende hat sich in meiner Praxis bewährt.

Mit Kräuteressenzen die Aura und Selbstliebe nähren

- Suchen Sie drei Essenzen aus, die Sie kombinieren möchten, und geben sie anschließend drei Tropfen von jeder auf ein Tuch.
- Konzentrieren Sie sich nun auf den Duft (die Frequenz). Stellen Sie sich dabei vor, dass er von Ihrer Aura absorbiert wird und diese nährt. Die Selbstliebe vermehrt sich dadurch rasch.
- Legen Sie anschließend eine Hand auf die Herzgegend und bedanken Sie sich bei den Essenzen.

Zum Schluss möchte ich Ihnen nun noch eine ganz besondere Essenz vorstellen.

Heilende Kiefernessenz

Diese Essenz wird aus der Kiefer gewonnen, innerlich ange-wandt und gilt als heilend für den Körper. Meine Oma hat sie jährlich für die ganze Familie bereitet, und nun bin ich der-jenige, der diese Tradition aufrechterhält. Die Essenz ähnelt einer Konfitüre und schmeckt sehr exotisch. Schamanen behaupten, dass sie Viren bekämpft und man mit ihr sogar Lungenentzündungen heilen kann.

Für die Zubereitung benötigen Sie folgende Zutaten:

1 kg frische Kiefernzweige

800 ml Wasser

600 g Zucker

- Geben Sie die Kiefernzweige in das Wasser und kochen Sie sie 30 Minuten lang.

- Lassen Sie den Sud anschließend 24 Stunden stehen. Danach wird er abgeseiht und noch einmal aufgekocht.
- Fügen Sie nun den Zucker hinzu und kochen Sie die Mischung 30 weitere Minuten, bis er sich auflöst.
- Geben Sie die Konfitüre anschließend in ein Glas und stellen Sie es in den Kühlschrank. Ich empfehle, täglich einen Esslöffel davon zu sich zu nehmen.

LIEBE & BEZIEHUNGEN

SELBSTLIEBE IN BEZIEHUNGEN LEBEN

Ohne gesunde Selbstliebe kann keine Beziehung funktionieren. Ich traf viele Paare in meinen Beratungen, die durch sie ihre Beziehungen retten konnten, kenne aber auch einige Menschen, bei denen ein Mangel an Selbstliebe zu einem Beziehungsaus geführt hat. Letztere sind gewöhnlich sehr enttäuscht und sehen sich als Opfer: Der Partner ist der böse Täter, der sie verlassen hat. Mir erscheint diese Einstellung nicht richtig, da zu einer Partnerschaft immer zwei Personen gehören und beide an ihr beteiligt sind. Fangen Sie deshalb mit Ihrer eigenen Selbstliebe an, wenn Sie Ihre Beziehung schätzen und erhalten wollen. Ist sie vorhanden, ist die wesentliche Voraussetzung für eine glückliche Beziehung erfüllt.

Jede Partnerschaft ist einzigartig, da wir alle bestimmte individuelle Charaktereigenschaften in die Beziehung mitbringen. Kein Mensch denkt oder fühlt wie Sie. Auch Ihr Partner nimmt die Welt anders wahr als Sie oder ich. Ich betone immer wieder, dass jeder Mensch ein besonderes Wesen ist und seine eigene Wahrheit besitzt. Wir treffen viele verschiedene Menschen auf unserem Lebensweg, bis wir den richtigen für uns finden.

Sollte man seinen Partner verlassen, wenn man von ihm angelogen oder manipuliert wird? Solche Menschen sind Indikatoren für uns: Sie zeigen uns unseren Mangel an Selbstliebe und signalisieren uns, dass wir uns weiter umsehen müssen. Daher sollte man sich bewusst mit der Situation auseinandersetzen und lernen loszulassen. Meine Oma sagte: »Verbanne solche Personen aus deinem Leben und verzeihe ihnen aus dem Herzen, so entsteht mehr Platz für deine Selbstliebe und dein Glück.«

Nun möchte ich Ihnen noch ein kleines Ritual ans Herz legen, mit dem Sie Ihre Beziehung stärken können.

Die Fäden der Vergangenheit durchtrennen

- Schreiben Sie Ihren Namen und den Ihres Partners auf einen Zettel. Falten Sie ihn anschließend und umwickeln Sie ihn mit roter Strickwolle.
- Zerschneiden Sie dann die Wolle mit einer Schere und sprechen Sie dabei laut: »Ich trenne unsere Fäden der Vergangenheit. Amen.«
- Verbrennen Sie anschließend den Zettel und die Wolle.

HERZENSMENSCHEN ERKENNEN

Wer sind Ihre Herzensmenschen, und wie können Sie sie erkennen? Herzensmenschen bringen Ihnen viel Liebe und Selbstliebe, Glück und einen guten energetischen Austausch. Sie nutzen Sie nicht aus und lieben Sie bedingungslos, so wie auch Sie diese Menschen bedingungslos lieben. Wenn Sie genügend Selbstliebe empfinden, arbeitet Ihre Intuition sehr gut, und Sie spüren, wer die richtigen Personen sind. Dann ziehen Sie diese gewöhnlich auch automatisch an.

Daher ist es überaus wichtig, Ihre Selbstliebe zu pflegen. Wenn diese sich zunehmend entfaltet, ziehen Sie immer mehr positive Kontakte und Liebe in Ihr Leben an.

Die Liebe hat viele Aspekte. Es gibt die Selbstliebe, Elternliebe, Partnerliebe, Kinderliebe und so weiter. All diese Liebesaspekte summieren sich zur allumfassenden Liebe. Die Schamanen besitzen unterschiedliche Werkzeuge, um die verschiedenen Aspekte zu aktivieren. Im Folgenden möchte ich Ihnen einige Werkzeuge der Selbstliebe zeigen.

Beginnen wir mit dem Lavendelöl. Ein Tropfen täglich auf Ihre Hände aktiviert die Selbstliebe und die Liebe Ihrer Mitmenschen. Allerdings kann sich ein Frosch vor der Hochzeit nicht in einen Prinzen verwandeln. Arbeiten Sie daher an Ihren Erwartungen und erkennen Sie den für Sie richtigen Partner.

Um den passenden Partner anzuziehen, können Sie auch ein Goldritual ausführen.

Goldritual für den richtigen Partner

- Schreiben Sie Ihren Partnerwunsch auf ein Blatt Papier. Achten Sie darauf, dass er vollständig ist, und formulieren Sie ihn als Tatsache, beispielsweise: »Ich habe einen Partner, der mich liebt und den ich liebe. Wir profitieren beide von unserer Beziehung und vermehren unsere Selbstliebe.«

- Bekleben Sie das Blatt danach mit Blattgold (im Bastelladen oder im Internet erhältlich). Lassen Sie das vergoldete Blatt in Ihrem Haus oder Ihrer Wohnung für unbestimmte Zeit liegen. Es wirkt als ein Anziehungsamulett. Das Gold wirkt dabei als Transformator Ihrer Wünsche ins Universum. Schließlich kommt Gold aus dem Kosmos.

- Einige Schamanen arbeiten nicht mit Gold, sondern stattdessen mit Bienenwachs. Es wird mit dem Planeten Venus, dem Planeten der Liebe, assoziiert, daher funktioniert es ebenso. Sie legen auf das Blatt mit den Wünschen Lorbeerblätter, Erde oder Pflanzensamen und übergießen alles mit heißem Wachs. Die Samen, Lorbeerblätter sowie die Erde stehen dabei für Sicherheit.

Wenn Sie sich selbst und Ihre Seele kennenlernen wollen, werfen Sie zunächst einen Blick auf Ihr Geburtsdatum. Es verrät Ihnen Ihre wichtigsten Lebensthemen. Schauen Sie sich zudem die Daten Ihrer Mitmenschen an. So können Sie auch ihre Themen in Erfahrung bringen. Ein Beispiel: Nehmen wir an, dass Sie am 11.6.76 geboren wurden (das Jahrhundert wird nicht beachtet, daher nur »76« und nicht »1976«). Die Tageszahlen 1 und 1, also 11, stehen links, die Jahreszahlen 7 und 6, also 76, rechts und der Monat 6 in der Mitte. Ihr Datum sieht wie eine Waage aus:

- 11 – 6 – 76
    I

Die Tageszahlen (links) stehen für Themen, die Sie loslassen und lockern müssen, die Jahreszahlen (rechts) für das, was Sie annehmen oder zulassen sollten. Die Monatszahl ist Ihr vorrangiges Lebensziel. Es können höchstens sechs Zahlen in einem Geburtsdatum stehen. Dies sind Energien, die Sie ständig begleiten und mit Ihrer Selbstliebe verbunden sind. Hier finden Sie die Deutung der einzelnen Zahlen:

- Die 1 symbolisiert die Sonne und ist eine Vaterzahl. Sie hat mit Dominanz und Heilung zu tun. Steht sie in Ihrem Geburtsdatum links, mittig oder rechts?
- Die 2 symbolisiert den Mond. Diese Zahl steht für Ihre Intuition. Sie führt jedoch auch zu Stimmungsschwankungen. Wo befindet sie sich in Ihrem Geburtsdatum?

217

- Die 3 stellt den Mars dar. Diese Zahl symbolisiert Lernfähigkeit, um Ziele zu erreichen, aber auch Aggression. Wo steht diese Zahl in Ihrem Geburtsdatum?
- Die 4 symbolisiert den Merkur. Er steht für Handel und Ideen, aber auch für zu viel denken. Haben Sie eine 4 in Ihrem Datum?
- Die 5 repräsentiert den Merkur. Er steht für spirituelles Wachstum, aber auch für Zweifel, die aufkommen können, wenn man zu wenig Selbstliebe empfindet. Haben Sie den Merkur in Ihrem Geburtsdatum? Wenn ja, wo steht diese Zahl genau?
- Die 6 symbolisiert die Venus. Sie steht für die Liebe, aber auch für das liebe Geld. Sie kann jedoch auch Angst darstellen. Ist sie links, rechts oder in der Mitte?
- Die 7 steht für den Saturn. Die Zahl hat mit dem Geldverdienen zu tun, aber auch mit Verlusten. Sie haben Sicherheit im Leben verdient, aber was ist schon sicher? Haben Sie eine 7 in Ihrem Datum?
- Die 8 repräsentiert den Uranus. Er kann viele Veränderungen bringen, sowohl positive als auch negative.
- Die 9 symbolisiert den Neptun. Er steht für Freundschaften und Kommunikation, aber auch für Wankelmut. Haben Sie zu viele oder zu wenig Neuner im Datum? Mittig, links oder rechts?
- Die 0 stellt den Pluto dar. Dies ist ein karmischer Planet. Sie werden stets geführt, aber auch geprüft, egal, wo sich diese Zahl in Ihrem Datum befindet. Es gelten jedoch nur die Nullen, die nach einer Zahl kommen – also 10, 20, 30, 40 etc. –, nicht die Nullen vor einer Zahl wie 01, 02, 03, 04 etc. Haben Sie eine Plutozahl in Ihrem Geburtsdatum?

Sie sehen, wie die verschiedenen Planetenenergien Sie beeinflussen oder unterstützen. Einige dieser Energien wirken von außen, einige von innen. Vor allem die Selbstliebe ist eine treibende Kraft für Ihr Glück. Sie ist Ihr Seelenschlüssel! Diesen braucht die Seele, um zu überleben und sich zu entfalten. Daher müssen Sie Ihre Selbstliebe immer im Blick haben.

PARTNERTYPEN NACH CHAKREN

Schamanen sind der Ansicht, dass wir uns unsere Partner mit der Seele aussuchen. Sie sind für uns vorherbestimmt, und jeder von ihnen hat ein anderes Niveau. Dabei gibt es sieben verschiedene Niveautypen. Diese werden unseren Chakren folgendermaßen zugeordnet:

- Das primitivste Niveau entspricht dem Wurzelchakra. In einer Beziehung mit einem Partner dieses Niveaus geht es ums Überleben auf der physischen Ebene. Dazu gehören Geld und Sicherheit (die es ohnehin nicht gibt). Auf diese Ebene gelangen viele Liebespaare nach einigen Jahren. Sie leben wegen der Kinder, des Geschäfts oder zur Absicherung zusammen. Hier mangelt es gewöhnlich mindestens einem Part an Selbstliebe. Beide Personen dulden sich zwar, leiden jedoch täglich unter der Beziehung. Da wir uns jedoch immer transformieren und lernen können, uns selbst mit Liebe zu begegnen, ist es möglich, auch solche eingeschlafenen Beziehungen zu reanimieren. Jeder von uns hat selbst zu entscheiden, wie er lebt und mit wem. Und jede Beziehung verdient eine zweite Chance, auch wenn sie eingeschlafen ist.
- Das zweite Niveau steht mit dem Sexualchakra in Verbindung. Einen Partner dieses Niveaus zeichnet aus, das wir ihn in erster Linie sexuell begehren. In einer solchen auf die Sexualität reduzierten Beziehung ist Selbstliebe meistens nur bedingt vorhanden. Sie hält normalerweise auch nicht sehr lange an, da nur allzu bald Langeweile aufkommt, sodass beide Abwechslung und neue Wege suchen. Eine gesunde Sexualität sollte Bestandteil jeder Be-

ziehung sein. Daneben sind auch gemeinsame Themen, Interessen, Ziele und Ideen wichtig.

- Das dritte Niveau entspricht dem Solarplexus, unserem inneren Kind. Hier haben wir einen Partner, mit dem wir sexuell zufrieden sind und mit dem wir uns über gewisse Themen austauschen können. Es liegen die gleichen Interessen, Vorstellungen sowie materielle Sicherheit vor. Die Selbstliebe wächst. Derartige Partnerschaften können sehr lange halten und sind in der Regel glücklich. Das einzige Manko ist die Vergangenheit beider Partner, insbesondere ihre Erziehung sowie die Eltern. Wenn diese sich übermäßig in die Beziehung einmischen, kann sie schnell daran zerbrechen.

- Das vierte Niveau hat mit dem Herzchakra zu tun. Mit so einem Partner erleben wir echte Liebe und Selbstliebe. Solche Beziehungen halten gewöhnlich lebenslang und sind ein purer Austausch von Energien und Ideen. Beide Partner vermehren die Selbstliebe in der Beziehung ständig und freuen sich über das Zusammensein mit dem anderen. Es wird von Herz zu Herz kommuniziert – die wichtigste Kommunikation überhaupt.

- Das fünfte Niveau steht mit dem Halschakra in Verbindung. Mit einem Partner dieses Niveaus können Sie sich geistig austauschen und gemeinsam reifen. Hier lieben sich beide nicht so sehr körperlich, sondern eher geistig. Sie entwickeln sich miteinander und erschaffen eine eigene, gemeinsame Realität. Gesunde Selbstliebe ist ein fester Bestandteil derartiger Beziehungen. Auch sie halten meistens ein Leben lang.

- Das sechste Niveau entspricht dem dritten Auge. Dieser Partner ist ein Gleichgesinnter, der jedoch seinen eigenen Lebensweg und seine eigenen Ziele hat. In dieser Beziehung lassen die Partner den jeweils anderen reifen und unterstützen ihn dabei. Sie haben zwar unterschiedliche Ziele, meistern sie jedoch zusammen, sodass beide voneinander profitieren. Die Reifeprozesse dauern gewöhnlich viele Jahre. Auch in dieser Beziehung ist Selbstliebe ein integraler Bestandteil.

- Das siebte Niveau ist mit dem Kronenchakra verbunden. Es ist eine geistig-seelische Ebene, die in direkter Verbindung mit dem Kosmos steht. Man nennt diese Partnerschaften auch Seelenpartnerschaften. Leider gibt es sie nur selten, da sie allein durch gesunde Selbstliebe entstehen können. Es ist eine echte Traumbeziehung, die vollkommen erfüllt ist und in der Verständnis, Liebe und Selbstliebe herrschen. Mit so einem Partner können Sie Pferde stehlen.

Falls Sie im Moment eine Beziehung führen, welcher Kategorie würden Sie diese zuordnen? Ich hoffe für Sie, dass Sie sich in einer gesunden Beziehung befinden. Falls nicht, ist das auch kein Beinbruch. Denn es immer möglich, dies zu ändern, und zwar indem Sie Ihre Beziehung analysieren und vor allem Ihre Selbstliebe entfalten.

Die Selbstliebe entsteht in unserer Kindheit. Hier keimt sie und fängt an zu wachsen. Ich bin dankbar für meine Kindheit, in der ich so viel lernen durfte. Doch Ihre Kindheit verlief vielleicht anders, und Sie hatten nicht wie ich die Möglichkeit, Ihre Selbstliebe zu entfalten. Vielleicht wurden Sie gekränkt, verletzt, unterdrückt oder gar missbraucht.

Doch man kann die Liebe zu sich jederzeit aktivieren und sein Leben so transformieren. In diesem Moment, wo Sie diese Zeilen lesen und es Ihnen vielleicht nicht so gut geht, Sie Sorgen haben oder einfach nur schlechte Laune, wünsche ich Ihnen von Herzen Glück, Gesundheit, Liebe und die Erfüllung all Ihrer Wünsche! Ich glaube daran, dass alles, was von Herzen kommt, auch bei unseren Mitmenschen ankommt. Seien Sie glücklich und lachen Sie mehr! Lesen Sie weiter und beherzigen Sie meine Ratschläge, Tipps und Tricks. Sie werden Ihnen mit Sicherheit dabei helfen, mehr Liebe für sich selbst zu empfinden.

Vor mehr als 20 Jahren beschäftigte ich mich intensiv mit der Transaktionsanalyse nach Eric Berne, einem amerikanischen Psychologen. Seine Methode fasziniert mich heute noch. Sie steht mit heilsamer Kommunikation in Verbindung, die uns leider oft fehlt. Da ich viele Parallelen zum Thema Selbstliebe in dieser Methode erkenne, möchte ich sie im Folgenden vorstellen.

Eric Berne entwickelte im 20. Jahrhundert die Transaktionsanalyse ursprünglich als psychotherapeutisches Verfahren. Sie findet jedoch heute auch bei einem breiten Publikum Anklang. Obwohl sie eine psychologische Methode ist, die Menschen hilft, effektiver zu kommunizieren, stellt sie auch einen Teil unseres Lebens und der Selbstliebe dar. Denn wir kommunizieren in jeder Sekunde unseres Daseins miteinander, sowohl in privaten als auch beruflichen Beziehungen. So vollziehen sich tagtäglich Transaktionen.

Eric Berne fiel bei seinen Klienten auf, dass sie sich während der Sitzungen von einem auf den anderen Moment völlig wandelten: Sie änderten Gesichtsausdruck, Haltung und Sprache und wirkten wie ausgetauscht. Er entwickelte daraus ein theoretisches Modell, nach dem jeder Mensch aus drei verschiedenen »Personen« besteht und drei verschiedene »Ich-Zustände« (Eltern-Ich, Erwachsenen-Ich und Kind-Ich) in sich trägt. Diese Zustände des Bewusstseins verkörpern aber nicht irgendwelche Rollen, sondern sind die alltägliche Realität. In dem Moment, wo man sich beispielsweise im Kind-Ich befindet, ist man wirklich ein Kind von sechs bis sieben Jahren; wenn man in den Eltern-Zustand schlüpft, ist man ein dominanter Part.

In einem meiner Seminare unterhielt ich mich mit den Teilnehmern über das Thema Kommunikation. Jemand stellte eine Frage, worauf eine andere Person sofort einwarf: »Du fragst das ja schon zum dritten Mal!« Hier sprach ihr Elternteil, für sie völlig unbewusst. Ich stellte den Teilnehmern folgende Frage: »Was würden Sie tun, wenn Ihnen Ihre Partnerin/Ihr Partner sagen würde, dass sie/er sich mit ihrem/seinem Ex-Partner zum Essen verabredet hat?« Allein der Gedanke daran verletzte bei vielen den Kind-Ich-Zustand sofort. Es kamen Antworten wie »Du kannst gleich bei ihr/ihm bleiben« oder »Was hat er/sie, was ich nicht habe?« oder »Geht's noch? Was erlaubst du dir?«. Eine Aussage ist mir besonders in Erinnerung geblieben: »Nur über meine Leiche! Du solltest froh sein, dass ich dir erlaube zu denken ...« Sie schmunzeln gerade? Das ist unsere Realität. Dies sind die versteckten Ängste in unserem inneren Kind und mangelnde Selbstliebe.

Eine andere Frage von mir betraf das Fremdgehen: »Wie würden Sie reagieren, wenn Sie erführen, dass Ihr Partner/Ihre Partnerin fremdgeht?« Sie können sich vielleicht auch hier vorstellen, wie das Kind-Ich verletzt wurde und vermehrt Vorschläge wie »Ich würde ihn kastrieren oder mich rächen« kamen. Dabei spielte die Angst vor Verlust oder Betrug eine gravierende Rolle. Menschen, die genug Selbstliebe empfinden, kennen solche Ängste nicht!

Jeder Mensch ist einzigartig.

Im Laufe unseres Lebens sammeln wir eine große Menge an Erfahrungen und Erinnerungen an, die uns prägen. So haben wir sozusagen gleichzeitig drei Ichs in uns.

Die Ich-Zustände, aus denen heraus wir kommunizieren, sind uns meist unbewusst. Wir nehmen sie automatisch ein und merken nicht einmal, dass wir aus einem Zustand in einen anderen wechseln. Wir erleben es, ohne darüber nachzudenken. Grundsätzlich ist es dabei jedem von uns möglich, den aktuellen Ich-Zustand zu verlassen und in einen anderen überzugehen.

Das Ich-System ist ein zusammenhängendes System von Gefühlen und Verhaltensmustern, die unser Leben prägen. Meine Worte »Freue dich jeden Tag auf dein Leben, und du wirst mehr Lebensfreude empfinden. Freue dich, dass du lebst, atmest und das Leben anderer bereicherst, und du belohnst dich selbst. Freue dich auf die Natur, und sie wird dich lieben ...« stehen auf einem sicheren Fundament. Denn die »Ich bin«-Gegenwart muss stets priorisiert werden. Nur so kann sich Ihre Selbstliebe entwickeln.

Die »Ich bin«-Gegenwart ist Selbstliebe.

An dieser Stelle möchte ich die drei Ichs näher beschreiben:

- **Eltern-Ich**: Es enthält Einstellungen und Verhaltensweisen, die wir von unseren Eltern und Großeltern übernommen haben. Wir befinden uns in unserem Eltern-Ich-Zustand, wenn wir die Denk-, Fühl- und Verhaltensweisen einnehmen, die wir in der Kindheit an diesen beobachtet haben. Es sind alte Muster, die häufig unnütz sind. Nach außen hin zeigen sich sie sich als kritische oder fürsorgliche Haltung anderen gegenüber. Das Eltern-Ich ist dominant, zugleich jedoch auch ängstlich. Es weist immer einen Mangel an Selbstliebe auf.
- **Erwachsenen-Ich**: Dieses Ich hängt nicht vom Alter eines Individuums ab. Es existiert vielmehr in uns allen und ist auf die gegenwärtige Realität ausgerichtet. Intelligent und anpassungsfähig überprüft es die Realität und plant vor. Wer sich mit der Gegenwart auseinandersetzt, Informationen sammelt und diese verarbeitet sowie sich mit seiner Selbstliebe beschäftigt, befindet sich in seinem Erwachsenen-Ich und in der Selbstliebe.
- **Kind-Ich**: Es umfasst die Impulse, die ein Kind von Natur aus spürt. Es enthält außerdem alle Erfahrungen aus unserer Kind-

heit. Wenn wir wie damals fühlen, denken und handeln, befinden wir uns in unserem Kind-Ich. Dieser Zustand ist von verschiedenen Ängsten und einer kaum vorhandenen Selbstliebe geprägt.

Kommen wir nun zu einigen Beispielen aus dem Alltag, die verschiedene Arten der Kommunikation illustrieren. In ihnen sprechen immer zwei Personen miteinander, A und B. Das folgende Schema zeigt die drei Ichs der beiden: links ist Person A, rechts B.

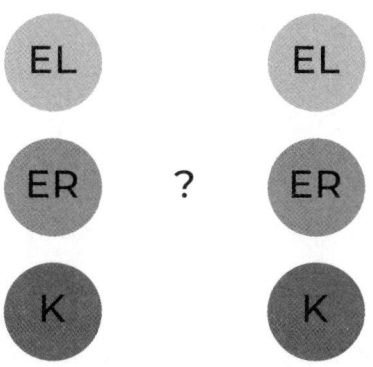

Transaktionsmodell mit den drei Ichs

A: »Guten Tag, Herr Meier, es regnet heute.«
B: »Guten Tag, Frau Müller, ja es regnet.«
Hier sprechen zwei Erwachsenen-Ichs miteinander. Sie kommunizieren auf einer gesunden Ebene.
Ein anderes Beispiel:
A: »Wie spät ist es gerade?«
B: »Es ist 12:00 Uhr.«
Hier tauschen sich ebenso zwei Erwachsenen-Ichs problemlos miteinander aus. Die Kommunikation lässt sich demnach wie folgt darstellen:

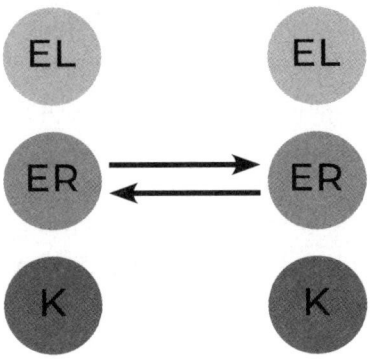

Die Kommunikation muss aber nicht derart reibungslos verlaufen, wie die folgenden Beispiele zeigen:

A: »Sag mal, musst du dich immer so benehmen?« (Eltern-Ich fragt das Kind-Ich des anderen.)

B: »Ich benehme mich, wie ich will.« (Kind-Ich antwortet trotzig dem Eltern-Ich.)

Oder:

A: »Was hast du dir eigentlich dabei gedacht?« (Eltern-Ich spricht das Kind-Ich des anderen an.)

B: »Und was denkst du dir dabei, so mit mir zu reden?« (Eltern-Ich antwortet und adressiert das Kind-Ich des anderen).

Wird jemand von einer Person angesprochen, dessen Eltern-Ich gerade aktiv ist, dann wird er in der Regel automatisch aus dem Kind-Ich-Zustand antworten:

A: »Was machst du denn da schon wieder?« (Eltern-Ich spricht das Kind-Ich des anderen an.)

B: »Gar nichts.« (Ein trotziges Kind antwortet dem Eltern-Ich des Gegenübers.)

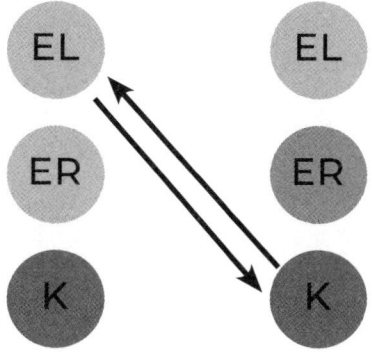

Spricht jemand einen anderen aus dem Kind-Ich-Zustand an, antwortet dieser entweder aus dem Kind-Ich:

A: »Du, mir ist so langweilig ... «

B: »Klasse, dann lass uns doch ins Kino gehen.«

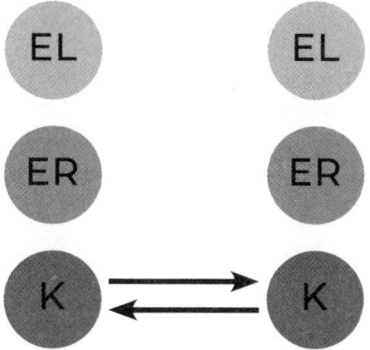

Oder er erhält eine Antwort aus dem Eltern-Ich:

B: »Hm, also ich habe gerade viel zu tun. Vielleicht machst du mal etwas Sinnvolles und liest einfach ein Buch.«

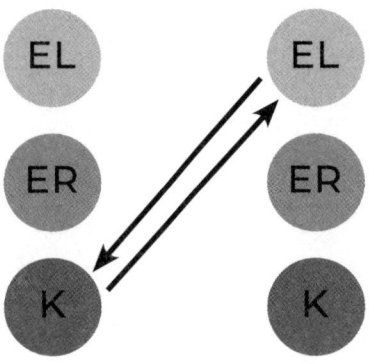

Eine andere Variante ist diese:

A: »Wollen wir in diesem Jahr vielleicht einmal in Spanien Urlaub machen?« (Erwachsenen-Ich stellt eine Frage an das Erwachsenen-Ich des anderen.)

B: »Immer willst du entscheiden, wohin wir fahren!« (Das Kind-Ich antwortet.)

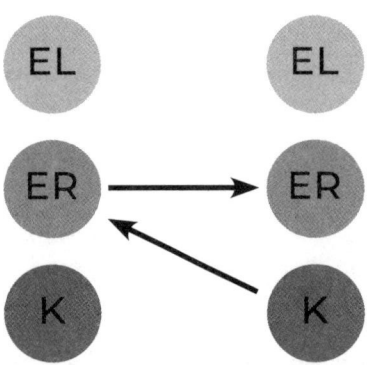

Kommen wir nun zu einem Beispiel aus dem Arbeitsalltag:

Der Vorgesetzte sagt zu seinem Mitarbeiter: »Sie kommen zu spät.« (Eltern-Ich greift das Kind-Ich des anderen an.)

Nun sind unter anderem folgende Reaktionen denkbar:

- »Sie können sich nicht vorstellen, wie der Verkehr heute ist!« (Eltern-Ich verteidigt sich gegen das Eltern-Ich des Gesprächspartners.)
- »Ja, ich habe auch bemerkt, dass ich zu spät komme.« (Eltern-Ich stimmt dem Eltern-Ich des Gesprächspartners zu.)
- »Es ist mir unangenehm.« (Erwachsenen-Ich antwortet ruhig.)
- »Na und, ist Ihnen das etwa noch nie passiert? Dann bleibe ich eben länger.« (Ein trotziges Kind-Ich verteidigt sich gegen das Eltern-Ich des anderen.)
- »Ja, es ist schlimm, Entschuldigung.« (Kind-Ich bittet um Verzeihung.)

Unser Kind-Ich beinhaltet unsere gesamte Lebensenergie. Wofür leben wir? Die Antwort ist eindeutig: für unser Kind-Ich. Das Erwachsenen-Ich braucht es, um zu überleben. Auch das Eltern-Ich lebt für das Kind-Ich und unterstützt das Erwachsenen-Ich. Das Eltern-Ich ist unser Gewissen, sein Slogan lautet »Du musst, du darfst nicht«. Das Kind-Ich sagt dagegen eher: »Ich will, mir gefällt es.« Sollten die Wünsche des Kind-Ichs erfüllt werden, sind sie in Grenzen zu halten. Meinen Schülern gab ich einmal folgende Empfehlung: »Wenn Sie Besuch erwarten, richten Sie kein großes Fest aus. Ein paar belegte Brote und eine Pizza genügen. Stellen Sie dazu einige Getränke und Gläser zur Selbstbedienung hin.« Daraufhin kamen Fragen wie: »Aber was werden meine Gäste von mir denken?« Wer hat da gesprochen? Das Eltern-Ich natürlich. Die Kraft des Erwachsenen fließt in die Erledigung dessen ein, was für das Kind unwichtig ist. Das Kind will Unterhaltung, nicht übermäßiges Essen.

Sehen wir uns nun eine Transaktion einmal genauer an:

A: »Guten Tag, Herr Meier.«

B: »Guten Tag, Herr Müller.«

A: »Sie sehen heute gut aus.«

B: »Vielen Dank, Sie aber auch.«

Bis jetzt unterhalten sich zwei Erwachsenen-Ichs ruhig miteinander. Nun geht das Gespräch aber folgendermaßen weiter:

A: »Ich sehe, Sie haben gute Laune. Diese werde ich Ihnen gleich verderben.«

B: »Oh, liegt es etwa an meinem Projekt?«

A: »Nicht nur, ich habe es satt, Ihnen immer wieder Vorschläge zu machen, die Sie ignorieren.«

B: »Entschuldigen Sie bitte, Herr Müller, aber ich versuche es immer wieder.«

A: »Davon merke ich aber nichts.«

B: »Dann sollten Sie Ihre Augen aufmachen und meine Leistung anerkennen. Ich habe genug für Sie getan.«

A: »Meine Augen aufmachen? Wollen Sie damit sagen, ich sei blind?«

B: »Genau das will ich sagen. Ich habe die Schnauze übrigens gestrichen voll, für Sie für einen Apfel und ein Ei zu arbeiten.«

A: »Dann sind Sie gekündigt.«

B: »Das ist mir schnurz.«

A: »Und wagen Sie es ja nicht, sich hier noch einmal blicken zu lassen.«

B: »Sie können mich mal.«

A: »Sie können mich auch gerne.«

B: »Idiot!«

A: »Selber Idiot!«

In diesem Dialog sprachen zunächst zwei Erwachsene miteinander, dann mischte sich das Eltern-Ich des Vorgesetzten ein. Das Gespräch endete schließlich im Kind-Ich-Zustand der beiden. So schnell kann sich ein Wechsel der Ich-Zustände vollziehen. Es ist übrigens dabei offensichtlich, dass es beiden Parteien sehr an Selbstliebe mangelt.

Es gibt viele verschiedene Transaktionsarten. Eine Transaktion ist eine Unterhaltungseinheit, man kann sie auch als Kommunikationsmaße ansehen. Wenn A fragt, antwortet B. Die Antwort von B stimuliert A zu einer weiteren Transaktion. Auch wenn Sie diese Zeilen lesen, sind Sie mit mir bereits in eine Transaktion verwickelt: Ich schreibe etwas – Sie lesen es. Wenn Ihnen das Geschriebene gefällt, empfehlen Sie es womöglich anderen Menschen weiter. So wird mein Werk allmählich bekannt, und ich kann ein neues schreiben.

Eine Transaktionsanalyse ermöglicht es zu erkennen, welche Ich-Zustände von zwei oder mehr Individuen an einer Kommunikation beteiligt sind. Zudem offenbart sie, wie man die Kommunikation verbessern kann, sodass sie einerseits für alle Beteiligten zufriedenstellend verläuft und andererseits diese ihre Selbstliebe durch sie nähren können, anstatt sie zu verbrauchen.

Generell kann man zwischen drei Transaktionsarten unterscheiden. Auf diese möchte in nun näher eingehen und sie anhand von Beispielen illustrieren.

1. Parallele Transaktion zwischen gleichen Ich-Zuständen

Bei dieser Art der Transaktion kommunizieren die Gesprächspartner aus dem gleichen Ich-Zustand heraus miteinander. Hierdurch kommt es zu keinen Konfliktsituationen, da jeder sozusagen in seiner Selbstliebe bleibt.

Beispiel 1: Eltern-Ich zu Eltern-Ich – Small Talk

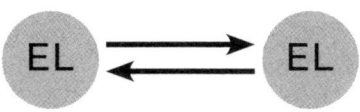

A: »Die Menschen von heute! Sie wollen nicht lesen, sondern sehen lieber fern.«

B: »Ja, so ist es leider, früher war es anders.«

A: »Sie haben alle Handys und sind die ganze Zeit über mit ihnen beschäftigt.«

B: »Ja, es ist wirklich schlimm.«
A: »Früher war es viel schöner.«
B: »Das stimmt … «

Beispiel 2: Erwachsenen-Ich zu Erwachsenen-Ich – Arbeit

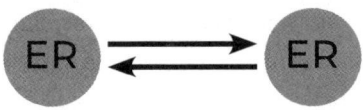

A: »Ich freue mich auf das heutige Geschäftsessen.«
B: »Ich mich auch.«
A: »Ich habe bisher nur Positives über das Restaurant gehört.«
B: »Das ist eine gute Nachricht.«

Beispiel 3: Kind-Ich zu Kind-Ich – Vergnügen

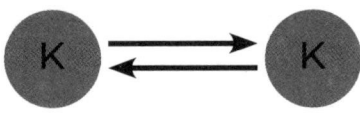

A: »Komm, wir gehen heute ein bisschen früher, dann können wir noch ins Kino.«
B: »Okay, super Idee.«
A: »Schauen wir uns doch etwas Spannendes an.«
B: »Ja, wieso nicht?«

2. Parallele Transaktion zwischen ungleichen
Ich-Zuständen

Hier kommuniziert parallel ein Ich-Teil des einen mit einem anderen Ich-Teil seines Gesprächspartners. Bei dieser Art der Transaktion kann es zu Konfliktsituationen kommen, wenn beispielsweise eine Mutter ihre Tochter dominiert oder ein Vorgesetzter seine Mitarbeiter »erzieht«. Diese Kommunikationsart raubt beiden Parteien ihre Selbstliebe.

Beispiel 1: Eltern-Ich zu Kind-Ich – Dominanz

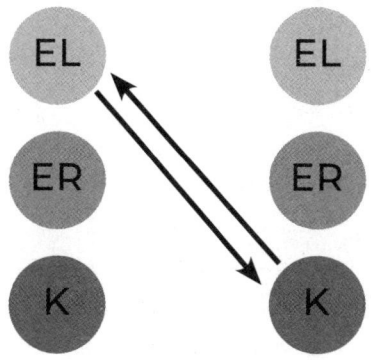

A: »Du kannst ja nicht mal ein Kleid aussuchen!«
B: »Na und?«
A: »Was kannst du überhaupt?«
B: »Lass mich doch in Ruhe.«

Beispiel 2: Kind-Ich zu Eltern-Ich – Ungeduld

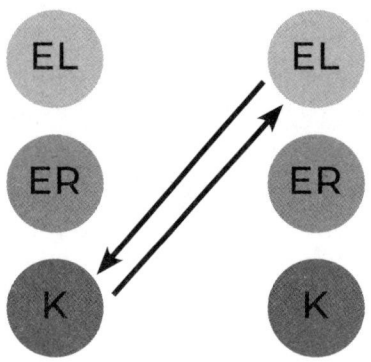

A: »Wollen wir nicht endlich gehen?«
B: »Gleich, lass mich nur noch austrinken.«
A: »Ich will nach Hause.«
B: »Ich habe dir doch gesagt, wir gehen gleich.«

3. Quertransaktion zwischen ungleichen Ich-Zuständen

Diese Art der Transaktion ist von einem wiederholten Auftreten von Konflikten und deren Abklingen geprägt. Sie wirkt extrem zerstörerisch in Hinsicht auf die Selbstliebe.

Beispiel 1: Im Geschäft

Klient: »Wo finde ich die Vasen?« (Hier spricht das Erwachsenen-Ich das Erwachsenen-Ich des anderen an.)

Verkäufer: »Im Regal links …« (Das Erwachsenen-Ich des Ange-
sprochenen antwortet dem Erwachsenen-Ich des Fragestellers.)

Klient: »Ich finde sie nicht« (Das Kind-Ich des Klienten adressiert
das Erwachsenen-Ich des Verkäufers.)

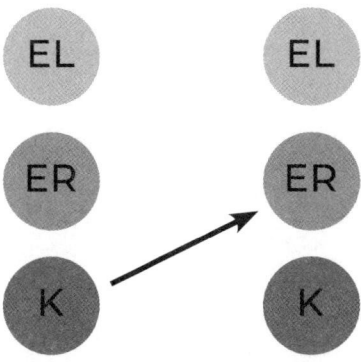

Verkäufer: »Das habe ich doch schon gesagt: links. Machen Sie Ihre
Augen auf!« (Das Eltern-Ich spricht das das Kind-Ich des Klienten
an.)

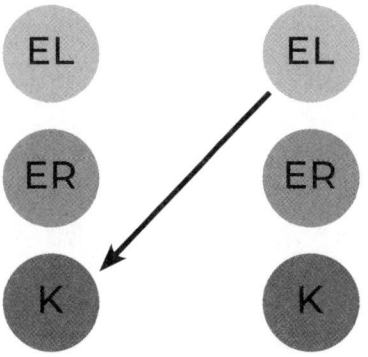

Wie geht es nun weiter? Wenn das Eltern-Ich des Klienten einspringt, ist folgender Verlauf denkbar: »Sagen Sie mir nicht noch einmal, dass ich meine Augen aufmachen soll! Ich bin gespannt, wo groß Ihre Augen gleich vor Erstaunen werden, wenn ich zum Geschäftsführer gehe!«

Wenn das Eltern-Ich des Klienten schwach ist, könnte es so aussehen: Der Klient ist beleidigt und fängt an zu weinen (Kind-Ich springt ein). Daraufhin geht der Verkäufer zu ihm hin und zeigt ihm, wo die Vasen stehen. Wäre es in diesem Fall nicht besser, sie ihm sofort zu zeigen?

Beispiel 2: Im Betrieb

Mitarbeiter: »Welche Fräse kann ich hier verwenden?« (Das Erwachsenen-Ich des einen spricht das Erwachsenen-Ich des anderen an.)

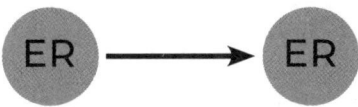

Vorgesetzter: »Sie arbeiten schon lange hier und sollten es wissen.« (Das Eltern-Ich antwortet dem Kind-Ich des anderen. Es handelt sich um eine Zurechtweisung, die als Angriff aufgefasst werden kann.)

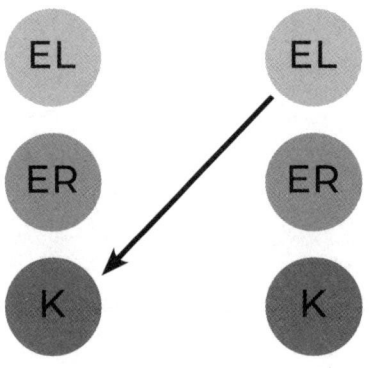

Beispiel 3: Zu Hause

Mann: »Liebling, wo steht die Milch im Kühlschrank?« (Das Erwachsenen-Ich des einen adressiert das Erwachsenen-Ich des anderen.)

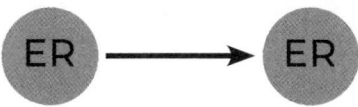

Frau: »Hast du was an den Augen, Liebling? Mach sie doch einfach auf!« (Das Eltern-Ich antwortet dem Kind-Ich des anderen.)

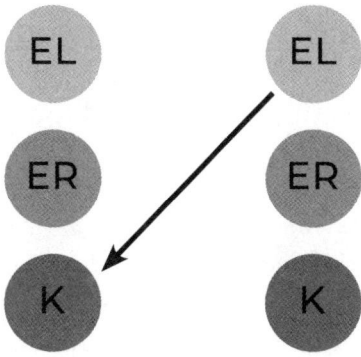

Mann: »Ich finde sie nirgends.« (Das Kind-Ich antwortet dem Eltern-Ich.)

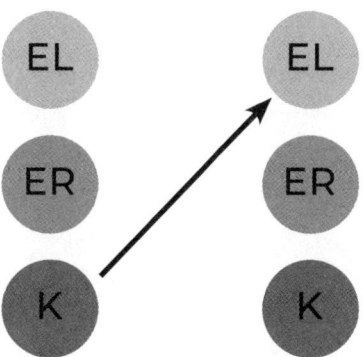

Die Gesamtgrafik sieht so aus:

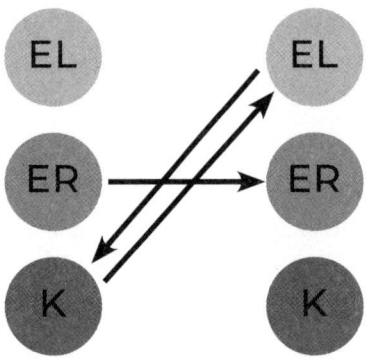

Das Gespräch könnte folgenden weiteren Verlauf nehmen, wenn beide versuchen, sich gegenseitig zu erziehen:

Frau: »Die Milch steht dort, wo du sie hingestellt hast.« (Hier spricht das Eltern-Ich das Kind-Ich des anderen an.)

Mann: »Wenn im Kühlschrank Ordnung herrschen würde, hätte ich sie sofort gefunden.« (Das Eltern-Ich antwortet dem Kind-Ich).

Frau: »Wenn du mehr auf Ordnung achten und mir beim Aufräumen helfen würdest – das wäre toll.« (Das Eltern-Ich spricht wieder das Kind-Ich des Mannes an.)

Mann: »Das kannst du doch auch selbst machen, immerhin hast du nicht so viel zu tun.« (Das Eltern-Ich des Mannes adressiert wieder das Kind-Ich seiner Partnerin.)

Frau: »Hätte deine Mutter dich gut erzogen, würdest du anders denken.« (Hier findet wieder eine Transaktion von Eltern-Ich zu Kind-Ich statt.)

Das gesamte Streitgespräch sieht demnach folgendermaßen aus:

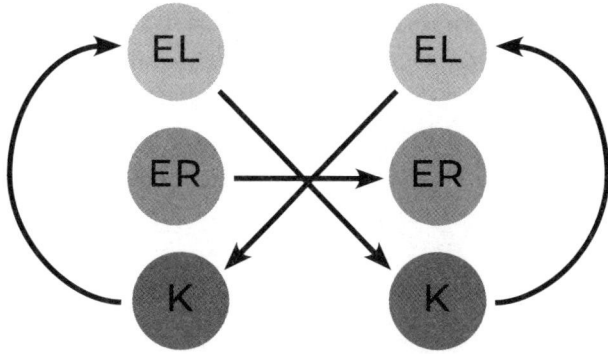

Sie haben sicherlich bemerkt: Der Mann sprach zunächst aus seinem Erwachsenen-Ich heraus das Erwachsenen-Ich seiner Partnerin an. Da deren Kind-Ich sensibel ist, sprang sofort ihr Eltern-Ich in die Bresche, um es zu schützen. Ihr Erwachsenen-Ich wurde dabei komplett verdrängt. Wie ging es weiter? Das Eltern-Ich der Frau verletzte das Kind-Ich des Mannes. An dieser Stelle sprang sein Eltern-Ich ein, um sein Kind-Ich zu unterstützen. Die Krise kann nun so weiter gehen, bis irgendwann die Energie eines Kind-Ichs erschöpft ist und es zu sprechen beginnt.

Eine derartige Kommunikation ist ein sicherer Weg in die Depression oder zur Scheidung. Beide sind nicht mehr in der Lage, ihre Erwachsenen-Ichs zu hören, da die Eltern- und Kind-Ichs gleichzeitig schreien. So wird die Kommunikation eine Frage des Egos und nicht der Selbstliebe. Wäre es nicht leichter für beide, wenn die Frau gleich zum Kühlschrank ginge und ihrem Partner zeigte, wo die Milch zu finden ist?

Schauen wir uns nun einen alternativen Verlauf dieses Gesprächs an. Mann: »Liebling, kannst du mir sagen, wo die Milch im Kühlschrank steht?« (Das Erwachsenen-Ich adressiert das Erwachsenen-Ich des Partners.)

Frau: »Hast du was an den Augen, Liebling? Mach sie doch einfach auf!« (Das Eltern-Ich antwortet wie im letzten Beispiel dem Kind-Ich des anderen.)

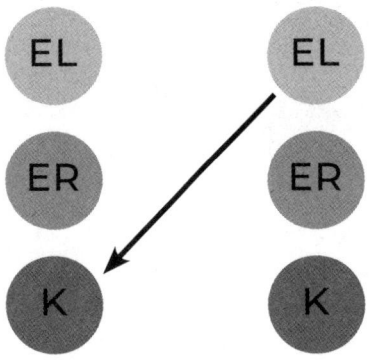

Mann: »Ja, ich bin ein großer Junge und habe anscheinend zwei Tomaten auf den Augen. Ich bin so unselbständig und wirklich glücklich, dass ich dich zur Frau habe.« (Das Kind-Ich des Mannes spricht das Erwachsenen-Ich seiner Partnerin an.)
Wie reagiert die Frau darauf? Sie geht zum Kühlschrank und holt die Milch heraus.

Um harmonisch zu kommunizieren, ist es wichtig zu erkennen, von welchem Ich-Zustand aus Ihr Gesprächspartner spricht und welchen Ich-Zustand von Ihnen er adressiert. Die parallele Transaktion ist hier bedeutsam. Sie stärkt die Selbstliebe beider Parteien.

An dieser Stelle möchte ich Ihnen einige psychologische Varianten vorstellen:

- **Stimulation (das Streicheln):** Diese Transaktion verläuft vom Kind-Ich zum Elternteil des anderen.

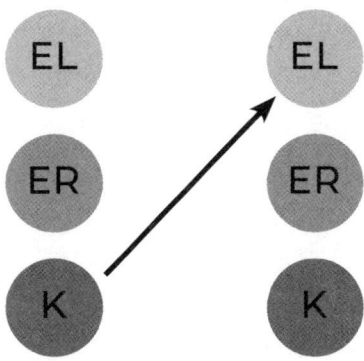

- **Zusammenarbeit:** Sie verläuft von Erwachsenen-Ich zu Erwachsenen-Ich.

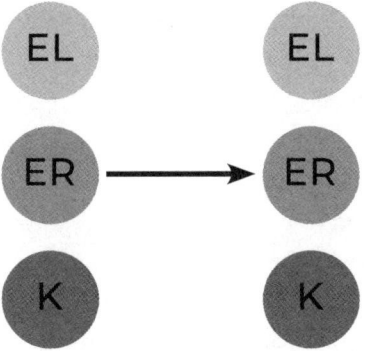

- **Psychische Schläge und Verletzungen:** Hierbei adressiert das Eltern-Ich das Kind-Ich des anderen.

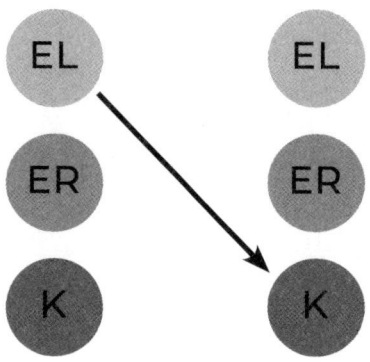

Ich-Zustände bei sich und anderen erkennen

Die folgenden Merkmale zeigen Ihnen, aus welchem Ich-Zustand Sie (oder Ihr Gesprächspartner) gerade sprechen.

1. Das Eltern-Ich

- Verhalten:
  - weiß alles besser,
  - kennt sogar all Ihre Geheimnisse.
- Körperhaltung:
  - mit dem Zeigefinger drohen,
  - Arme an den Hüften abstützen,
  - übermäßiges Lachen und tiefe Blicke,
  - von oben herabschauen,
  - im Sitzen zurücklehnen und überschlagene Beine,
  - breitbeiniger Stand.
- Sätze:
  - »Das werde ich nicht akzeptieren beziehungsweise dulden.«
  - »Sie müssen.«
  - »Machen Sie es sofort.«

- »Ist das so schwer zu verstehen?«
- »Sie haben unrecht.«
- »Wer ist dafür verantwortlich?«
- »Ich habe eine andere Meinung.«
- »Wie oft soll ich noch sagen, dass … «
- »Man darf nicht.«
- »Sie sind dazu verpflichtet.«
- »Schämen Sie sich.«
- »Auf keinen Fall.«

2. Das Erwachsenen-Ich

- Verhalten:
  - am Gesprächspartner interessiert,
  - kein Besserwisser.
- Körperhaltung:
  - hält Augenkontakt,
  - ist auf den Gesprächspartner fokussiert.
- Sätze:
  - »Entschuldigen Sie, ich habe Sie nicht verstanden.«
  - »Könnten Sie das bitte wiederholen?«
  - »Schauen Sie … «
  - »Vielleicht habe ich es nicht deutlich erklärt.«
  - »Überlegen wir zusammen.«
  - »Und was, wenn wir … «
  - »Was planen Sie?«

3. Das Kind-Ich

- Verhalten:
  - kindliche Augen,
  - unschuldige Gestik und Ausdruck,
  - artikuliert spontan, ohne lang zu überlegen,
  - Naivität.

- Körperhaltung:
  - richtet den Blick auf den Boden,
  - nicht zentriert, kein fester Stand.
- Sätze:
  - »Super!«
  - »Wow!«
  - »Ich will (nicht).«
  - »Es reicht mir jetzt.«
  - »Das ist mir alles zu viel.«
  - »Das ist langweilig.«
  - »Sie sind ein Schatz.«
  - »Ich werde das nicht akzeptieren.«
  - »Nie im Leben.«
  - »Was habe ich davon?«
  - »Wann geht es endlich vorbei?«

Die Strukturanalyse

Bei der Transaktionsanalyse unterscheidet man zwischen Selbstanalyse – man nennt sie auch Strukturanalyse –, zwischenmenschlicher
Analyse (Kommunikation), äußeren Transaktionen (Psychospiele-
Analyse) und Analyse der Drehbücher (Untersuchung der spezifischen Lebensdramen, die Menschen darstellen). Ich möchte im Folgenden besonders auf die Strukturanalyse eingehen, weil Sie eng mit
der Selbstliebe zusammenhängt.

Sie bietet uns die Möglichkeit, uns selbst zu analysieren und folgende Fragen zu beantworten:

- Wer bin ich, und was habe ich auf der Erde für Aufgaben?
- Warum handle ich so und nicht anders?
- Wie bin ich so geworden?
- Wer hat mich geprägt?
- Wo bleibt meine Selbstliebe?
- Was kann ich für meine Selbstliebe tun?

Die Strukturanalyse untersucht Gedanken, Gefühle und Verhalten eines Menschen. Sie können sie jederzeit und wiederholt bei sich selbst durchführen. Alles, was wir erleben, wird im Gehirn gespeichert und prägt unsere Wahrnehmung. Diese gespeicherten Informationen können immer wieder abgerufen werden. Wenn Sie über sich nachdenken und sich selbst analysieren, wecken Sie Ihre Selbstliebe. Sie hilft Ihnen wiederum, sich selbst besser zu verstehen.

Alles, was zwischen Menschen geschieht, enthält eine
Transaktion zwischen ihren Ich-Zuständen.

Neben den verschiedenen Ich-Zuständen gibt es auch vier Grundeinstellungen:
1. »Ich bin O. K.«
2. »Ich bin nicht O. K.«
3. »Du bist O. K.«
4. »Du bist nicht O. K.«

Sie können in vier Mustern auftreten:
- **Lebensanschauung 1: »Ich bin O. K. – du bist O. K.«**
  Dies ist potentiell eine gesunde Einstellung, in der viel Selbstliebe vorhanden ist. Wir akzeptieren uns und unsere Mitmenschen und würdigen unseren eigenen Wert wie auch den anderer. Wenn man realistisch denkt, kann man mit dieser Lebensanschauung viele Probleme konstruktiv lösen. Alle Erwartungen werden mit großer Wahrscheinlichkeit eintreffen. Ein Mensch mit dieser Lebensanschauung sagt: »Das Leben ist gigantisch und wunderbar.«
- **Lebensanschauung 2: »Ich bin O. K. – du bist nicht O. K.«**
  Sie wird auch als projektive Lebensanschauung bezeichnet. Kennzeichnend sind ein Mangel an Selbstliebe sowie ein unge-

sundes, übergroßes Ego. Menschen mit dieser Einstellung messen sich selbst einen höheren Wert bei als anderen und fühlen sich gequält oder verfolgt. Sie geben ihren Mitmenschen für ihr Unglück die Schuld oder machen sie dafür verantwortlich. Folgender Satz drückt dieses Lebensgefühl aus: »Dein Leben ist nichts wert.«

- **Lebensanschauung 3: »Ich bin nicht O. K. – du bist O. K.«**
Sie wird auch introjektive Lebensanschauung genannt. Es handelt sich um eine sehr weit verbreitete Grundeinstellung vieler Menschen, die davon geprägt ist, dass wir unseren eigenen Wert herabsetzen und andere für wertvoller als uns selbst halten. Mit dieser Einstellung kommt man sich ohnmächtig vor, wird häufig depressiv und vergleicht sich ständig mit anderen. Selbstliebe ist kaum vorhanden. In schweren Fällen kann sie zum Suizid führen. Ihr Motto ist: »Mein Leben ist nichts wert.«

- **Lebensanschauung 4: »Ich bin nicht O. K. – du bist nicht O. K.«**
Eine sehr zerstörerische Grundeinstellung, bei der davon ausgegangen wird, dass niemand ist wie man selbst. Sie ist von einem kompletten Verlust der Selbstliebe gekennzeichnet. Menschen, die sie vertreten, haben das Interesse an ihrem Leben verloren. In schweren Fällen kann auch diese Einstellung zum Suizid führen. Das Motto lautet: »Zu leben lohnt sich überhaupt nicht.«

Ich

DU		O. K.	nicht O. K.
	O. K.	Ich bin O. K. Du bist O. K.	Ich bin nicht O. K. Du bist O. K.
	nicht O. K.	Ich bin O. K. Du bist nicht O. K.	Ich bin nicht O. K. Du bist nicht O. K.

Wie so oft ist auch hier der erste Schritt, das eigene Verhalten unter die Lupe zu nehmen und zu analysieren. Beantworten Sie die folgenden Fragen:

- Ist es mir möglich, bei mir selbst die verschiedenen Ich-Zustände zu erkennen?
- Kenne ich einen Ich-Zustand vielleicht besonders gut von mir selbst?
- Aus welchem Ich-Zustand handle ich in welchen Situationen?
- Wie könnte ich mir in einer Kommunikationssituation darüber bewusst werden, aus welchem Ich-Zustand heraus ich in dem Moment spreche?
- Welchen Nutzen könnte es für mich haben, wenn ich lerne, mir meines Ich-Zustands bewusst zu werden?

Wollen Sie glücklich sein? Dann versuchen Sie stets, Ihr Erwachsenen-Ich zu leben. Tun Sie das nicht, dominieren und unterdrücken es die anderen Anteile wie unten abgebildet, sodass Ihre Seele steif wird und Ihre Selbstliebe schwindet.

Ihr Erwachsenen-Ich sollte Ihnen die folgenden Fragen stellen:

- Ist es wahr, was ich sehe?
- Woher kommt meine Idee?
- Kann ich es umsetzen?
- Entspricht es der Wahrheit?

Wenn Sie aus Ihrem Erwachsenen-Ich sprechen, aktivieren Sie automatisch das Erwachsenen-Ich Ihres Gesprächspartners und stimulieren dadurch sein Denken. Ein Beispiel:

Vorgesetzter: »Machen Sie es sofort, der Klient wartet!« (Das Eltern-Ich adressiert das Kind-Ich des anderen.)

Angestellter: »Gut, mache ich.« (Das Kind-Ich antwortet dem Eltern-Ich.)

»Aber wie?« (Das Erwachsenen-Ich springt an dieser Stelle ein und spricht das Erwachsenen-Ich des Gesprächspartners an.)

Vorgesetzter: »Denken Sie doch nach, wofür bezahle ich Sie denn?« (Das Eltern-Ich adressiert wieder das Kind-Ich des anderen.)

Angestellter: »Wenn ich so gut denken könnte wie Sie, wäre ich der Vorgesetzte und Sie der Angestellte.« (Hier antwortet das Kind-Ich dem Eltern-Ich. Das Kind-Ich des Vorgesetzten wurde nicht angesprochen und somit nicht verletzt.)

Vorgesetzter: »O. K., ich werde Ihnen helfen.« (An dieser Stelle übernimmt das Erwachsenen-Ich des Vorgesetzten.)

Damit der Erwachsenen-Teil des Gesprächspartners einspringt, ist es nötig, zuerst Einverständnis zu zeigen und anschließend eine Frage zu stellen. Meiner Meinung nach ist ein Vorgesetzter, der schreit, droht oder seine Mitarbeiter kleinmacht (er lebt sein Eltern-Ich aus), schlicht als gedankenlos und naiv zu bezeichnen. Ein kluger Vorgesetzter erklärt, fragt nach und interessiert sich für die Meinungen anderer (er lebt sein Erwachsenen-Ich aus).

LEBEN & WOHNEN

GELDPSYCHOLOGIE UND SELBSTLIEBE

Nun möchte ich zu einem sehr speziellen Thema kommen, das auch mit gesunder Selbstliebe zusammenhängt: Geld. Ich hoffe, es leuchtet Ihnen ein, dass Sie auch Ihre finanzielle Lage durch Selbstliebe schnell verbessern können. Dabei ist dieses Kapitel besonders für jene Menschen wichtig, die häufiger knapp bei Kasse sind. Aber auch für jene, die ihr Geld vermehren wollen, ohne jeden Cent im Dauersparmodus umdrehen zu müssen.

Geldverlustängste sind bei vielen Menschen ein großes Thema. Menschen, die wenig Geld besitzen, kennen sie ebenso wie finanziell abgesicherte. Hinter diesem Unwohlsein steht die Angst zu versagen und vor einem leeren Magen. Spirituelle Menschen, die ihren Wert kennen und genug Selbstliebe in sich tragen, ist diese Angst jedoch fremd. Denn sie verstehen die Psychologie des Geldes und leben nach ihren Grundsätzen.

Steht Ihnen genug Geld zur Verfügung? Oder haben Sie sich vielleicht schon einmal gefragt, warum andere mehr besitzen als Sie? Geld ist eine spezifische Energie und sollte speziell behandelt werden. Der Geldfluss wird oft durch verschiedene eingespeicherte Gedankenmuster oder auch Dogmen gebremst. Sie sind ein Zeichen für einen Mangel an Selbstliebe. Dazu gehören unter anderem folgende:

- Geld ist nicht gut.
- Geld ist nur etwas für die Reichen.
- Geld haben nur Betrüger.
- Geld ist böse.
- Geld haben nur Prominente.
- Geld haben nur Verbrecher und andere Kriminelle.
- Das Geld reicht mir für mein täglich Brot.
- Ich mag Geld nicht.

Geld ist die Energie unseres Geistes und unserer Gedanken. Wie Sie wissen, lenken Ihre Gedanken die Realität. Diese Energie hat ihre eigenen Gesetze:

- Man bekommt immer genau so viel, wie man momentan braucht.
- Das Universum erlaubt niemandem, auf Dauer auf Kosten anderer zu leben.
- Wenn man seine Schulden nicht begleicht, ist der Geldfluss gestört.
- Es kommt genau so viel Geld in einem Moment, wie Sie energetisch halten und verwenden können.
- Das Universum ist sehr gütig. Es weiß, wie viel Geld man braucht, um glücklich zu sein.
- Das Universum gibt demjenigen Geld, der genug Selbstliebe in sich trägt.

Wie viel Geld brauchen Sie also, um zufrieden zu sein? Und wofür würden Sie es ausgeben? Wussten Sie, dass nur einem glücklichen Menschen, der genügend Selbstliebe empfindet, Geld zufließt? Denn das Geld liebt glückliche Menschen. Und damit das Glück und der Geldfluss anhalten, ist es wichtig, es auch für sich auszugeben. Wenn Sie eine Million Euro geschenkt bekämen, wofür würden Sie diese Summe ausgeben? Etwa für:

- Ihre Kinder,
- Ihre(n) Partner(in),
- ein Haus,
- ein Auto,
- Urlaub mit der Familie,
- Geschenke.

Doch wo bleiben Sie dann? Damit will ich Ihnen vor Augen führen, dass das Geld direkt mit Ihrer Selbstliebe verbunden ist. Nur an andere Menschen zu denken und dadurch selbst auf vieles zu verzichten ist unklug. Selbstverständlich sollte man auch andere unterstützen und ihnen eine Freude bereiten, aber nur solange man genug Selbstliebe und damit auch Geld hat.

Ein wichtiges Geldgesetz besagt: Wenn Sie sich mehr Geld wünschen, ist es wichtig zu wissen, wofür Sie es ausgeben würden. Sie sollten einen Plan haben, in dem es um die höheren Ziele geht. Der größte Teil des Geldes sollte dabei immer für sich selbst ausgegeben werden. Das ist Ausdruck gesunder Selbstliebe.

Generell sollten Sie sich das Geld in der Währung Ihres eigenen Landes beziehungsweise des Landes, in dem Sie sich gerade befinden, wünschen. Das hängt mit der Ortsenergie zusammen. Banknoten verschiedener Länder sollten in der Geldbörse stets getrennt voneinander aufbewahrt werden: Es sind unterschiedliche Energien, die sich nicht berühren sollten.

Es gibt noch weitere universale Geldgesetze, die ich Ihnen nicht vorenthalten möchte.

Gesetz der Fokussierung

Konzentration ist alles! Nur wer konzentriert an seine Ziele denkt und sie förmlich spüren kann, wird belohnt. Spüren heißt dabei vor allem, sie zu fühlen. Was wollen Sie sich konkret anschaffen? Und warum? Wie schnell soll Ihr Wunsch in Erfüllung gehen? Fokussieren Sie sich auf Ihre Ziele und folgen Sie Ihrem Gefühl.

Wie genau sieht das, was Sie sich wünschen, aus? Gehen Sie hier immer ins Detail und stellen Sie sich die Farbe, Größe, Material etc. genau vor. Nehmen wir zum Beispiel an, Sie wünschen sich ein neues Auto. Rufen Sie es sich konkret in Bewusstsein: Wie sieht es aus? Welche Marke, Farbe, welches Baujahr, wie viele Sitze sehen Sie, was ist mit der Beschaffenheit von Dach und Reifen? Können Sie sich diese Fragen beantworten?

Stellen Sie sich vor, dass Sie das Gewünschte bereits besitzen. Versuchen Sie, es auch zu fühlen. Sagen Sie sich innerlich: »Ich habe es verdient.« Auf diese Weise manifestieren Sie Ihre Wünsche kraftvoll in Ihrem Leben. Freuen Sie sich dabei und bedanken Sie sich bei Ihrer Selbstliebe. So fokussieren Sie die Energie des Geldes auf die Erfüllung Ihrer Wünsche.

Gesetz der Fülle

Haben Sie schon einmal von »Fülle durch Fülle« gehört? Es bedeutet: Je mehr Geld man besitzt, desto mehr zieht man an. Das ist energetisch bedingt.

Lernen Sie zu schenken. So entsteht freier Platz für neues Geld in Ihrem Leben. Durch das Geben werden Sie mehr bekommen. Wichtig dabei ist: Wenn Sie etwas verschenken, soll dies aus dem Herzen geschehen und nicht, weil Sie es müssen oder hier gerade lesen. Das Verschenken muss Freude bereiten: Sie tun einem anderen Menschen einen Gefallen – und sich ebenso.

Lassen Sie sich auch beschenken. Dafür müssen Sie lernen, Geschenke annehmen zu können. Sie haben es verdient, beschenkt zu werden. Doch es gibt viele Menschen, die Hemmungen haben, etwas anzunehmen. Ihnen mangelt es an Selbstliebe. Ich hatte früher auch ein Problem damit, Geschenke freien Herzens annehmen zu können. Heute empfange ich sie wahrhaftig gern und freue mich auf alles, was kommt.

Vergessen Sie verliehenes Geld. Denn wenn Sie an es denken, blockieren Sie den eigenen Geldfluss. Wenn Sie also schon etwas verleihen wollen, dann immer ohne die Erwartung, dass es zurückkommt. In asiatischen Basars wird beispielsweise kein Rückgeld angenommen. Man lässt es stattdessen einfach liegen und stellt sich vor, dass es neues Geld anziehen wird. Dasselbe sollte man auch in einem Lokal nach dem Essen machen. Lassen Sie sich das Rückgeld bringen und legen Sie erst danach das Trinkgeld für die Bedienung auf den Tisch. Und denken Sie daran: Es sollte Ihnen Spaß machen, etwas zu verschenken, sonst funktioniert das Gesetz der Fülle nicht.

Gesetz der Gedanken

Wenn Sie sich etwas gönnen, dann immer ohne es zu bereuen. Sie können es sich leisten. Diese Einstellung aktiviert Ihre Selbstliebe – und wenn diese wächst, dann vermehrt sich auch Ihr Geld.

Wie verhält es sich nun, wenn man bestohlen wird? Russische Schamanen sagen, das ist ein Energieausgleich: Es wurde uns etwas anderes erspart und mit Geldenergie von uns gezahlt. Dabei kann es sich um alles Mögliche handeln, wie etwa Erkrankungen, Verrat oder auch Enttäuschungen.

Ich finde diese Vorstellung sehr schlüssig und kenne ein paar Fälle in meinem Bekanntenkreis, die sie bestätigen. Bei den Bestohlenen verschwanden Warzen, Kopfschmerzen und Rückenbeschwerden. Einige wurden kurz danach befördert, andere verliebten sich neu. Der Dieb nimmt sozusagen mit dem Geld das mit, was wir offensichtlich nicht brauchen. Wir Schamanen wissen, dass uns anschließend neues Geld von anderen Seiten zufließt, und zwar vermehrt. Bedanken Sie sich also bei demjenigen, der Sie bestohlen hat. Womöglich hat er Sie vor etwas Argem gerettet.

In meinem Leben habe ich einiges Geld durch meine Blauäugigkeit verloren. Am Anfang war das sehr schmerzhaft. Doch heute weiß ich, dass das Geld durch das Verzeihen und Vergeben doppelt und dreifach zurückkommt.

»Geld und Weite«-Gesetz

Geld muss sich ständig bewegen, es muss zirkulieren. Geben Sie es also für sich aus und stecken Sie es nicht nur in die Schatulle für die dunklen Tage. So bleibt der Fluss des Geldes erhalten. Falls Sie Bargeld für den »schwarzen Tag« aufheben, sollten Sie ein paar Banknoten pro Monat austauschen, damit das Geld Entfernungen zurücklegen kann und in der Weite zirkuliert.

Geld nicht zu ehren und durcheinander aufzubewahren führt zu Verlust. Diesen Glauben gibt es überall. Bewahren Sie das Geld aus diesem Grund in der Geldbörse nach Größe geordnet auf. Geiz ist eine Krankheit und entspringt dem Wunsch, nicht loszulassen. Laut geistiger Philosophie ist Geiz demnach nicht geil, sondern raubt dem Geld seine Weite.

Gesetz der offenen Tür

Geben und nehmen wie auch leben und leben lassen öffnen dem Geld Tür und Tor! Vergessen Sie dabei Komplimente nicht. Auch sie gehören zum Geldvermehren. Schamanen vertreten die Ansicht: »Sagen Sie Ihren Mitmenschen ein paar schöne Worte. Es kostet Sie nichts, sondern bringt Ihnen neue Energie und lässt Ihre Selbstliebe wachsen.«

Erwarten Sie kein Dankeschön, wenn Sie jemandem mit Geld geholfen haben. Das Geld wird von anderswoher gewiss zu Ihnen zurückkehren. Lassen Sie mich Ihnen eine kleine Anekdote erzählen: Eine ältere Frau stand an der Kasse und weinte, weil sie bemerkte, dass ihr der Geldbeutel gestohlen wurde. Sie konnte ihren Einkauf nicht bezahlen. Ein Mann, der hinter ihr in der Schlange stand, fragte sie, wie viel Geld sie denn verloren habe. Sie antwortete, dass 50 Euro in der Geldbörse gewesen seien. Kurzerhand schenkte er ihr diesen Betrag, sodass sie die Waren bezahlen konnte. Anstatt sich zu freuen, war die Dame jedoch weiterhin untröstlich. Der Mann fragte, warum sie immer noch weine. Worauf diese erwiderte: »Aber meine Geldbörse mit 50 Euro ist weg!«

Und hier noch eine weitere Geschichte aus Russland: Ein Bettler stand immer vor derselben Kirche und fragte die Passanten nach Geld. Ein wohlhabender Mann gab ihm immer wieder eine größere Summe, doch dann endeten dessen Besuche in der Kirche abrupt. Der Bettler sorgte sich sehr und befürchtete schon, dass der Mann überhaupt nicht mehr wiederkommen würde. Doch nach einigen Wochen erschien er erneut. Der Bettler fragte ihn: »Wo waren Sie denn so lange?« Er antwortete: »Wir waren im Urlaub.« Daraufhin entgegnete der Bettler vorwurfsvoll: »Aha, im Urlaub also – und das für mein Geld!«

Sie lachen womöglich gerade und können solche Menschen nicht verstehen. Wenn man beide Geschichten analysiert, fragt man sich, was in ihnen vorgeht. Manche werden sagen, dass sie undankbar, geizig oder sogar verrückt sind. Doch es gibt auch eine andere Antwort. Die Personen wollen nicht nur Hilfe erhalten, sondern sich finanziell sicher fühlen. Diese Sicherheit erhält man aber nur, wenn man genug Selbstliebe empfindet.

Das Gesetz von Kiyosaki

Dieses kluge japanische Geldgesetz verrät uns, wie wir allgemein mit unserem Geld umgehen sollten. Es besagt beispielsweise, dass verdientes Bargeld immer zu Hause übernachten sollte, sodass es sich wohl fühlt. Wenn Sie also Bargeld einnehmen, zahlen Sie es weder sofort auf Ihr Konto ein noch geben Sie es aus. Wenn Sie etwas am gleichen Tag bezahlen müssen, nehmen Sie dafür Bargeld, das bereits davor in Ihrem Besitz war.

Das Gesetz besagt weiter, dass Bahrzahlungen im Alltag von Vorteil sind. Das gilt nur für Dinge des täglichen Gebrauchs. Größere Gegenstände oder Leistungen können ohne weiteres per Überweisung oder Kreditkarte beglichen werden.

Mit verdientem Geld sollte wie folgt umgegangen werden:

- Sparen Sie etwa zehn Prozent davon. Das gibt Ihrem Geld viel Energie.
- Weitere zehn Prozent sollten investiert werden, beispielsweise indem man Schulden begleicht oder sich selbst oder nahestehenden Personen etwas kauft.
- Weitere zehn Prozent des verdienten Geldes sollten für Geschenke und Spenden eingeplant werden.
- Der Rest ist für Alltagsbesorgungen gedacht.

Energetische Regeln fürs Geldanziehen

Geld ist, wie bereits erwähnt, eine Energie, die zu unserem Leben gehört. Sie muss ständig im Fluss bleiben, damit auch unser Leben im Fluss ist. Im Folgenden möchte ich Ihnen ein paar Empfehlungen geben, wie Sie diese Energie aktivieren können. Obwohl sie sehr alt sind, wirken sie jedoch noch heute.

- Tragen Sie den Müll nie abends aus dem Haus. Das ist ein Aberglaube, der jedoch energetisch erklärbar ist: In den Abendstunden steht uns weniger Energie zur Verfügung, zudem sind unsere Chakren zu dieser Zeit komplett offen. Auf diese Weise fließt Energie aus der Aura nach außen ab. Dieser Energieverlust wiederum bewirkt, dass wir weniger Geld anziehen können.

- Zählen Sie nie das Kleingeld in der Geldbörse. Es steht für eine niedrige Energie, während die Scheine für eine gehobene stehen. Wollen Sie Ihr Geld vermehren, zählen Sie lieber die Geldnoten, so aktivieren Sie die höheren Geldfrequenzen. Sprechen Sie dabei für sich: »Das habe ich erwirtschaftet, und ich liebe mich dafür.«

- Legen Sie nie einzelnes Geld oder Ihre Geldbörse auf den Esstisch. Dies ist ein alter Aberglaube aus Russland. Wie die Speisen gegessen werden, so verschwindet auch das Geld, sagen Schamanen.

- Stellen Sie niemals Ihre Handtasche, in dem sich Ihre Geld-börse befindet, auf den Fußboden. Man sagt, dass das Geld weglaufen wird, weil es sich ungeliebt fühlt.

- Wechseln Sie niemandem Geld in Münzen. Auch hier geht es um niedere Energie.

- Pfeifen Sie niemals zu Hause. Die führt zu finanziellen Einbußen, da man sozusagen die Geldenergie wegbläst.

- Leihen oder verleihen Sie nie Geld an Weihnachten oder

Ostern, denn diese Tage sind geweiht und göttlich. Geld dagegen ist eine zutiefst irdische Materie.

- Zählen, verleihen oder leihen Sie kein Geld nach Sonnenuntergang. Auch hier schwingt die Energie zu niedrig.
- Legen Sie eine silberne Münze, beispielsweise einen Euro, unter die Fußmatte vor der Wohnungstür. Ihr wird nachgesagt, Geld anzuziehen.
- Geben Sie Geld stets mit Ihrer rechten Hand aus und nehmen Sie es mit der linken Hand entgegen. Das hängt mit körperspezifischen Energien zusammen: Die rechte Hand ist die männliche (anpackend, stark, aktiv), während die linke die weibliche (aufnehmend, sanft, passiv) ist.
- Der Geldbaum, auch Pfennigbaum genannt, ist eine heilende Pflanze. Sie reinigt die Luft von Bakterien und reagiert sehr sensibel auf negative Energien. Wenn beispielsweise jemand im Haus erkrankt, verliert sie ihre Blätter. Wenn derjenige wieder gesund wird, treiben neue Blätter aus. Der Geldbaum gilt als Symbol des Geldanziehens und der Vermehrung von Selbstliebe. Wenn Sie Pflanzen lieben, legen Sie sich also ein Exemplar zu.

Abschließend möchte ich Ihnen noch ein altbewährtes Geldritual aus Sibirien an die Hand geben, in dessen Mittelpunkt Fischgräten stehen.

Fischgrätenritual für mehr Geld und Selbstliebe

- Besorgen Sie sich Karpfengräten und waschen Sie sie gründlich ab.
- Lassen Sie die Gräten anschließend sieben Tage trocknen. Betrachten Sie sie in dieser Zeit immer wieder und denken

Sie dabei: »So schnell der Karpfen wächst und sich vermehrt, so schnell vermehrt sich auch mein Geld und meine Selbstliebe.«

- Legen Sie am achten Tag einzelne Gräten nun in Ihren Geldbeutel und lassen Sie sie wirken. Da Karpfen sich tatsächlich schnell vermehren und wachsen, zieht dieses Ritual die Wachstumsenergie des Geldes und der Selbstliebe an. Hier arbeiten wir mit dem Geist und programmieren ihn auf das Gewünschte. In Italien verwendet man übrigens Maiskörner anstelle der Gräten. Auch sie werden in den Geldbeutel gelegt.

WOHNEN IM EINKLANG MIT DER SEELE

In diesem Kapitel geht es darum, welche Bedeutung die Art, wie wir wohnen, auf uns und unsere Selbstliebe hat. In diesem Zusammenhang möchte ich vor allem auf die uralte asiatische Harmonielehre Feng-Shui eingehen. Ich habe sie vor langer Zeit als Jugendlicher in China kennengelernt, als ich eine gute Freundin meiner Großmutter in Shanghai besuchte. Der Grund meiner Reise war ursprünglich, dass die alte Dame mich die Grundsätze der Akkupunktur lehren sollte. Allerdings weihte sie mich daneben auch in die strengen Prinzipien des Feng-Shui ein. Damals war diese Lehre in Europa noch völlig unbekannt. Später dann kam sie groß in Mode.

Feng-Shui ist bei uns im Westen vor allem als Einrichtungslehre bekannt. Und tatsächlich spielt dieser Aspekt eine wichtige Rolle; wir werden im nächsten Kapitel ausführlich darauf zurückkommen. An dieser Stelle möchte ich Sie aber zunächst in die Grundlagen und die Philosophie dieser Lehre einführen, da sie ohne dieses Wissen nicht wirklich verstanden und richtig angewandt werden kann.

Wie jede Energielehre beschäftigt sich auch das Feng-Shui mit den Elementen der Natur sowie der Selbstliebe. Es werden fünf Elemente unterschieden, denen jeweils eine spezifische Energie zugeordnet ist. Diese wiederum ist polar und besteht aus zwei Teilchen (Plus- und Minuspol: männlich und weiblich, schwarz und weiß etc.); man spricht hier vom sogenannten Yin-Yang-Prinzip. Beide Energieteilchen gehören zu unserem Leben, nur wenn sie ausgewogen sind, fühlen wir uns wohl.

Schauen wir uns nun die Naturelemente an, die unser Leben prägen. Die fünf Elemente umfassen:

- Wasser,
- Metall,
- Erde,
- Feuer,
- Holz.

Sie sind weithin als die »Die fünf Elemente« bekannt, wobei die ersten vier die Hauptelemente darstellen. Das Element Holz ist das sogenannte Neutrum, das fünfte Element. Im Grunde genommen handelt es sich dabei Wandlungsphasen: Alle lebendigen und nicht lebendigen Wesen unterliegen der Veränderung beziehungsweise Wandlung – sei es der Jahreszyklus mit Frühling, Sommer, Herbst und Winter oder der Lebenszyklus mit seinen Abschnitten Kindheit, Jugend, Erwachsenensein und Alter. Nach dieser Vorstellung ist alles miteinander verbunden und bildet eine harmonische Einheit.

Die Lehre der fünf Wandlungsphasen beruht auf der exakten Beobachtung der Natur und darauf basierenden Erkenntnissen zu ihren Gesetzmäßigkeiten. So sind zum Beispiel körperliche Erkrankungen immer Ausdruck einer Störung der Wandlungsphasen im Körper.

An dieser Stelle möchte ich näher auf den Fünf-Elemente-Zyklus eingehen. In den meisten Überlieferungen steht Holz an erster Stelle.

1. **Holz**: Die Holzenergie symbolisiert Geburt, Neuanfang und Wandel. Sie entspricht jahreszeitlich dem Frühling und gilt als schnell wachsend. Deshalb korrespondiert das Holzelement mit unserer Kindheit. Charakteristisch sind außerdem Kreativität, Abenteuerlust, Bewegung und Freude. Das Holz steht für das Wachstum der Seele und Selbstliebe. Gleich den Knospen, die am Baum austreiben und sich öffnen, so entwickeln sich auch unsere Lebensziele. Jahr für Jahr steigt der Saft des Baumes im Frühling hoch und neue Blüten sprießen. Auch wir gewinnen neue Kräfte und unsere Selbstliebe kann wachsen.

Die einzelnen Wandlungsphasen stehen in einem nährenden, zyklischen Verhältnis zueinander. In China heißt es: »Die Holz-Mutter ernährt den Feuer-Sohn.« Gemeint ist damit Folgendes: Damit das Feuer gut genährt ist, also brennen kann, muss ausreichend Holz vorhanden sein. Die Mutter sollte ihr Kind anständig ernähren, denn herrscht hier Mangel, kommt es zu Schwäche.

2. **Feuer**: Auf das Holz folgt das Element Feuer. Seine Energie lodert kraftvoll und dehnt sich direkt nach oben aus. Deshalb entspricht dieses Element der Jugend. Außerdem symbolisiert es Lebensfreude sowie Streben nach Klarheit und Erkenntnis. Schamanen arbeiten gern mit Feuer, da es auch Einfluss auf unsere Wünsche hat: So unterstützt es unsere Vorhaben, transformiert unsere Gedanken und lässt die Selbstliebe wachsen. Das zyklische Verhältnis zwischen Feuer und Holz liegt im Verbrennen, wodurch Asche entsteht – ein nährender Humus.

3. **Erde**: Dieses Element stellt die Kraft der Mitte dar. Es steht für den Spätsommer und symbolisiert Übergangszeiten. Probleme mit Übergängen im Leben oder Umbruchsphasen deuten auf ein Ungleichgewicht dieses Elementes hin. Wir haben bereits erfahren, dass Feuer Holz zu Asche verbrennt. Die Asche wiederum wandelt sich nun in fruchtbare Erde. Die Erdenergie ist stabil und symbolisiert deshalb die Lebensmitte. In dieser Zeit sorgt man

für das Alter vor. Es ist die Zeit der Familiengründung und Anschaffung eines eigenen Heims. Während die Kräfte des Holzes und des Feuers aktiv und nach außen gewandt sind, richten sich jene der Erde nach innen. Ihre Energie ist in der Lage, uns abzusichern und Stabilität zu verleihen. Sie verankert die Selbstliebe in unserer Seele.

4. **Metall:** Je fruchtbarer die Erde ist, umso mehr Minerale, Gase und Erze enthält sie. Aus ihr gewinnt man Metall. Die Metallenergie ist dem Herbst zugeordnet. Hier zieht sich die Natur in sich zurück und konzentriert sich auf das Wesentliche. Es ist die Zeit der Ausscheidung. Die Metallenergie macht uns souverän, ruhig und gelassen. Diese Energie ist sehr wichtig für die Selbstliebe, denn nur wer besonnen ist und fest im Leben steht, kann sich wirklich lieben.

5. **Wasser:** Das Wasser symbolisiert zugleich Anfang und Ende. Es repräsentiert den Winter, die Zeit der Konzentration: Die gesamte Kraft ruht und ist in die Tiefe gerichtet. In ihr ist die Energie des Neubeginns enthalten. Das Wasser ist das letzte Element des Fünf-Elemente-Zyklus. Spurenelemente (Metall) beleben es; gleichzeitig ist es Voraussetzung für das erste Element, das Holz. Seine Energie ist die Quelle der Selbstliebe und nährt unsere Seele. Nicht umsonst bestehen wir zu etwa 90 Prozent aus Wasser. Dieses Element hilft uns, das Alte loszulassen, sodass neuer Platz für neue Energien und die Selbstliebe entsteht.

Fassen wir zusammen:

- Holz ist die Grundlage für Feuer.
- Aus der Asche des Feuers geht Erde hervor.
- Die Erde verdichtet sich zu Metall.
- Spurenelemente (Metall) beleben das Wasser.
- Das Wasser ernährt die Bäume und damit das Holz.

HEILSAME EINRICHTUNG

Können Sie sich daran erinnern, wie Sie sich im Mutterleib fühlten? Gehen Sie kurz in sich und stellen Sie sich diese Zeit vor, wie es ist, in diesem Augenblick in ihm zu schweben. Spüren Sie in die Erfahrung hinein – geht es Ihnen gut, dort wo Sie sind? Was denken oder empfinden Sie? Wie geht es Ihrer Seele? Wahrscheinlich fühlen Sie tiefe Geborgenheit, haben jedoch wenig Platz. Sie wachsen. Immer und immer mehr. Sie können sich nicht frei bewegen. Es ist zu eng. Sie werden geboren und auf die Erde geschubst. Wie fühlen Sie sich jetzt? Geht es Ihnen nun besser als zuvor? Oder haben Sie das Bedürfnis, direkt in den Mutterleib zurückzuflüchten? Jedoch steht eines fest: Sie haben nun ausreichend Platz und Luft.

Was ist Geborgenheit für Sie? Für mich bedeutet Geborgenheit ein schönes Zuhause. Die Energie der Erde spiegelt sich in der Energie unseres Zuhauses wider. Die Hausenergie – der Begriff schließt übrigens auch Wohnungen ein – übernimmt die Rolle, die einst der Mutterleib für uns hatte. Sie schenkt Ihnen Geborgenheit, woraus sich Selbstliebe entfaltet. Voraussetzung ist, dass Sie Ihr Zuhause ehren und gestalten.

Ich betone immer wieder, wie wichtig die Hausenergie für unser Wohlbefinden ist. Ihr Kraftstrom ist ein zentraler Bestandteil unseres Lebens und sollte daher stets gepflegt werden. Ob Wohnung oder Haus: Sie gehören zu Ihnen und stehen energetisch gesehen immer in Verbindung zu Ihrer Vitalität, Seele und Selbstliebe. Allesamt können sie sich nur entfalten, wenn die Hausenergie harmonisch und rein fließt. Auch die Energien Ihrer Ahnen wohnen im Ihrem Zuhause, ganz gleich, ob sie tatsächlich dort gelebt haben oder nicht. Das sind Energien, die Sie ständig begleiten. Machen Sie sich eines klar: Das austarierte Zusammenspiel dieser Energien unterstützt Sie darin, Ihre Ziele zu erreichen und Vorhaben erfolgreich umzusetzen.

Wie angekündigt, geht es in diesem Kapitel um Feng-Shui, wie es hier im Westen hauptsächlich verstanden wird: als Lehre der richtigen Einrichtung, die dafür sorgt, dass die Energien im Haus beziehungsweise in der Wohnung harmonisch fließen und ausgeglichen sind. Besonders stark wirkt Feng-Shui dabei auf die Selbstliebe.

Durch Feng-Shui können wir die Energien, die uns umgeben, lenken und so unsere Wohnsituation verbessern. Da wir alle wie die Fische im Wasser in einem Energiemeer leben, stehen wir unablässig in einem energetischen Austausch miteinander. Aber auch die Energie des Hauses bestimmt unsere Erfolge oder auch Misserfolge. Es ist daher überaus wichtig, diese Energie auszugleichen.

Stellen Sie sich für einen Moment vor, dass Sie nach der Arbeit nach Hause kommen und sich entspannen. Wie fühlt sich das gewöhnlich an: Sind Ihre Batterien schnell wieder aufgeladen, oder brauchen Sie viel Zeit, bis Sie sich wieder fit fühlen? Die Zeit, die Sie für die Erholung benötigen, hängt wesentlich von der Energie Ihres Zuhauses ab. Wenn sie gut ist, wird sie uns innerhalb einer halben Stunde wieder zu Kräften kommen lassen. Die eigenen vier Wände wirken oft Wunder. Wenn es jedoch länger dauert, stimmt etwas mit der Energie Ihres Zuhauses nicht. Das lässt sich aber ändern.

Im Feng-Shui spielen bestimmte Gegenstände eine große Rolle. Sie symbolisieren die Elemente der Natur, verstärken den Energieaustausch und ziehen neue Energie in unsere Lebensräume. Jedoch ist nicht jeder Gegenstand energieanziehend. So werden beispielsweise keine Bücher im Schlafzimmer aufgestellt, da sie Energie rauben können. Sie tragen Informationen in sich und können so den Schlaf stören. Auch auf Fotos sollte hier verzichtet werden. Eine weitere Regel besagt, dass sich in einem Arbeitszimmer keine großen Spiegel befinden sollten, da diese unsere Gedanken abstrahlen. Jeder Spiegel speichert die Energie desjenigen, der sich darin anschaut. Daher ist es sehr wichtig, dass Ihre Spiegel immer geputzt sind.

Edelsteine und Kristalle haben ein eigenes Bewusstsein. Daher sind sie in der Lage, Energien abzugeben, die unsere Vorhaben unterstützen sowie die Selbstliebe nähren. Welche Edelsteine man genau verwendet, sollte man immer intuitiv entscheiden. Dabei gibt es zwei Prinzipien: Helle Steine ziehen weibliche Energien an und verbreiten Ruhe. Farbintensive Steine dagegen besitzen eine männliche Energie und verleihen uns Schwung und Kraft. Mit diesem Wissen im Hinterkopf kann man selbst festlegen, welcher Stein sich für welchen Ort am besten eignet. Nehmen wir das Schlafzimmer als Beispiel: Hier bieten sich helle Steine an, um die Ruhephase zu unterstützen. Will man jedoch stattdessen die Leidenschaft etwas ankurbeln, kann man einige rote Steine hier platzieren. Im Arbeitszimmer könnte man dagegen eher blaue Steine auslegen, da sie die Konzentration und Kommunikation stärken. Mangelt es aber an Ideen, sind orangefarbene Steine die erste Wahl. Kristalle (meistens geschliffene) wirken intensivierend auf die Lebensenergie und verbessern jede Zone im Haus. Zu den Hauszonen werde ich später noch ausführlich kommen. Wenn Sie beispielsweise Ihre Liebe und Selbstliebe mehren möchten, sollte ein Kristall in die Liebeszone platziert werden.

Wenn die Energie im Haus optimal fließt, wächst Ihre Selbstliebe. Um das zu erreichen, gibt es weitere Möglichkeiten, die ich Ihnen im Folgenden vorstellen möchte.

Pflanzen verbessern die Raumenergie und fungieren als Energieverteiler. Daher ist es wichtig, dass in jedem Raum mindestens eine lebendige Zimmerpflanze steht. Achten Sie jedoch dabei darauf, energiegebende Pflanzen (Kraftpflanzen) – ich zähle sie weiter unten auf – vorzuziehen. Jede Pflanze besitzt einen Geist, der in der Lage ist, energetisch zu wirken. Unsere grünen Freunde enthalten viele Wirkstoffe, die zur Heilung verwendet werden. Aber auch ein Blatt einer ganz normalen Pflanze (beispielsweise Rasen oder Unkraut) kann heilend wirken, wenn man sie darum bittet.

Pflanzen sind lebendige Wesen, die wie wir Energie transformieren. Kraftvolle, gesunde Pflanzen symbolisieren das Leben und geben Energie ab. Sie befreien alle Ecken und Winkel unseres Zuhauses von energetischen Störungen und sind in der Lage, den Energiefluss zu verstärken. Kränkelnde Pflanzen sollte man dagegen aus dem Lebensraum verbannen. Pflanzen, die scharfkantige Blätter haben, verstärken die männliche Yang-Energie und fördern den Energiefluss, während jene mit abgerundeten Blättern die weibliche Yin-Energie besitzen und die Energie des Raumes ausgleichen. Alle Pflanzen werden dem Element Holz zugeordnet. Besonders in der Südausrichtung eines Zimmers sind sie zu empfehlen. Kakteen sollten nicht zu nah am Arbeitstisch oder Bett stehen. Sie dürfen auch nicht in südwestlicher Richtung eines Raums platziert werden, da dies die zwischenmenschliche Zone ist, die als weiblich gilt. Hier passen Pflanzen mit runden Blättern besser.

Als energiegebende Pflanzen sind für die Wohnung zu empfehlen:

- Zitrone,
- Palmen,
- Bambus,
- Kakteen,
- Aloe,
- Geranie,
- Pfennigbaum.

Achten Sie immer darauf, dass Ihr Wohnraum energetisch sauber ist. Sollten Sie hier Verschmutzungen feststellen, empfehle ich eine »Entgiftung durch Loslassen«. Entrümpeln ist angesagt! Trennen Sie sich von den Dingen, die Sie seit Jahren nicht gebraucht haben. Sind diese Gegenstände im Keller gelagert, bremsen ihre Energien Ihr Unterbewusstsein, was wiederum die Selbstliebe minimiert. Sind sie stattdessen auf dem Dachboden untergebracht, dann begrenzen sie Ihre Chancen auf Erfolg. Die chaotische Energie der unnützen Dinge beeinflusst zusätzlich Ihre Pünktlichkeit und kann verhindern, dass Sie beruflich vorankommen. Sie bremst zudem den Geldfluss. Also, weg damit! Noch ein Tipp: Geben Sie auch die Dinge weg, die Ihnen nicht mehr gefallen. Schenken Sie diese am besten jemandem, der Freude an ihnen hat. Das wiederum stärkt Ihre Selbstliebe.

Die Lichtverhältnisse im Wohnraum sind äußerst wichtig. Je mehr Licht, desto besser! Man muss dafür keineswegs einen Umbau vornehmen und größere Fenster einbauen lassen, sondern kann das Licht ganz einfach durch Spiegel anziehen. Dabei sind ein paar Regeln zu beachten. Die Spiegel sollten ein wenig über Kopfhöhe angebracht werden, sodass Sie in ihnen den Raum über Ihnen und um sich herum sehen können. Das lässt die Ideen fließen. Sie sollten von hoher Qualität und unbeschädigt sein. Am besten geeignet sind runde oder ovale Spiegel, gefolgt von viereckigen. Platzieren Sie keine Spiegel einander gegenüber, das stört den Energiefluss. Achten Sie darauf, dass sich im Schlafzimmer keine Spiegel befinden. Sollte dort doch einer sein, beispielsweise an den Schranktüren, achten Sie darauf, dass er nicht direkt auf das Bett gerichtet ist. Sollte auch das nicht gehen, hängen Sie einen Schal über ihn, wenn Sie ins Bett gehen. Im Traum lassen wir viele Emotionen frei, und Spiegel können diese speichern.

Hier sind noch einige weitere Tipps, um die Energie des Wohnraums zu aktivieren, was sich wiederum positiv auf unsere Selbstliebe auswirkt:

- Achten Sie darauf, dass es in Ihrer Wohnung hell ist. Putzen Sie dazu alle Fenster und befestigen Sie einige Kristalle an ihnen. Diese ziehen Sonnenenergie in die Wohnung.
- Reparieren Sie Wasserhähne, sollten diese nicht mehr richtig funktionieren. Kaputte Hähne lassen unser Geld abließen und kosten viel Lebenskraft. In diesem Zusammenhang gehört ebenso, den Toilettendeckel stets zu schließen.

- Wechseln Sie kaputte Glühbirnen aus, damit positive Energie nicht wegfließt.
- Achten Sie darauf, den Müll regelmäßig zu entsorgen. Zudem sollte er nie in den Zonen der Gesundheit und des Reichtums stehen. Ich entleere den Mülleimer im Büro täglich und zweimal wöchentlich in der Küche. So bleibt die Energie im Fluss.
- Schmücken Sie Ihre Wände mit Bildern, die Sie glücklich stimmen. Dazu eignen sich besonders Naturbilder und Familienfotos, die schöne Momente festhalten.

Nun möchte ich einen Schritt weitergehen und zu den energetischen Hauszonen kommen – und zum Bagua-Prinzip. Feng-Shui teilt die Wohnung sowie jedes Zimmer in neun Zonen ein. Es gibt zwei Verfahren, um diese zu bestimmen. Beim Kompassverfahren nutzt man den Wohnungsplan (Grundriss) und die Himmelsrichtungen: Die Ruhmzone befindet sich im Süden, die Karrierezone im Norden, die Kinderzone im Osten und die Familienzone im Westen. Die Reichtumszone ist im Südwesten, die Partnerzone im Südosten, die Wissenszone im Nordwesten und die Freundeszone im Nordosten. In der Mitte liegt die sogenannte Tai-Chi-Zone, die das Energieherz der Wohnung darstellt. Aber auch jedes einzelne Zimmer beinhaltet alle Zonen.

Beim zweiten Verfahren, das ich Ihnen besonders ans Herz legen möchte, verwendet man zur Bestimmung der Zonen keinen Kompass. Diese Methode der Energieharmonisierung ist für uns Europäer häufig besser geeignet, da Häuser hier in der Regel nicht exakt nach den Himmelsrichtungen ausgerichtet sind. Nach diesem Verfahren sind die neun Zonen in Dreierreihen quadratisch angeordnet: Partnerschaft, Kinder, Freunde – Karriere, Wissen, Familie – Wohlstand, Ruhm, Tai-Chi. Man nennt diese Zuordnung magisches Quadrat oder auch Bagua. Auch hier steht jede Wohnungszone für einen bestimmten Bereich in unserem Leben.

Sind die Zonen falsch ausgerichtet, kann das laut Feng-Shui negative Auswirkungen auf unser Wohlbefinden und unsere Selbstliebe haben. Die Entwicklung unterschiedlicher Lebensbereiche kann ins Stocken geraten, sodass wir uns blockiert fühlen. Wenn sich beispielsweise in der Reichtumszone Medikamente, Bücher über Krankheiten oder ein Mülleimer befinden, sind die in der Wohnung lebenden Personen anfälliger für Krankheiten und seelisches Leid. Sind dort hingegen ein Tresor oder Brunnen, ein Schmuckkästchen oder ein anderes Geldsymbol oder auch Pflanzen zu finden, ist für einen geregelten Geldfluss gesorgt. Zweifeln Sie daran? Dann probieren Sie es einfach aus. Sie werden die Veränderungen schnell wahrnehmen! Als ich begann, mich mit Feng-Shui auseinanderzusetzen, hatte ich auch Zweifel, ob es funktioniert. Aber die Ergebnisse ließen diese sich sehr schnell in Luft auflösen.

Meiner Erfahrung nach ist die Lehre äußerst fundiert und zeigt sehr schnell eine beobachtbare Wirkung. Das mag damit zusammenhängen, dass Feng-Shui keine Modeerscheinung ist, sondern eine uralte Methode, die sich seit Tausenden von Jahren mit Energie beschäftigt. Es kommt nicht von ungefähr, dass Chinesen generell eine glücklichere und zufriedenere Lebenseinstellung nachgesagt wird – immerhin bauen sie sogar ganze Städte nach den Feng-Shui-Regeln. Bei uns ist diese Lehre leider erst vor ein paar Jahrzehnten angekommen. Gebaut wurde schon immer, aber ohne Energieströme oder Energieprinzipien zu berücksichtigen. Europäer sind generell kränklicher und weniger mit dem Leben zufrieden. Zudem ist in vielen Ländern des Kontinents die Scheidungsrate bemerkenswert hoch. Dies könnte man leicht ändern, indem man die Regeln des Feng-Shui befolgt. Denn auf diese Weise kann das komplette Leben positiv beeinflusst werden: Die Selbstliebe wird unterstützt, und wir merken sehr schnell positive Veränderungen in beinahe jedem Lebensbereich.

Ich möchte nun ein wenig näher auf das Bagua-Raumschema eingehen. Dieses ist folgendermaßen aufgebaut:

4 9 2
3 5 7
8 1 6

Übertragen Sie es auf Ihren Wohnungsgrundriss, und Sie werden ganz einfach feststellen, wo sich die einzelnen Zonen in Ihrer Wohnung befinden. Zur Orientierung: Unterhalb der Linie 8, 1, 6 befindet sich die Wohnungstür. Die Zone 1 ist meist der Flur. Tritt man in die Wohnung ein, steht man demnach in der Zone 1 und schaut nach vorn in die Zone 9. Würde sich rechts neben der Eingangstür ein Zimmer befinden, so befindet es sich in der Zone 6. Sollte es links sein, dann ist es in der Zone 8.

Wichtig ist noch zu erwähnen, dass nicht nur die gesamte Wohnung aus diesen neun Zonen besteht, sondern auch jeder einzelne Raum diese umfasst. Ausgehend vom Standort der jeweiligen Zimmertür,

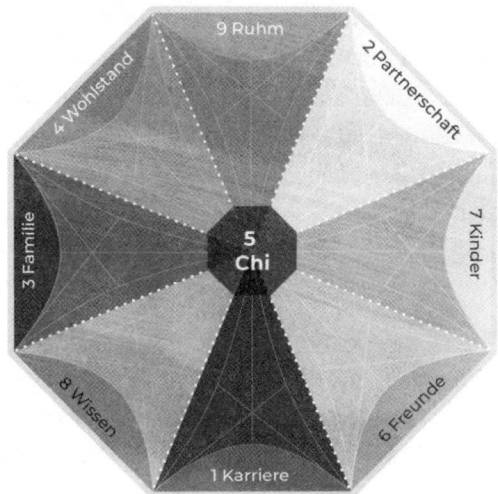

Die neun Hauszonen

kann man das Bagua-Schema also auch auf die einzelnen Zimmer der Wohnung beziehungsweise des Hauses übertragen.

Kommen wir nun zu Bedeutung und Funktion der einzelnen Zonen:

Zone 1 – Karriere und Geld: Sie befindet sich im Eingangsbereich und ist demnach meistens der Flur. Diese Zone bedarf einer besonderen Gestaltung, damit Ihr beruflicher Erfolg sichergestellt ist. Wenn Sie in der Vergangenheit immer wieder den Arbeitsplatz wechseln mussten oder das Gefühl hatten, etwas bremst Sie in der Karriere, dann sollten Sie diese Zone umgestalten. Geldverdienen und Selbstliebe gehören zusammen, da beide dem Planeten Venus zugeordnet werden. Daher ist es für Ihre Selbstliebe wichtig, diese Zone sauber zu halten: Räumen Sie herumliegende Dinge weg, denn diese stören den Energiefluss. Stellen Sie Ihre Schuhe ordentlich zusammen. Falls hier eine Kommode steht, sollte nichts auf ihr gestapelt werden.

Es ist zudem empfehlenswert, diesen Bereich durch Farben zu verstärken. Ein schönes Bild fördert den Fluss der Energie. Das gilt auch für (fließendes) Wasser. Daher bieten sich hier Edelsteinbrunnen, ein Bild eines Wasserfalles oder von in der Vase stehenden Blumen an. Sollte das aus Platzgründen nicht möglich sein, dann stellen Sie ein Glas mit Wasser auf. Auch Blumen können in diesem Bereich platziert werden, falls genügend Licht vorhanden ist. Ebenso Edelsteine oder andere dekorative Elemente. Es ist davon abzuraten, einen Spiegel gegenüber der Tür anzubringen, da sonst positive Energie verloren geht.

Zone 2 – Partnerschaft und Liebe: Lesen Sie gern Boulevardzeitschriften? Dann wissen Sie, wie viele Promi-Beziehungen jährlich zerbrechen. Meistens geschieht das unerwartet: Alles scheint in einem Moment noch in Ordnung zu sein und im nächsten kommt es doch zur Trennung. Wir Menschen sind alle verschieden und maßgeblich beeinflusst von der Energie unserer Umgebung. Fließt sie nicht harmonisch, kann sich das negativ auf unsere Selbstliebe auswirken. Unzufriedenheit ist die Folge – und diese wiederum kann in der Partnerschaft zu einer Trennung führen, weil man sich vom anderen nicht mehr verstanden fühlt. Es entstehen gewisse Erwartungen, die mit der Haltung einhergehen, dass einem der Partner etwas schuldet. Dies ist jedoch nie der Fall. Der Mangel entsteht einzig durch zu wenig Selbstliebe und kann durch die Energieverhältnisse der Partnerschaftszone hervorgerufen werden, denn diese ist für die Harmonie unserer Beziehungen verantwortlich. Ist sie nicht im Fluss, stimmt auch der Fluss in unseren zwischenmenschlichen Beziehungen nicht. Deswegen ist es wichtig, diese Zone richtig zu gestalten. Idealerweise sollte sich hier ein Schlafzimmer befinden. Wenn in der Zone der Partnerschaft eine Toilette oder Abstellkammer sein sollte, ist es wichtig, hier etwas »Lebendiges« zu platzieren. Das kann eine Pflanze sein, ein Bild oder eine Tier- oder Baumfigur. Wenn Sie sich für eine Pflanze entscheiden, dürfen es keine Kakteen oder Palmen sein. Nehmen Sie stattdessen besser Pflanzen mit abgerundeten Blättern. Die Wände können auch rosa gestrichen werden. Diese Farbe fördert die Partnerschaft. Sollte es Ihnen nicht möglich sein, diese Tipps umzusetzen, gibt es eine Alternative: Besorgen Sie sich einen Rosenquarz und stellen Sie ihn hier auf. Seine Energie wirkt positiv auf diese Zone.

Zone 3 – Familie und Verständnis: Heutzutage gibt es leider immer mehr Familiendramen. Der Respekt vor dem Alter nimmt ab wie auch Höflichkeit und Anstand im Umgang miteinander. Um dieser Entwicklung gegenzusteuern, ist es wichtig, diese Zone energetisch sauber zu halten. Dafür eignet es sich, den Esstisch hier aufzustellen. Sollte das nicht umsetzbar sein, platzieren Sie in diesem Raum etwas Grünes (Farbe des Herzchakras): beispielsweise ein Tuch oder eine Pflanze. Alternativ können die Wände grün gestaltet oder ein Bild mit einem grünen Motiv – wie etwa Wald oder Wiese – aufgehängt werden. Die Farbe Grün wirkt rasch harmonisierend. Schnittblumen sind ebenso zu empfehlen. Das Blumenwasser sollte dabei immer frisch sein. Auch Kristalle und Edelsteine eignen sich hervorragend, um die Energie dieser Zone aufzuwerten. Insbesondere grüne Edelsteine wie Malachit oder Jade sind in diesem Zusammenhang zu empfehlen. Kalzit bringt Stabilität in diese Zone.

Zone 4 – Wohlstand und Geld: Dies ist die Wohlstandszone in einem finanziellen wie auch gesundheitlichen Sinne. In China platziert man hier oft die Statue eines Gelddrachens oder -froschs. Geld macht zwar nicht immer glücklich, aber schenkt uns Freiheit. Aus diesem Grund ist es ratsam, diese Zone energetisch zu unterstützen. Es ist auch für unsere Selbstliebe gut. Denn wenn man andere oder sich selbst beschenken möchte, ist es vorteilhaft, nicht immer auf jeden Cent zu schauen und sich dabei fragen zu müssen, ob man sich das auch leisten kann.

Es ist empfehlenswert, in dieser Zone einen Geldbaum (Pfennigbaum) oder einen Baum aus Edelsteinen zu platzieren. Solche Edelsteinbäumchen sind meistens klein, aber oho! Sie bringen sofort die fehlende Energie zurück in den Raum. Es ist ungünstig, wenn sich in diesem Bereich die Toilette befindet. Wenn doch, keine Sorge: Sie müssen nicht umbauen. Es reicht, diese Zone zu optimieren. Stellen Sie dazu hier eine Pflanze auf und platzieren Sie zudem in Zone 4 eines anderen Zimmers – beispielsweise Ihres Arbeitszimmers – ein paar Münzen oder Geldscheine. Hier wird also der Umstand genutzt, dass alle Zimmer auch sämtliche Zonen beinhalten.

Um die Wohlstandszone aufzuwerten, eignen sich ebenfalls Edelsteine, ein Zimmerbrunnen oder ein Aquarium (idealerweise mit Goldfischen). Letzteres ist in China häufig in Restaurants zu finden. Es müssen nicht einmal echte Pflanzen oder Edelsteine sein. Sie können die Namen der Steine oder Pflanzen einfach auf ein Blatt Papier schreiben und es dort aufbewahren. Die geschriebenen Namen sind verbunden mit dem, was sie bezeichnen, und entfalten Kraft, wenn auch nicht im selben Ausmaß wie reale Steine und Pflanzen.

Zone 5 – Kraft und Selbstliebe: Die sogenannte Tai-Chi-Zone symbolisiert unsere Lebenskraft und Selbstakzeptanz. Sie befindet sich in der Mitte der Wohnung beziehungsweise des Hauses. Dieser Bereich steht ähnlich wie Zone 4 für Gesundheit, jedoch nicht für Geldenergie. Achten Sie darauf, ihn sorgfältig zu gestalten, denn die Gesundheit ist unser wichtigstes Gut im Leben. Dazu eigenen sich klare Edelsteine, Kristalle sowie stimmungsvolle Bilder mit Naturmotiven. Auch Figuren wie Drache, Löwe oder Bär symbolisieren Stärke und passen in diese Zone. Eine schöne Pflanze rundet die Energie dieser Zone ab. Vorzuziehen ist eine mit fleischigen Blättern, da diese Energie anziehen. Man kann alternativ jedoch auch getrocknete Heilkräuter auslegen. Ideal für diese Zone ist eine sogenannte Spirale, die hier an der Decke befestigt wird. In meiner Wohnung stehen in diesem Bereich eine opulente Blumenvase und zwei Kristallkerzenständer. Kerzen symbolisieren das Feuerelement und bringen neue Kraft in diese Zone. Sie können sich jedoch frei nach Ihrer Intuition auch für andere Gegenstände entscheiden wie Kissen, Teppiche, Engelfiguren oder eine Ikone.

Zone 6 – Freunde und Unterstützung: Dieser Bereich steht für unsere Freunde und die Hilfe, die wir im Alltag von außen erfahren. Heutzutage ist das ein wichtiges Thema, denn richtige Freunde zu finden ist schwer und Freundschaften zu erhalten noch komplizierter. Er repräsentiert auch die Schutzengel und Ahnen, die uns aus dem geistigen Bereich unterstützen und uns Selbstliebe schenken. Frischen Sie also die Energie dieser Zone auf, wenn Sie öfter das Gefühl haben, isoliert zu sein, oder sich unverstanden fühlen. Hier sollte stets ausreichend Licht vorhanden sein, daher sind Kristalle oder Leuchten zu empfehlen. Ein Bild mit Sonnenblumen oder etwas in der Farbe Gelb oder Orange bietet sich ebenso an. Sie können hier auch ein Amulett oder ein anderes Glückssymbol platzieren. Wenn Sie verheiratet sind, ist dies zudem ein guter Ort für ein Hochzeitbild. Auch Bilder Ihrer Familienmitglieder wie Kinder und Enkelkinder oder einer Party mit guten Freunden passen hierhin.

Zone 7 – Kinder und Kindheit: Haben Sie Kinder? Dann sollte sich an dieser Stelle idealerweise ein Kinderzimmer befinden. Wenn Sie keine Kinder haben, könnte man hier einen Arbeits- oder Kreativraum für neue Ideen einrichten. Diese Zone eignet sich zudem als Kraftzimmer oder Meditationsbereich. Farben, Edelsteine, aber auch bunte Bilder lassen hier Energie aufsteigen. Einige Klienten von mir platzieren Plüschtiere oder Gegenstände aus ihrer Kindheit in dieser Zone, um sie aufzuwerten. Wenn Sie eine schwere Kindheit hatten, würde ich jedoch davon abraten. Nehmen Sie lieber etwas Neues wie Kissen, Decken oder Pflanzen. Beschenken Sie sich mit dekorativen Gegenständen und sagen Sie sich: »Das alles ist für mich und meine Selbstliebe. Ich liebe und beschenke mich und mein Zuhause.«

Zone 8 – Wissen: Dieser Bereich steht für Wissen und Weisheit, Intuition und Intelligenz sowie unsere Talente. Es ist auch die Zone der Lebensaufgaben und des Lebenssinnes. Daher ist es empfehlenswert, hier ein paar Bücher zu platzieren. Sollte in dieser Zone eine Küche sein, kann es vorkommen, dass man anfällig für Gewichtsprobleme ist. Sie müssen sie deswegen aber keineswegs demontieren. Platzieren Sie stattdessen einfach ein geisteswissenschaftliches Buch oder eine Bibel an passender Stelle. Ein Windspiel fördert die geistige Entwicklung und ist daher für diesen Bereich geeignet. Edelsteine und Kristalle als Gedankenanreger gehören ebenso hierhin. Wenn Sie sich und Ihre Ideen analysieren wollen, machen Sie es in dieser Zone: Ihr Geist ist schärfer, Ideen fließen besser, und Sie bekommen Antworten direkt aus Ihrem Unterbewussten.

Zone 9 – Ruhm und Anerkennung: Dieser Bereich steht für unser Image und Auftreten. Zudem beeinflusst er unser Charisma, daher muss man stets darauf achten, dass hier die Energie gut fließen kann. Folgende Gegenstände bieten sich dafür an: Platzieren Sie an diesem Ort einen Wasserbrunnen oder eine wohltuende Pflanze, eine Duftkerze, Teelichter oder ein paar schöne Edelsteine. Sie können auch ein stimmungsvolles Bild aufhängen. Manche meiner Klienten gestalten Kollagen mit ihren Wünschen, indem sie eine Karte mit ihren Wünschen in Bilderform bekleben. Man kann sie mit immer neuen Wünschen überkleben. So bleibt sie stets aktuell. Ich habe vor etwa 30 Jahren auch so eine Kollage angefertigt. Einige Wünsche sind in Erfüllung gegangen. Derartige Kollagen sind für diese Zone sehr zu empfehlen.

Das waren nun die neun Bagua-Zonen. Aber auch die Energie um unser Haus beziehungsweise unsere Wohnung herum spielt eine große Rolle für das Wohlbefinden der Bewohner und deren Selbstliebe. Pflanzen sollten hier nicht fehlen. Eine kahle Landschaft lässt die Energie zu schnell fließen, was zu Problemen führen kann. Einige kleine Bäume oder Sträucher, ein Blumenbeet oder dekorative Gegenstände aus Stein schaffen schnell Abhilfe.

Hier sind einige Beispiele von Bäumen und Sträuchern mit ihren speziellen stärkenden Eigenschaften:

- Die Birke wirkt beruhigend.
- Die Linde wirkt stärkend.
- Die Buche fördert die Geduld.
- Die Eiche nimmt Negatives auf.
- Die Eberesche verwandelt negative Energie in positive.
- Der Wacholderstrauch verhindert, dass schlechte Energie in das Zuhause kommt.
- Die Pappel verleiht Mut und Schnelligkeit.
- Die Olive verleiht Weisheit.
- Die Weide symbolisiert Flexibilität.

HILFREICHE HAUSRITUALE

Auf den vorangegangenen Seiten habe ich Ihnen gezeigt, wie Sie mithilfe von Feng-Shui für eine stimmige Energie in Ihrem Zuhause sorgen können. Nun möchte ich einige hilfreiche Rituale vorstellen, die es energetisch vor Fremdenergien von außen schützen.

Das beliebteste Mittel von Schamanen hierfür ist das sogenannte Schutzmesser:

Schutzmesserritual

- Besprechen Sie ein Messer mit folgendem Gebet: »Schütze mein Haus und die Seelen in ihm vor allen negativen Energien und Menschen.« Behandeln Sie dabei das Messer wie ein lebendiges Wesen.
- Platzieren Sie das Messer anschließend im Hausflur.

Alternativ können Sie folgendes Ritual ausführen:

Schutzritual mit der Kraft der vier Elemente

Für dieses Ritual benötigen Sie ein rohes Ei, eine Kerze, etwas Salz und ein Glas bis oben gefüllt mit Wasser. Sie symbolisieren die vier wichtigsten Elemente. Dabei steht das Ei für Kosmos und Erde, Leben und Tod sowie Anfang und Ende. Die Kerze symbolisiert das Feuerelement und Ihre Wünsche. Das Salz repräsentiert Schutz, das Wasser schließlich Transformation der Energie und seelische Reinigung.

- Legen Sie alles vor sich hin.
- Nehmen Sie das Ei und sprechen Sie dabei: »Zum Schutz des Hauses.«

- Entzünden Sie nun die Kerze und tröpfeln Sie ein paar Wachstropfen auf das Ei. Wiederholen Sie dabei den Satz.
- Salzen Sie anschließend das Ei mit einer Prise Salz, während Sie sagen: »Für lange Zeit.«
- Legen Sie das Ei nun für eine Stunde ins Wasserglas. Bringen Sie das Glas mit dem Ei daraufhin aus dem Haus und lassen Sie es zehn Tage vor der Haustür stehen.
- Beenden Sie das Ritual, indem Sie alle Materialien bis auf das Glas entsorgen.

Jede Wohnung und jedes Haus besitzen eine spezifische individuelle Matrix. Sie entsteht durch die Ortschaft, das Grundstück, die Vergangenheit der Wohnung oder des Hauses und die Menschen, die hier gelebt haben. Jeder Ort hat auch einen eigenen Geist. Mit ihm kann man arbeiten, um Plätze zu reinigen. Alle Ortsgeister – man kann sie sich als Kanäle vorstellen – stehen miteinander in Verbindung und bilden zusammen die Matrix der Erde.
So können Sie Ihr Zuhause energetisch reinigen:

Reinigungsritual mit den sieben Kanälen

Dieses Ritual nimmt ein wenig Zeit in Anspruch, ist dafür aber sehr effektiv. Ich führe es einmal monatlich durch.
- Räumen Sie Ihre Wohnung oder Ihr Haus auf und stellen Sie in jede Ecke eine Kerze.
- Entzünden Sie sie und gehen Sie dann von der Eingangstür aus im Uhrzeigersinn durch die Wohnung beziehungsweise jede Etage des Hauses. Sprechen Sie dabei: »Ich rufe alle sieben Kanäle zu mir. Helft mir, das Haus zu reinigen.«
- Lassen Sie die Kerzen herunterbrennen und lüften Sie im Anschluss die Räume.

Nach der energetischen Reinigung des Zuhauses sollte für Schutz gesorgt werden. Hierfür eignet sich folgender Talisman aus Papier sehr gut.

Schutztalisman für das Zuhause

- Zeichnen Sie den unten abgebildeten Talisman ab oder fotokopieren beziehungsweise fotografieren Sie ihn und drucken Sie ihn anschließend aus.
- Der Talisman wird im Eingangsbereich des Zuhauses platziert.

Schutztalisman

Jedes Zuhause besitzt nicht nur eine eigene Matrix, sondern auch einen Hausgeist. Er hütet die Wohnung beziehungsweise das Haus und schützt jeden einzelnen Raum. Wenn Sie umziehen, begleitet er Sie sogar und zieht mit Ihnen in Ihr neues Zuhause ein. Geben Sie ihm regelmäßig Opfergaben, dann wird er Ihnen stets wohlgesonnen sein und Ihr Zuhause vor bösen Energien bewahren.

Den Hausgeist ehren und aktivieren

- Nehmen Sie einen Teller und legen Sei einen Monat lang etwas Süßes darauf. Das kann ein Keks, eine Praline oder etwas anderes sein.
- Sagen Sie Ihrem Hausgeist jeden Tag: »Ich ehre und füttere dich. Schütze mein Zuhause.«

Die Energie Ihres Zuhauses wirkt sich auf Ihre eigene aus. Ihre Wohnung oder Ihr Haus ist in der Lage, sowohl positive als auch negative Energie zu speichern. Wir Schamanen nennen diese Energie »Hausaura«. Im Folgenden werde ich Ihnen zeigen, wie Sie diese heilen können. Das ist wichtig, denn Ihre eigene Aura ist von der Ihres Zuhauses abhängig.

In Russland heißt es, dass die »eigenen vier Wände heilen«. Leider ist das nicht immer der Fall, denn um heilen zu können, muss positive Energie im Zuhause vorhanden sein. Wenn hier häufig gestritten wird, es zu finanziellen Schwierigkeiten kommt, Sie sich gereizt fühlen oder immer wieder kränkeln, sind das oft Anzeichen dafür, dass die Aura Ihres Zuhauses geheilt werden muss. Eine gesunde Hausaura unterstützt Sie kraftvoll dabei, Ihre Selbstliebe zu entfalten. Weitere Anzeichen für eine kranke Hausaura sind:

- Sie verlieren oder verlegen oft Gegenstände.
- Ihre Haustiere werden häufig krank.
- Sie haben oft Kopfschmerzen oder Gewichtsprobleme (sowohl zu viel als auch zu wenig Gewicht).
- Ameisen oder Kakerlaken fühlen sich magisch von Ihrer Wohnung angezogen.

- Pflanzen geben schnell den Geist auf.
- Elektrische Geräte gehen oft kaputt.
- Glühbirnen brennen häufig durch.
- Sie hören immer wieder merkwürdige Geräusche.
- Es stinkt ohne Ursache.
- Es geht ein Luftzug, obwohl alle Fenster geschlossen sind.
- Es kommt wiederholt zu Wasserschäden.
- Sie schlafen mehr als sonst, fühlen sich aber dadurch nicht ausgeruhter.
- Sie werden depressiv, wenn Sie nach Hause kommen.
- Sie können nicht ausschlafen.
- Alpträume und Ängste plagen Sie.

Wenn mehrere Aussagen zutreffen sollten, rate ich Ihnen zu einer Energieheilung Ihres Zuhauses.

Die Hausaura von negativen Energien befreien

Für dieses Ritual benötigen Sie: ein wenig Salz, Salbei, Rosmarin und Johanniskraut (alternativ Thymian) zum Räuchern, Mineral-, Quell- oder Weihwasser sowie vier Kerzen.

1. Vorbereitung: Den eigenen Körper reinigen

- Fangen Sie mit der Reinigung Ihrer eigenen Energie an. Gehen Sie hierzu in die Dusche und nehmen Sie eine Schale mit fein gemahlenem Salz mit. Geben Sie etwas Wasser in die Schale, sodass ein Salzbrei entsteht. Reiben Sie Ihren Körper nun sanft damit ein. Duschen Sie sich anschließend ab und trocknen Sie sich mit einem frischen Handtuch.
- Ziehen Sie saubere Kleidung an. Denken Sie dabei an die Reinigung Ihrer Seele und Ihrer Aura. Loben Sie sich für Ihre Sauberkeit und empfinden Sie dabei Liebe für Ihren Körper.

2. Reinigung der Hausaura 1: Grobstoffliche Energien

Nun können Sie mit der Reinigung der Hausaura beginnen.
Diese befasst sich zunächst mit grobstofflichen Energien.
Achten Sie darauf, währenddessen keinen Schmuck zu tragen.

- Öffnen Sie als Erstes alle Fenster und Türen.

- Bereiten Sie nun eine Räucherung aus Salbei vor und räuchern Sie mit ihr sämtliche Räume aus. Der Rauch bindet die negative Energie und entfernt sie aus Ihrem Zuhause.

- Verabschieden Sie sich von allen alten, nicht benutzten oder kaputten Gegenständen und entsorgen Sie sie.

- Putzen Sie nun alle Spiegel, die sich in Ihrem Zuhause befinden. Nehmen Sie hierzu ein Tuch und arbeiten Sie mit kreisenden Bewegungen im Uhrzeigersinn. Manche Schamanen empfehlen, 33 Kreise auszuführen. Diese Zahl entspricht dem Jesusalter.

- Sie können Ihr Zuhause auch durch Händeklatschen reinigen. Diese Methode ist besonders bei asiatischen Schamanen beliebt: Bewegen Sie sich im Uhrzeigersinn durch Ihr Zuhause, Zimmer für Zimmer. Klatschen Sie dabei mit Ihren Händen jede Ecke durch, von oben nach unten. Klatschen Sie auch Ihre Möbelstücke, das Bett und die Stühle durch.

- Eine Alternative zum Klatschen ist die Arbeit mit zwei Messern: Nehmen Sie in jede Hand ein Messer und bewegen Sie sich mit Ihnen durch Ihr Zuhause. Führen Sie mit den Messern eine Kreuzbewegung in jeder Wohnungs- oder Hausecke durch, wobei sich beide Klingen berühren. Stellen Sie sich dabei vor, dass Sie die Ecken Ihres Zuhauses mit den Messern »aufschneiden« und so die gestaute Energie freisetzen.

3. Reinigung der Hausaura 2: Feinstoffliche Energien

- Diese Reinigungsphase zielt auf die feinstofflichen Energieanteile der Hausaura ab. Nehmen Sie hierzu eine zweite Räucherung aus Rosmarin und Johanniskraut vor. Beide Kräuter sind in der Lage, die negativen subtilen Energien zusammen mit dem Rauch fortzutragen. Anstatt Johanniskraut kann auch Thymian verwendet werden. Legen Sie beide Kräuter auf die glühende Räucherkohle und lassen Sie den Rauch sich im Haus verteilen.

- Füllen Sie eine Schüssel mit Mineral-, Quell- oder Weihwasser (bitte kein Leitungswasser). Spritzen Sie damit alle Ecken Ihres Zuhauses sowie Ihr Bett ab.

- Stellen Sie nun vier Kerzen auf einen Tisch und entzünden Sie sie. Nehmen Sie eine der Kerzen in die Hand und gehen Sie mit ihr im Uhrzeigersinn durch Ihr Zuhause. Löschen Sie danach die Kerze und deponieren Sie sie in einem Schrank. Dies bringt besonderen Schutz für das Zuhause.

- Waschen Sie sich zum Schluss die Hände mit Salzwasser und lassen Sie die restlichen Kerzen komplett herunterbrennen. Die Reste werden entsorgt.

Diese Reinigung bewirkt eine positive Veränderung der Energie im Zuhause, die sofort spürbar ist. Auch Ihre Selbstliebe kann sich nun wunderbar entfalten. Wiederholen Sie diese Prozedur nach einem Jahr. Ich persönlich führe sie zweimal jährlich aus, weil ich mit vielen Menschen arbeite und dadurch in einem sehr starken Energieaustausch stehe.

Zum Abschluss dieses Kapitels möchte noch einmal auf die Bedeutung unseres Zuhauses für unser Wohlbefinden, Lebensglück und unsere Selbstliebe zu sprechen kommen. Ich wende nun seit vielen

Jahren die eben vorgestellten hilfreichen Hausrituale und Feng-Shui-Regeln an – und gebe sie auch an meine Klienten und Schüler weiter. Die Erfahrungen, die ich dabei gemacht habe, festigten meine Überzeugung: Unser Zuhause, seine energetische Harmonie und sein energetischer Schutz, sind von allerhöchster Wichtigkeit, wenn es darum geht, dass wir uns glücklich, ausgeglichen und erfüllt fühlen.

Dieses Wissen, über das man in Asien schon seit Jahrhunderten verfügt, deckt sich übrigens auch mit modernen wissenschaftlichen Erkenntnissen aus der Psychologie. Sie konnte zeigen, dass unser Zuhause so eng mit uns – also unserem Körper, unserem Geist und unserer Seele – verknüpft ist, dass man es kognitiv als eine Art Erweiterung von uns selbst sehen kann. Kein Wunder also, dass es so bedeutsam hinsichtlich unseres Wohlergehens ist!

Kümmern Sie sich deshalb gut um Ihr Zuhause. Führen Sie die hier vorgestellten Hausrituale aus, nehmen Sie sich auch die Regeln des Feng-Shui zu Herzen. Sie werden sehen: Sie machen sich selbst damit das größte Geschenk.

DEM UNIVERSUM VERTRAUEN

Selbstliebe verankern

~~~

IN RESONANZ MIT DER KOSMISCHEN
ENERGIE LEBEN

Wie können wir in Harmonie mit den kosmischen Energien leben, um unsere Selbstliebe in uns zu verankern, zu pflegen und zu vermehren? Der einfachste und beste Weg hierzu ist meiner Erfahrung nach, dem Universum zu vertrauen. Auf diese Weise stehen wir ganz automatisch in Resonanz mit den kosmischen Energien und schaffen die Voraussetzung, rundum glücklich zu werden. Unser esoterisches Wissen und die spirituellen Gaben, die wir haben, bereichern unser Leben und beschenken uns Tag für Tag mit Selbstliebe.

Eine Grundregel der Magie besagt:

- Was Sie fühlen, das leben Sie.
- Was Sie denken, das fühlen Sie.
- Was Sie denken, das strahlen Sie aus.
- Was Sie ausstrahlen, das ziehen Sie an.
- Was Sie glauben, bekommen Sie.

Also man erhält man das, woran man glaubt – und nicht das, was man will. Wollen Sie mehr Selbstliebe empfinden? Dann sollten Sie lernen, stärker zu glauben.

Magische Rituale, wie Sie sie bereits kennengelernt haben, sind eine effektive Methode, um uns in kosmische Resonanz zu bringen. Sie wirken einladend auf die Selbstliebe und vermehren sie rasch. Aus diesem Grund möchte ich Ihnen im Folgenden einige Rituale präsentieren, die Sie sofort umsetzen können, um Ihre Selbstliebe zu entfalten und unaufgelöste Lebensthemen zu bearbeiten. Ich hoffe, dass die Magie Ihnen Freude bereitet und ein fester Bestandteil Ihres Lebens wird. Nehmen Sie sich ausreichend Zeit für die Rituale und versuchen Sie, eins nach dem anderen durchzuführen. Ein Ritual pro Woche genügt. Lassen Sie sich dabei vom Universum führen. Sie werden sehen: Wer ihm vertraut, wird reich beschenkt.

Die Aura mit kosmischer Pyramidenenergie aufladen

- Stellen Sie sich gerade hin und schließen Sie Ihre Augen.
- Stellen Sie sich vor, Sie ziehen einen Mantel aus Licht an. Versuchen Sie, ihn an Ihrem Körper zu spüren. Atmen Sie tief ein und sagen Sie sich innerlich: »Ich bin geschützt und liebe mich und meinen Körper. Das Universum steht mir zur Seite – ich vertraue ihm.«
- Stellen Sie sich nun folgendes Bild vor: Sie sind ein Teil der Cheopspyramide, jedoch grösser als diese: Sie hängt sozusagen von Ihren Schultern herab, wobei ihre Basis sich auf Kniehöhe befindet. Sie sieht an Ihnen wie ein Kleid mit kurzem Rock aus. Ihr Kopf ist in der Pyramidenspitze.
- Atmen Sie ruhig weiter und stellen Sie sich eine zweite Pyramide vor, die auf dem Kopf steht: Ihre Spitze ist auf Höhe Ihrer Füße und ihre Basis reicht Ihnen bis zur Brust.
- Versuchen Sie, beide Pyramiden energetisch wahrzunehmen und speichern Sie dieses Gefühl. Rufen Sie es sich immer dann in Erinnerung, wenn Sie sich ungeschützt fühlen. Sagen Sie sich dabei: »Ich bin in meiner Selbstliebe angekommen.«

Münzritual zur Vermehrung von Selbstliebe und Fülle

Dieses alte Ritual aus Russland unterstützt Ihre Selbstliebe und schützt Sie vor Geldverlusten. Es fängt sofort an zu wirken.

- Nehmen Sie ein Glas oder eine Glasschale und füllen Sie es Ihrem Alter entsprechend mit Münzen beliebigen Werts: für jedes Lebensjahr eine. Geben Sie auch einige Maiskörner dazu und lassen Sie das Glas anschließend auf unbestimmte Zeit stehen.
- Fügen Sie immer an Ihrem Geburtstag eine Münze und ein Maiskorn hinzu.

Ritual zur Wunscherfüllung

Auch dieses Ritual unterstützt Ihre Selbstliebe und all Ihre Vorhaben. Es ist ein schamanisches Ritual, das mit der Kraft der Elemente arbeitet. Ich habe damit sehr gute Erfahrungen gemacht. Sie benötigen dafür eine Holzscheibe (die Holzart spielt keine Rolle), Salz, ein Fläschchen ätherisches Öl, Streichhölzer und etwas Erde.

- Legen Sie alle Materialien auf die Holzscheibe.
- Brennen Sie ein Streichholz ab und legen Sie es anschließend zurück auf die Scheibe.
- Geben Sie nun auf das verbrannte Streichholz eine Prise Salz und Erde. Lassen Sie alles ein Jahr stehen.
- Hier geht es um die Arbeit mit den fünf Elementen der Natur: Holz, Luft, Wasser, Feuer und Erde. Das Salz symbolisiert die Ursubstanz von Mutter Natur. Sie können all Ihre Wünsche an diesem kleinen Altar äußern und werden vom Universum unterstützt.

Sonnenenergieritual

Die Sonne gilt als höchste Energie und Lebensquelle. Sie können ihre Kraft anzapfen, wenn ein wichtiges Vorhaben ansteht,
wie beispielsweise ein Vorstellungsgespräch.

- Schauen Sie kurz in Richtung der Sonne und sprechen Sie
  sie an: »Ich lächele dich an, Sonne. Hilf mir heute bei meinem Vorhaben. Du scheinst am Himmel und beschenkst
  alle mit deiner Energie. Gib mir Wärme und Erfolg. Unterstütze mich. Ich liebe dich und mich.«

Ritual für mehr Leichtigkeit im Leben

Dieses Ritual reinigt Ihre Seele von negativen Energien und
schafft dadurch mehr Platz für die Selbstliebe. Sie benötigen
dafür eine leere grüne Flasche und eine Kerze.

- Stecken Sie das Kerzenende in die Flasche und entzünden
  Sie die Kerze. Schließen Sie nun Ihre Augen. Stellen Sie sich
  vor, dass alles Negative durch die Flamme in die Flasche
  wandert. Sagen Sie sich innerlich dabei: »Alles, was mich
  belastet, geht in die Flasche.«
- Löschen Sie die Kerze und ziehen Sie sie aus der Flasche.
  Verschließen Sie Letztere anschließend und entsorgen Sie
  sie.

Honigritual zur Selbstliebeaktivierung

Honig gilt in Russland als Lebenselixier. Bei diesem Ritual wird
er zur Aktivierung der Selbstliebe genutzt.

- Nehmen Sie einen Löffel Honig und besprechen Sie ihn mit
  folgenden Worten: »Aromatischer Honig, Gabe der Venus,
  schenke mir Selbstliebe und Erfolg, Erfüllung und Liebe.

Aromatischer Honig, nimm meinen Kummer weg. Lass meine Selbstliebe wachsen. Amen.«

- Essen Sie den Honig im Anschluss und bedanken Sie sich innerlich bei ihm für die Hilfe.

Zum Abschluss dieses Kapitels möchte ich Ihnen noch einige Tipps geben, wie Sie leicht kosmische Resonanz im Alltag herstellen und so Ihre Selbstliebe stärken können.

- Loben Sie sich für jede gute Tat, bewusst und täglich. Entgegen des bekannten Sprichwortes stinkt Eigenlob nicht, da es uns motiviert und gute Laune schenkt. Die kosmischen Energien lieben es, wenn Sie sich schätzen und loben.
- Machen Sie sich und anderen täglich Komplimente. Damit erweisen Sie sich und Ihren Mitmenschen einen Gefallen. Komplimente aus dem Herzen ähneln Energiespritzen. Die Energie vermehrt die Selbstliebe und lässt sie wachsen. Wenn sie auf diese Weise im Fluss bleibt, sind Sie mit den kosmischen Kräften verbunden.
- Bedanken Sie sich täglich beim Universum. Es steht Ihnen stets zur Seite und dankt es Ihnen wiederum mit Geschenken.
- Lachen Sie gleich morgens nach dem Aufwachen. Dies öffnet Ihre Seele für neue Erfahrungen und ist eine Wohltat für Ihre Psyche. Wer lacht, gewinnt an Lebensfreude und vermehrt damit seine Selbstliebe. Auch das wird das Universum honorieren.
- Fokussieren Sie sich ausschließlich auf das Positive. Auf diese Weise wächst Ihre Selbstliebe schnell und unterstützt Sie in zunehmendem Maße. Sie werden sich mit dem Kosmos verbunden fühlen.
- Umarmen Sie Ihre Liebsten, am besten täglich. Umarmungen und Körperkontakt wirken wie kleine Wunder: Sie aktivieren das Gefühl, gebraucht zu werden, was wiederum der Selbstliebe zuträglich ist.

- Sehen Sie in jeder Situation auch das Positive. Es gibt immer etwas Gutes, auch wenn wir das nicht sofort wahrnehmen. Es gibt zudem keine Zufälle: Alles hat einen Sinn. Man muss nur lernen, ihn zu verstehen.

ICH ERSCHAFFE MEIN LEBEN, ICH LIEBE MICH!

Als Magier sind wir die Meister unseres eigenen Lebens: Wir erschaffen und gestalten es so, wie wir es wünschen und es sich für uns stimmig anfühlt. Alles, was wir dazu benötigen, sind unser Wille und unsere Wünsche. Mehr nicht. Wenn wir unsere Selbstliebe vermehren, transformieren wir unser Leben zunehmend ins Positive. Die Welt erscheint uns freundlicher, und wir haben das Gefühl, sicher auf der Erde zu stehen und zugleich mit der Weite des Universums verbunden zu sein.

Trotzdem bleiben Krisen leider nicht aus, solange wir leben. Da es uns gerade in schweren Zeiten nicht leichtfällt, an unserer Selbstliebe festzuhalten, möchte ich nun nochmals gesondert auf sie eingehen.

Krisen Sind ein Teil unserer energetischen Welt: Ob Wirtschaftskrise, innere Krise, Familienkrise oder Pandemie – sie verunsichern uns zutiefst. Das ist jedoch an sich nichts Negatives. Wir sollten sie eher als einen Umbruch betrachten, der das Potenzial birgt, unsere Entwicklung zu fördern. Sie sind Chancen für Wachstum und etwas Neues. Sie fordern uns heraus, uns selbst zu erforschen und herauszufinden, was wir bisher übersehen haben und wo unsere Stärken liegen. Sie drängen uns, unsere Selbstliebe zu entfalten und aus ihr heraus zu handeln. Denn nur so lassen sich Krisen wirklich bewältigen. Unsere inneren Werte und Stärken sind also gefragt. Sagen Sie sich deshalb immer in einer Krise: »Ich erschaffe mein Leben! Ich liebe mich!«

Kaum ein Mensch denkt an seine Gesundheit, solange er bei Kräften ist. Erst wenn wir krank werden, wird uns bewusst, wie wertvoll unsere Gesundheit ist. Dann stellen wir uns Fragen wie: »Was kann ich für mich selbst tun? Was kann ich ändern, um gesund zu werden?« Der Körper und sein Wohlbefinden sind das Ergebnis unseres Denkens. Konzentrieren Sie sich auf heilende Gedanken, dann werden Sie gesund. Die Kraft der Gedanken schenkt unserem Körper Energie, Kraft und Gesundheit. Fangen Sie jedoch mit der Selbstliebe an! Alle suchen nach ihr, doch die meisten Menschen können sie nicht finden. Haben sie sie dann aber einmal gefunden, können sie oft nicht glauben, dass das Leben so schön sein kann. Die Selbstliebe verwandelt das Leben in ein Märchen auf Erden. Man erkennt, dass es wichtigere Dinge gibt als Arbeit, Geld oder sexuelle Lust.

Wir leben in einer Matrix der verschiedensten Energien, ohne es zu bemerken. Die Erde, der Kosmos, aber auch unsere Aura besitzen energetische Gitternetze. Ebenso jedes Chakra und jede Zelle des Körpers. Sie zu erkennen ist sehr wichtig für unsere Entwicklung und Selbstliebe. Wir bewerkstelligen dies durch Bewusstseinsarbeit: Je bewusster wir denken und je mehr wir analysieren, desto mehr Antworten erhalten wir und desto intensiver spüren wir unsere Netze. Probieren Sie es aus:

Die Matrix der Energien wahrnehmen

- Nehmen Sie sich einen Moment Zeit und spüren Sie in Ihren Körper hinein. Versuchen Sie, Ihre Seele wahrzunehmen, den Geist und die Raumaura. Wie stark ist diese Verbindung? Was können Sie registrieren?
- Umarmen Sie sich nun. Versuchen Sie, die Wärme Ihrer Hände zu spüren. Sagen Sie sich dabei: »Ich liebe mich.«

Beachten Sie täglich zehn Minuten am Stück Ihre Atmung, Ihre Gedanken oder auch Ihre Haut. Achten Sie zudem auf Ihre Emotionen. Suchen Sie das Glück nie im Außen, sondern in Ihnen selbst. Was macht Sie glücklich? Stellen Sie sich bewusst diese Frage. Was macht Sie aus? Warum sind Sie besonders? Wer sind Sie? Notieren Sie sich die Antworten auf einem Blatt Papier.

Meine Oma hat mir als Kind einmal gesagt: »Was du suchst, wirst du immer in dir selbst finden.« Ich erinnere mich oft an diese Worte. Sie hatte recht, denn die Selbstliebe trägt jeder Mensch in sich. Wenn anfangs nur wenig von ihr vorhanden ist, kann es schwer sein, sie zur Entfaltung zu bringen. Doch je mehr wir uns uns selbst widmen, desto leichter wird dieser Prozess.

Fehlt es Ihnen an innerem Frieden? Was ist Frieden für Sie? Kennen Sie die folgende Situation: Sie stecken in einer Beziehung fest, in der Sie unglücklich sind und die für Sie keinen Sinn mehr ergibt. Oder: Sie sind in einem Beruf tätig, der Sie nicht mehr erfüllt. Was tun Sie dafür oder dagegen, dass Situationen, die keinen Sinn mehr in Ihrem Leben ergeben, anhalten? Verharren Sie in Passivität oder wagen Sie etwas Neues?

Wenn Sie genug Selbstliebe in sich tragen, werden Sie neue Wege suchen und neue Dinge probieren, egal, um welchen Lebensbereich es sich handelt. Sollte es Ihnen jedoch an ihr mangeln, bleiben Sie in den alten Bahnen stecken und beklagen sich, dass das Leben nicht lebenswert ist. Auch hier muss ich nochmals betonen, dass alles, was Sie erleben, ausschließlich an Ihnen selbst liegt und niemandem sonst. Sie sind der Macher Ihres Lebens. Es steht in Ihrer Macht, es jederzeit zu verändern und umzuprogrammieren.

Unsere Sprache ist ein Instrument der Selbstprogrammierung. Sie ist ebenso ein Teil unserer energetischen Welt. Das Halschakra, das dem Sprechen zugeordnet ist, ist das wichtigste Chakra für einen Magier und Heiler. Je nachdem, wie Sie sprechen, entwickelt sich Ihr Leben. Worte sind die Kleidung Ihrer Gedanken. Sie sind eine

Frequenz, die viel schneller ist als alles andere auf Erden. Worte formen Materie.

Das sagte zu Lebzeiten auch Nossrat Peseschkian, ein iranisch-deutscher Neurologe und Psychiater, der die Positive Psychotherapie begründete. Seiner Ansicht nach gibt es sowohl Worte, die den Körper auf Krankheit programmieren, als auch Worte, die ihn heilen. Erstere thematisierte er im Zusammenhang mit »organischem Sprechen« und meinte damit, dass diese Worte ganz real – geradezu buchstäblich – die Organe wie auch die Seele negativ beeinflussen.

Sie kennen diese Worte bestimmt aus Ihrem Leben. Es sind folgende: »Meine Geduld ist am Ende«, »Ich zerbreche mir den Kopf über ...«, »Ich trage zu viel auf meinen Schultern«, »Mir läuft die Galle über«, »Es/Er/Sie steckt mir in den Nieren oder in der Leber«, »Es liegt mir am Herzen«, »Ich bekomme keine Luft mehr«, »Ich explodiere«, »Ich bin es satt«, »Es erdrückt mich« und so weiter. Achten Sie auf Ihre Sprache. Verbannen Sie solche Worte aus Ihrem Leben! Sie sind wahre Selbstliebekiller.

Es gibt noch weitere Worte, die das Leben schwer machen können. Es sind die sogenannten Handschellenworte, die Sie blockieren: »Ich schaffe das nicht«, »Ich kann nicht«, »Ich bin unsicher«, »Es wird nicht klappen«, »Es steht nicht in meiner Macht«, »Es hängt nicht von mir ab«, »Ich kann das nicht verantworten«. Weitere sind: »Ich bin es nicht wert«, »Die Zeit ist nicht reif«, »Ich wollte ..., aber« und »Ich kann es mir nicht leisten«.

Noch schlimmer sind folgende Worte: »Ich muss«, »Probleme«, »Mein Leben ist schwer«, »Das ist unmöglich«, »Das kann nichts werden«, »Das kann nicht sein«, »Wenn dieses oder jenes passiert, dann ...«, »Keine Chance« und »Ich habe keine Wahl«.

Verwenden Sie stattdessen die sogenannten beflügelnden Worte wie: »Ich kann«, »Ich will«, »Alles gelingt«, »Ich habe vor ...«, »Ich bin einzigartig«, »Ich lebe«, »Ich liebe« – und vor allem »Ich liebe mich«.

SCHLUSSWORT

Nun sind wir also am Ende des Buches angelangt. Ich hoffe, dass Sie so viel Freude am Lesen hatten, wie ich beim Schreiben. Und noch mehr hoffe ich, dass Ihnen die Lektüre wie auch die Rituale, Übungen und Meditationen geholfen haben, den Samen der Selbstliebe in Ihnen zum Keimen zu bringen. Wenn Sie sich jetzt auch nur ein wenig besser fühlen als zuvor, mehr Liebe für sich selbst empfinden, sich mehr akzeptieren und gütiger mit sich selbst umgehen, dann hat es sich für mich schon gelohnt, dieses Buch zu schreiben.

Warum sind wir Menschen eigentlich nicht immer glücklich? Aus schamanischer Sicht gibt es darauf nur eine Antwort: weil wir nicht in unserer goldenen Mitte sind. Deswegen meine Bitte: Vergeben Sie sich und der Vergangenheit! Ändern Sie Ihre Sicht auf das eigene Leben und transformieren Sie Hass in Liebe. Alte Routinen und Muster zu durchbrechen bedeutet, uns von Grund auf neu zu programmieren.

Erinnerungen sind stets mit der Vergangenheit verbunden. Im Alltag vieler Menschen sind sie von herausragender Bedeutung. Daher kann man sagen, dass sie in der Vergangenheit leben. So wird aber das Gestern zum Heute. Das ist traurig, denn nur das Hier und Jetzt ist von Belang. Wenn wir uns auf die Gegenwart ausrichten und zugleich unsere Zukunft programmieren wollen, müssen wir unser Denken und Fühlen verbinden.

Üben Sie sich zudem mindestens 15 Minuten täglich in Dankbarkeit. Das ersetzt negative Informationen und beeinflusst Ihre Gene positiv. Gedanken machen bekanntlich krank oder gesund. Lenken Sie sie.

Dirigieren Sie Ihre Gedanken,
um Ihr Leben zu transformieren.

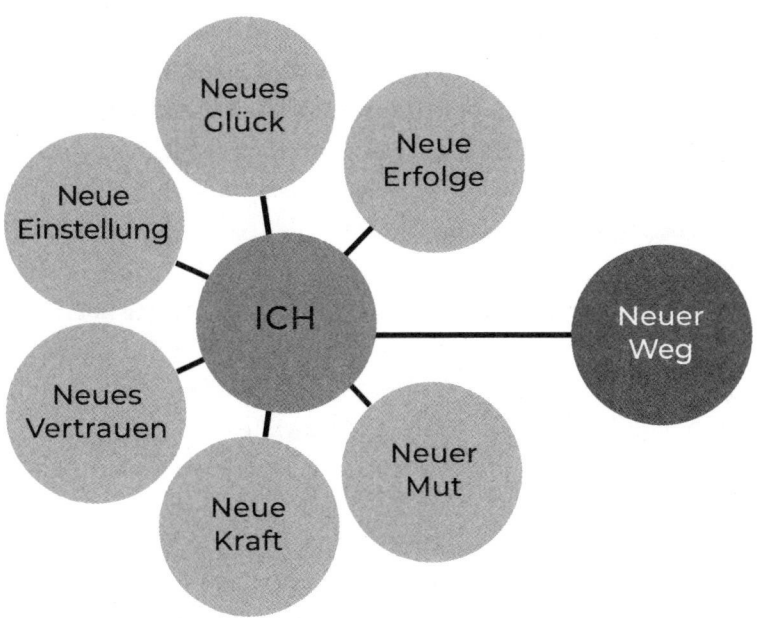

Transformation durch Selbstliebe

Seien Sie nicht unglücklich, wenn Sie ein Ziel bisher nicht erreicht haben sollten. Transformieren Sie sich selbst und nicht die Umwelt. Nur Sie entscheiden, was in Ihrem Leben geschieht. Stellen Sie sich vor, dass Sie Ihr Ziel – ob ein schickes Auto, einen lieben Partner oder Fülle – bereits erreicht haben. Das aktiviert Ihr limbisches System. Verbinden Sie diese Vorstellung mit Dankbarkeit. Je stärker Ihre Emotion ist, desto schneller wird Ihr Wunsch in Erfüllung gehen. Das ist Magie.

Übernehmen Sie die Verantwortung
für sich und Ihr Glück.

Sagen Sie sich jeden Tag: »Ich bin die Welt, ich bin frei, ich bin dankbar.« Und spüren Sie es auch. Empfinden Sie die Fülle! Konzentrieren Sie sich ausschließlich auf das, was Sie erreichen wollen. Ihr Glück liegt allein in Ihrer Hand.

Ich wünsche Ihnen alles Gute.

Ihr Vadim Tschenze

DANKSAGUNG

»Nicht die Dinge verwirren die Menschen,
sondern die Ansichten über die Dinge.«

EURIPIDES

Ich bedanke mich bei meinen Ahnen für das kostbare spirituelle Wissen, das ich von ihnen erhalten habe. Bei meinen Zeitgenossen bedanke ich mich dafür, dass sie meine Arbeit schätzen und sie nutzen, um ihr Leben positiv zu verändern. Dank gebührt auch meinen Schülern, denen ich mein Wissen weitergeben darf und die es zu ihrem eigenen Wohl und dem ihrer Klienten anwenden. Schließlich bedanke ich mich bei meinem Verleger für das Vertrauen, das er mir hinsichtlich des Themas Selbstliebe entgegengebracht hat.

ZUM AUTOR

Der gebürtige Russe Vadim Tschenze ist ein anerkannter spiritueller Heiler und Schamane. Er ist der Gründer der Vadim Tschenze Akademie für Geistheilung, Schamanismus und Medialität am Bodensee. Seit Anfang 2004 lebt in der Schweiz. Zuvor lebte er zwölf Jahre im Allgäu und in München. Der Autor von mehr als 20 Büchern hält Vorträge und Workshops in ganz Europa. Er bietet Seminare und Online-Ausbildungen an und bildete bereits Tausende Schüler aus. Vadim Tschenze hat sich intensiv mit verschiedensten Mental-, Heil- und Meditationstechniken beschäftigt. Er entwickelte auch eigene Methoden, die insbesondere aus dem Wissensschatz seines reichen russischen Familienerbes schöpfen. Die Familienchronik der Tschenzes weist eine beeindruckende Bilanz auf: In jeder Generation gab es mindestens eine spirituell begabte Person. So legte seine Urgroßmutter Anastasia Skatkarten und beschäftigte sich mit Kräutern; seine Großmutter Baba Walja war eine bekannte Heilerin in Russland. Sie bildete ihren Enkel aus.

Seine Erkenntnisse aus verschiedenen alten und neuen Lehren in Kombination mit seinen praktischen Erfahrungen als Heiler und Schamane prägten seine Lehre und ließen seine Seminare in heutiger Form entstehen.

Einen besonderen Wert legt der Autor auf die Themen Seelenfrieden, Loslassen und Selbstliebe. In diesem Zusammenhang spricht er vom »reinen Seelenzustand« und Lebensgenuss. Er vertritt die Ansicht, dass die Selbstliebe ein Gut der Seele sei, das geehrt werden sollte. Ohne sie könne sich die Seele nicht entwickeln. Für unser Glück und Wohlbefinden sei es unabdingbar, sie zu entfalten.

WEITERFÜHRENDE INFORMATIONEN, ANGEBOTE UND WERKE DES AUTORS

Seminare an der Vadim Tschenze Akademie (Auswahl)
Russischer Schamanismus
Heilseminare
Geistheilung und Blockadenlösung
Kartenlegen nach russischer und sibirischer Tradition
Moderne Karmalehre und Numerologie
Engelweisheiten, Traumarbeit und Kaffeesatzlesen
Spirituelle Geistheilung hautnah in der Karibik
Channeling
Vetucha Healing
Selbstheilung durch Kräfte der Natur und Kräuterwissen
Anti-Aging durch Kräuterlehre
Schamanische Aufstellung der Neuzeit
Auslandsseminare

Fordern Sie bitte das Gesamtverzeichnis an:
Vadim Tschenze Akademie
Konstanzerstraße 37
CH-8274 Tägerwilen
Schweiz
Homepage: www.vadimtschenze.ch

Bücher des Autors (Auswahl)
Vadims Methode, Goldmann Verlag 2014.
Die Aura und die Haut, V. Tschenze und K. Michel, Aquamarin
    Verlag 2015.
Vetucha-Heilung: Die russische Magiemethode zur Selbstheilung,
    Goldmann Verlag 2016.

Wer war ich in meinem früheren Leben?, Goldmann Verlag 2016.

Schamanischer Kalender, Goldmann Verlag 2016.

Sex und Karma, Goldmann Verlag 2017.

Heilenergetische Ernährung, Goldmann Verlag 2017.

Meine 100 Seelenschützer, Goldmann Verlag 2018.

Matrix-Wiederherstellung – ganzheitliche Heilung durch Kräuter- und Energiemedizin, Goldmann 2020.

Das Engelalphabet. Die geheime Sprache der himmlischen Wesen, Goldmann 2020.

Empfehlenswerte Bücher

Markus Wiesenauer, Suzann Kirschner-Brouns: *Homöopathie. Das große Handbuch*, GU 2007.

Stefan Limmer: *Schamanische Seelenreisen. Kraft und Heilung in sich selbst finden*, GU 2014.

Jennie Appel, Dirk Grosser: *Kraftort Natur. Entdecken, Ruhe finden, Wachstum erleben*, GU 2018.

Vera Griebert-Schröder: *Schamanische Alltagsrituale für jetzt und hier. Kraft und Klarheit finden, wo immer wir sind*, GU 2019.

Geführte Meditationen auf CD

Goldene Mitte: Verändere Dein Leben. Meditation zur Blockadenlösung bei karmischen Ursachen.

Heilende Gebete für Liebe, Wohlbefinden, Geld und Blockadenlösung.

Wasser aufladen: Heilende Töne für die Seele zum Wasseraufladen und für mehr Lebensqualität.

Mystische Zahlenmeditation: Öffne und stärke dein Herzchakra, Arkana Verlag 2017.

Meditation der fünf schamanischen Elemente: Erfülle deine Wünsche und finde Harmonie, Arkana Verlag 2017.

Meditationen der Weiblichkeit: Erwecke deine ursprüngliche Liebe und Intuition, Arkana Verlag 2017.

Seminare auf DVD

*Kartenlegen einfach gelernt, Seminar für Anfänger und Fortgeschrittene
mit Vadim Tschenze – Basiskurs*

*Kartenlegen einfach gelernt, Seminar für Fortgeschrittene mit Vadim
Tschenze – Aufbaukurs*

Wohlfühlmassagen

*Aberglaube, Magie, Wünsche und Heilung – Ein Vortrag von Vadim
Tschenze*

Mehrere Kartendecks von Vadim Tschenze zum Selbstdrucken
finden Sie bei Elopage:

https://elopage.com/s/www.vadimtschenze.de

Besuchen Sie auch seinen **YouTube-Kanal**: http://bit.ly/2B2vygD

NEUE WELTEN ENTDECKEN

LIEBE LESERINNEN UND LESER,

wir wollen Ihnen mit diesem Buch Informationen und Anregungen geben, um Ihnen das Leben zu erleichtern oder Sie zu inspirieren, Neues auszuprobieren. Wir achten bei der Erstellung unserer Bücher auf Aktualität und stellen höchste Ansprüche an Inhalt und Gestaltung. Alle Anleitungen, Übungen oder Rezepte werden von unseren Autoren, jeweils Experten auf ihren Gebieten, gewissenhaft erstellt und von unseren Redakteur*innen mit größter Sorgfalt ausgewählt und geprüft.

Haben wir Ihre Erwartungen erfüllt? Sind Sie mit diesem Buch und seinen Inhalten zufrieden? Wir freuen uns auf Ihre Rückmeldung. Und wir freuen uns, wenn Sie diesen Titel weiterempfehlen, in Ihrem Freundeskreis oder bei Ihrem Online-Kauf.

Sollten wir Ihre Erwartungen so gar nicht erfüllt haben, tauschen wir Ihnen Ihr Buch jederzeit gegen ein gleichwertiges zum gleichen oder ähnlichen Thema um.

KONTAKT ZUM LESERSERVICE

GRÄFE UND UNZER VERLAG
Grillparzerstraße 12
81675 München
www.gu.de

IMPRESSUM

© 2021 GRÄFE UND UNZER VERLAG GmbH,
Postfach 860366,
81630 München

unum

unum ist eine eingetragene Marke der GRÄFE UND UNZER VERLAG GmbH,
www.gu.de

ISBN 978-3-8338-8112-1
2. Auflage 2023

Alle Rechte vorbehalten. Nachdruck, auch auszugsweise, sowie Verbreitung durch Bild, Funk, Fernsehen und Internet, durch fotomechanische Wiedergabe, Tonträger und Datenverarbeitungssysteme jeder Art nur mit schriftlicher Genehmigung des Verlages.

Projektleitung: Clea von Ammon
Lektorat: Dr. Pascal Frank
Umschlaggestaltung und Layout: ki36 Editorial Design, Daniela Hofner
Herstellung: Markus Plötz
Satz: Uhl + Massopust, Aalen
Druck und Bindung: Livonia

GRÄFE
UND
UNZER

Ein Unternehmen der
GANSKE VERLAGSGRUPPE

Bildnachweis:
Cover: Creative Market, Design Cuts, freepik;
Illustrationen: Sarah Burghardt;
Autorenfoto: Vadim Tschenze

Umwelthinweis

Nachhaltigkeit ist uns sehr wichtig. Der Rohstoff Papier ist in der Buchproduktion hierfür von entscheidender Bedeutung. Daher ist dieses Buch auf PEFC-zertifiziertem Papier gedruckt. PEFC garantiert, dass ökologische, soziale und ökonomische Aspekte in der Verarbeitungskette unabhängig überwacht werden und lückenlos nachvollziehbar sind.

Wichtiger Hinweis

Alle Empfehlungen, Vorschläge, Räucheranleitungen, Übungen, Aufstellungen, Seelenreisen oder Meditationen in diesem Buch sind vom Verlag und vom Autor sorgfältig erwogen und geprüft. Die Anwendung erfolgt jedoch in eigener Verantwortung der Leser. Wir übernehmen keine Haftung für etwaige Schäden jeglicher Art, die durch die Anwendung entstehen. Die hier vorgestellten Methoden ersetzen nicht den Besuch eines Arztes, Psychologen oder Heilpraktikers und sind kein Ersatz für eine notwendige Therapie.

Die unum-Homepage finden Sie unter: www.unum-verlag.de